全国教育科学"十五"规划课题项目

课程与教学论

（第二版）

主　编　李　方

副主编　高有华　黄　清　周仕德

编著者　李　方　高有华　黄　清
　　　　周仕德　范兆雄　邓文新
　　　　刘晓玲　王晓茉

南京大学出版社

图书在版编目(CIP)数据

课程与教学论 / 李方主编. —2 版. —南京：南京大学出版社，2016.6 （2019.1 重印）
新世纪地方高等院校专业系列教材
ISBN 978-7-305-17206-9

Ⅰ. ①课… Ⅱ. ①李… Ⅲ. ①课程－教学理论－师资培训－高等学校－教材 Ⅳ. ①G423

中国版本图书馆 CIP 数据核字(2016)第 146358 号

出版发行	南京大学出版社
社　　址	南京市汉口路 22 号　　邮　编　210093
出 版 人	金鑫荣
丛 书 名	新世纪地方高等院校专业系列教材
书　　名	课程与教学论(第二版)
主　　编	李　方
责任编辑	贾　辉　裴维维　　　编辑热线　025-83686531
照　　排	南京南琳图文制作有限公司
印　　刷	南京新洲印刷有限公司
开　　本	787×960　1/16　印张 20.75　字数 373 千
版　　次	2016 年 6 月第 2 版　2019 年 1 月第 2 次印刷
ISBN	978-7-305-17206-9
定　　价	39.00 元

网址：http://www.njupco.com
官方微博：http://weibo.com/njupco
官方微信号：njupress
销售咨询热线：(025) 83594756

* 版权所有，侵权必究

* 凡购买南大版图书，如有印装质量问题，请与所购
　图书销售部门联系调换

第二版前言

本书2005年8月第1版,先后已重印4次。同行评价颇高,据反映,本书被国内多所高校用作本科生及研究生教材。2016年1月,南京大学出版社高校教材中心主任来电说,近10年来本书发行甚好,计划出第二版,拟于今秋出版发行,以满足社会的需求。

近10年来,我国课程与教学改革出现了许多新情况、新问题,国际课程与教学研究出现了新领域、新动态;课程与教学的理论持续深入发展。基于这些思考,本书第二版着力于教材内容的与时俱进。第二版添加的新内容主要有:第二章第六节复杂性科学,第五章第四节过程教育中的课程与教学论,第六章第三节学习目标、第四节核心素养,第八章第一节课程文化、第二节课程知识,第九章第三节课程领导,第十一章第三节网络教学资源微课与慕课、第四节新的网络教育教学系统,第十五章第三节微课程、云课程、慕课和翻转课堂教学。

第二版的第四、六、八、九、十、十五章是重新撰写的书稿。第二章、第五章、第十一章和第十二章在原书稿的基础上增加了新内容。第十三章和第十四章,对原书稿进行全面的修订,个别地方略作补充。其余第一、三、七章,完全保留第一版书稿的内容。总之,第二版在试图保留第一版内容体系的基础上有所创新,反映近十年来相关研究的新成果。尤其是有些教学内容体现为数字资源,可通过手机扫二维码的形式进行学习,体现了本版教材的立体化建设和数字出版理念。

本书主编李方,岭南师范学院教授,原华南师范大学教授、教育系主任,现任广东省国基教育发展研究院院长、全国课程学术委员会常务理事、全国教学论专业委员会常务理事;副主编高有华,江苏大学教授;副主编黄清,闽南师范大学教授;副主编周仕德,岭南师范学院副教授、教科院副院长。作者分工如下：

　　李方：设计内容体系章节目及"反思与问题"，提出各章撰稿的指导意见，负责全书修改与统稿，撰写第二、第五、第十三、第十四章和第十章第三节的"教师备课上课方法"；高有华：撰写第八、第九、第十章；黄清：撰写第四、第十二章；周仕德：参与统稿工作，撰写第六、第十五章；范兆雄（岭南师范学院教授、教科院院长）：撰写第七章；邓文新（广东技术师范学院教授、教育传播学院院长）：撰写第十一章；刘晓玲（岭南师范学院外国语学院讲师）：撰写第一章；王晓茉（岭南师范学院教科院讲师）：撰写第三章。

　　本书大量引用国内外有关研究成果和珍贵的文献资料，谨向原作者致以衷心的感谢！若有注释疏漏和不妥之处，谨向原作者道歉，我们诚意改正。

　　本书第二版得到南京大学出版社的鼎力支持和关照；广东省国基教育发展研究院办公室主任韩玮、秘书陈秋平在联系及书稿的收集、整理、校改等工作中付出了许多无酬的劳动，在此一并致以感谢！

　　由于作者水平有限，错漏难免，敬希读者见谅、赐正。

李　方

2016 年 5 月 18 日于广州

目 录

第一章　课程与教学概论 …………………………………………… 1
　　第一节　课程概论 ………………………………………………… 1
　　第二节　教学概论 ………………………………………………… 6
　　第三节　课程与教学的关系 ……………………………………… 11

第二章　课程与教学理论基础 ……………………………………… 13
　　第一节　教育学 …………………………………………………… 13
　　第二节　心理学 …………………………………………………… 17
　　第三节　社会学 …………………………………………………… 23
　　第四节　哲　学 …………………………………………………… 24
　　第五节　系统科学 ………………………………………………… 24
　　第六节　复杂性科学 ……………………………………………… 29

第三章　课程与教学发展历程 ……………………………………… 32
　　第一节　我国课程与教学的发展历程 …………………………… 32
　　第二节　西方课程与教学的发展历程 …………………………… 41

第四章　现代课程与教学的主要流派 ……………………………… 53
　　第一节　知识本位取向的课程与教学 …………………………… 53
　　第二节　学生本位取向的课程与教学 …………………………… 66
　　第三节　社会本位取向的课程与教学 …………………………… 79

第五章　后现代课程与教学思想 …………………………………… 86
　　第一节　后现代主义概念 ………………………………………… 86

第二节　后现代课程思想 …………………………………… 86
　　第三节　后现代教学思想 …………………………………… 92
　　第四节　过程教育中的课程与教学论 ……………………… 104

第六章　课程与教学的目标 …………………………………… 113
　　第一节　课程目标 …………………………………………… 113
　　第二节　教学目标 …………………………………………… 118
　　第三节　学习目标 …………………………………………… 126
　　第四节　核心素养 …………………………………………… 126

第七章　课程与教学资源 ……………………………………… 132
　　第一节　课程与教学资源的概念 …………………………… 132
　　第二节　课程与教学资源系统 ……………………………… 134
　　第三节　课程与教学资源的利用 …………………………… 143
　　第四节　课程与教学资源的开发 …………………………… 146

第八章　课程文化、课程知识和课程研制 …………………… 152
　　第一节　课程文化 …………………………………………… 152
　　第二节　课程知识 …………………………………………… 159
　　第三节　课程研制 …………………………………………… 164

第九章　课程模式、课程实施和课程领导 …………………… 173
　　第一节　课程模式 …………………………………………… 173
　　第二节　课程实施 …………………………………………… 179
　　第三节　课程领导 …………………………………………… 180

第十章　教学过程、教学原则和教学方略 …………………… 197
　　第一节　教学过程 …………………………………………… 197
　　第二节　教学原则 …………………………………………… 201
　　第三节　教学方略 …………………………………………… 205

第十一章　网络课程与网络教学 ········· 225

第一节　网络课程 ········· 225
第二节　网络教学概述 ········· 232
第三节　网络教学资源 ········· 235
第四节　网络教学环境 ········· 244
第五节　网络教学设计 ········· 257
第六节　网络教学模式 ········· 257

第十二章　潜在课程与教学环境 ········· 261

第一节　潜在课程概述 ········· 261
第二节　教学环境概述 ········· 268
第三节　潜在课程的设计和教学环境的优化 ········· 273

第十三章　课程与教学评价 ········· 282

第一节　课程与教学评价概述 ········· 282
第二节　课程与教学评价对象 ········· 288
第三节　课程与教学评价方法 ········· 291
第四节　课程与教学评价实施 ········· 301

第十四章　课程与教学研究 ········· 302

第一节　校本教研活动 ········· 302
第二节　课题研究活动 ········· 302

第十五章　新课程实施与教学改革 ········· 304

第一节　国际课程与教学改革的新进展 ········· 304
第二节　我国课程与教学改革的新进展 ········· 308
第三节　微课程、云课程、慕课、翻转课堂教学 ········· 313

第一章　课程与教学概论

第一节　课程概论

课程与教学论以探究和认识课程与教学的基本涵义与原理、揭示课程与教学之间相互联系与作用的规律为己任,是教育学的重要分支学科。

一、课程的涵义

据考证,"课程"一词在我国最早出现在唐朝。孔颖达在《五经正义》里为《诗经·小雅·巧言》中"奕奕寝庙,君子作之"[①]一句注疏:"维护课程,必君子监之,乃依法制。"这是汉语文献中最早出现的"课程"。不过,这里的"课程"一词含义甚泛,指"寝庙"及其喻义"伟业"。到了宋朝,朱熹在《朱子全书·论学》中就频频使用"课程"一词了,如"宽着期限,紧着课程","小立课程,大作功夫"[②],而且这里的"课程"主要指的是"功课及其进程",与今天人们对课程的日常理解相近了。

在西方,英国教育家斯宾塞在《什么知识最有价值》(1859年)一文中最早使用"curriculum"一词,意指"教学内容的系统组织"。该词为拉丁语"currere"所派生,原指"跑道"。据此,人们将课程理解为"学习的进程"。

课程作为一种复杂的教育现象,人们从不同角度去认识、理解它就形成了不同的课程观。我们可以从如下一些比较有代表性或者说比较有影响的论述中来解读课程的基本涵义。

(1) 课程是指所有学科(教学科目)的总和,或学生在教师指导下各种活动的总和,这通常被称为广义的课程;狭义的课程则是指一门学科或一类活动。在实践中持这种观点的更为普遍,如广大师生将自己所教所学的学科及

[①] 宋元人注:《四书五经》(中册),"诗经卷五"(朱熹注),北京:北京市中国书店1987年版,第96页。
[②] 陈侠著:《课程论》,北京:人民教育出版社1989年版,第12～13页。

其教材称为课程,称某学期安排了多少门教学科目为开设了多少门课程。[①]

(2) 课程是"为实现学校教育目标而选择的教育内容的总和。包括学校所教各门学科的有目的、有计划、有组织的课外活动"[②]。

(3) "课程是旨在遵循教育目的指导学生的学习活动,由学校有计划、有组织地编制的教育内容。从学校的教育计划这个侧面出发,也可以归纳成这样一个定义:旨在保障青少年一代的健全发展,由学校所施加的教育影响的计划。"[③]

(4) "课程最一般的含义就是有组织的教育内容。它是教和学相互作用的中介。"[④]

(5) "课程是指一定学科有计划的教学进程。也泛指各级各类学校某级学生所应学的学科总和及其进程和安排。"[⑤]

可见,在我国,课程的最基本含义是学科、教材、教育内容及教学进程,有明显的目的性、计划性与组织性。

在西方,人们对课程的理解亦大致如此。与我国不同的是,他们多从学生的角度出发来定义课程,比如[⑥]:

① 课程即学习计划;
② 课程是由学校组织的有计划的学习活动;
③ 课程即学生期望学习的内容;
④ 课程即教育程序,包括内容、目的以及他们的组织。

可以说,这些是近现代人对课程内涵的基本理解。这样的理解覆盖了课程的最基本的范畴,然而其缺陷也是显而易见的。

比如,它过多地强调了课程的目的性、计划性;片面强调学科而相对忽视社会、学生;脱离社会生活及学习者的生活经验;将课程视为在教学过程之前或教育情境之外的静态的东西,割裂了内容与过程、目标与手段的关系。总的看来,人们对课程本质的认识还是相当笼统、模糊、简单的。

---

① 中国大百科全书出版社编辑部编:《中国大百科全书·教育》,中国大百科全书出版社1985年版,第207页。
② 顾明远主编:《教育大词典》,上海:上海教育出版社1990年版,第1卷,第257页。
③ 钟启泉主编:《现代课程论》,上海:上海教育出版社1989年版,第177页。
④ 吴也显主编:《教学论新编》,北京:教育科学出版社1991年版,第269页。
⑤ 吴杰主编:《教学论——教学理论的历史发展》,长春:吉林教育出版社1986年版,第5页。
⑥ 参见王其云:《课程与教学》,《课程·教材·教法》1997年第9期。

其实,早在20世纪初,以杜威为代表的进步主义教育家就认识到了传统课程理念的缺陷及其在教育实践中的消极影响,并阐发了自己对课程的见解。在他们看来,课程是学习者在教师指导下所获得的经验。杜威在《儿童与课程》等著作中详细地阐述了这样的课程思想。这种课程观后来逐渐为许多人所接受。如美国著名课程论专家卡斯威尔(H. L. Caswell)和坎贝尔(D. S. Campbell)认为,"课程是儿童在教师指导下所获得的一切经验";另一著名课程论专家福谢依(A. W. Foshay)认为,"课程是学习者在学校指导下的一切经验"。[①] 后来,人们对课程的认识更加强调学生在学校和社会情境中自发获得的经验或体验。这种课程观的突出特点是强调学生的直接经验在课程中的重要地位,从而消除了课程中"见物不见人"的倾向,消解了内容与过程、目标与手段之间的对立。不过,持这种观点的许多学者有忽视系统的学科知识在儿童发展中的作用的倾向。

进入20世纪以来,西方尤其是美国教育界特别重视对课程的研究,从各个层面深化了对课程的认识。如古德来德(Goodlad,1979)等提出了课程的如下几种表现形式[②]:

——理想课程(Ideal Curriculum),即课程设计者的理想、意图。

——正式课程(Formal Curriculum),指以书面形式表现出来的课程,如教材等。

——感知课程(Perceived Curriculum),主要指教师所理解到的课程。

——操作课程(Operational Curriculum),即教学中运行的课程。

——经验课程(Experienced Curriculum),指学生经历到的课程。

——获得课程(Attained Curriculum),指学生的真正所得。

这些给人们深入思考和研究课程以诸多启示。尤其是20世纪下半叶以来,受新的哲学社会思潮如建构主义、后现代主义思想的启示,人们对课程的认识在不断地深化,课程的内涵在不断地丰富和发展,课程观念呈现出如下一些变化:

(1)强调课程是学习者实际经验与学科知识的有机整合,课程观念呈现出从学科中心到以人为本的转向。人们越来越认识到,课程的内涵不仅仅是

---

① 转引自张华著:《课程与教学论》,上海:上海教育出版社2000年版,第68页。
② 参见王其云:《课程与教学》,《课程·教材·教法》1997年第9期。

学科、科目或教学内容，课程要真正有效地促进人的发展，必须充分肯定人的**价值及人的需要**在其中的合理地位，重视直接经验的作用，以学习者的实际经验为基础来整合学科知识。当今建构主义、后现代主义课程观有着鲜明的**人本特色**，对传统课程理念形成了强势冲击，在教育理论与实践中的影响越来越大。如建构主义强调课程不是外在于人的客体，而是师生主动建构的意义世界，师生是课程开发的实践主体。① 而后现代课程理论主张，不是从内容或材料的角度，而是从学生的发展、对话、探究、转化的角度来界定课程。②

（2）**课程是一个动态的、开放的、不断创新的过程。**过多地强调课程的**目的性、计划性**，将其视为在教学过程之前或教育情境之外预设的东西，课程就变成了控制人的工具，师生在教学过程中的能动性、创造性就给抹杀了。针对此，英国课程专家斯滕豪斯（L. Stenhouse）于70年代提出了课程研究与开发的"过程模式"，并系统阐述了他的课程思想。③ 他高度肯定了人的主体**能动性和创造性**，认为在教学过程中充分发挥师生主体能动性和创造性从而产生许多非预期的结果才是教育本身所追求的目标。因此，课程与教学的目标是不可完全预设的，是随着教学过程的演进而逐渐生成的。此后，人们开始走出预期目标、计划的限制，关注教学过程中师生的能动状态。现在人们**越来越认识到**，课程不是完全预设的、固定的"文本"，文本只是课程的要素之一。课程的意义是由课程主体师生在与客体交互作用的过程中生成的，是师生主动建构的结果。因此，课程本质上是动态的、开放的，是在实际的教学情境中、在师生的对话与协商等互动过程中、在学生的探究实践活动中不断生成的。在这样的理解中，课程的本质已不是对所有人具有普遍性的相同内容，而是在特定情境中师生自己对给定内容的理解与诠释。

（3）**强调师生的经验、教材、环境等因素整合的广阔的课程资源新视野。**以前在一般教师心目中，课程就是教材，教学就是"教书"。这样将课程变成了僵化的文本、教学变成了机械化的操作程序。近年来课程观念的一个重大变化在于，超越课程等同于教材的狭隘视野而形成广阔的课程资源新视野④，

---

① 李方、刘晓玲：《教学中的建构主义：高校教学理念的转换》，《高教探索》2003年第4期。
② 谢登斌：《美国后现代主义课程理论探析》，《广西高教研究》2001年第5期。
③ 参见张华著：《课程与教学论》，上海：上海教育出版社2000年版，第114～116页。
④ 张晖编著：《新课程的教学改革》（基础教育课程改革教师培训教材之二），北京：首都师范大学出版社2001年版，第94～98页。

即教材不再是唯一的课程资源，师生的经验、教学环境是不可忽视的教学资源，日常生产生活、社区及周围自然环境、各种大众传媒等有着极其丰富并可开发利用的课程资源。课程是来源广泛的课程资源的有机整合。

（4）从只关注显性课程到强调显性课程与隐性课程并重。显性课程（Manifest Curriculum），是指学校有计划地组织、实施的正式课程（Official Curriculum）或官方课程。这一直是人们关注的焦点。隐性课程（Hidden Curriculum），是指教育环境对人的潜移默化的影响，即环境育人。换个角度来说，是指学生在学习环境中无意识地获得的知识、情感、态度、价值观及社会规范等。隐性课程作用于人的无意识心理机制的潜隐性、弥散性等特点使人"得来全不费功夫"。所以，隐性课程是不可忽视的教育资源，课程建设必须谋求隐性课程与显性课程的和谐统一，教育才能获得事半功倍的效果。只是由于它的潜隐性、弥散性或者说难以完全计划和预期等特点而易于为人们所忽略。

二、课程论的产生与发展

无论课程一词始于何时，实践中的课程是伴随着教育的产生而出现的。所以，人类对课程的探索由来已久，但课程论作为一个系统的、相对独立的研究领域的出现还是 20 世纪初的事情。学界一般以美国学者博比特（F. Bobbit）的《课程论》（*The Curriculum*）（1918 年）一书作为课程论从教育学母体中脱胎、诞生的标志。所以，美国资深课程专家坦纳夫妇（D. Tanner & L. N. Tanner）说，"课程有一个悠久的过去，却只有短暂的历史"[①]。此后，课程一直是西方教育理论与实践研究的重点。尤其值得一提的是，在他们的教育实践中，课程不是制度化的文本，而且他们的教育体制赋予教师以相当大的课程自主权。所以，在他们的观念里，课程不是权威的，教师思考、研究与开发课程的意识和能力普遍比较强。因此，尽管"课程论"只有不到一百年的历史，它却迅速发展成为教育科学领域里兴旺繁荣、硕果累累的分支学科。

相比之下，我国的课程传统是制度化的，长期以来我国对课程的定位是经选择了的文化精华，因此它在相当大的程度上具有无须研究的权威性，所

---

① D. Tanner & L. N. Tanner, *Curriculum Development*: *Theory into Practice* (2nd ed.), New York: Macmillan Publishing Co. Inc. & London: Collier Macmillan Publishers, 1, 1980, p. 4.

以我国系统的课程理论研究起步较晚。第一本以"课程论"命名的著作诞生于1989年,是陈侠的《课程论》。同年,钟启泉编著的《现代课程论》也问世了。这标志着课程论成为我国教育科学的一门分支学科,形成了相对独立的研究领域。此后,我国的课程学者立足本土现实,密切关注国外课程论发展动向,注意借鉴和吸收国外课程理论研究成果,进行了大量卓有成效的研究,使课程论的研究领域在不断地拓展。这一方面为我国课程论的发展奠定了良好基础,另一方面打开了课程研究的国际视野,促进了我国课程理念的转变,从而有力地推动了我国课程实践的不断变革与发展。

第二节 教学概论

一、教学的涵义

"教学"一词历史悠久,其涵义和用法在不同时期不尽相同。在我国,"教学"一词最早见之于《书·商书·兑命》:"斅学半"(斅同教)。继之,《学记》里出现了"教学相长"的论述。这里所说的"教学"是指教师的行为——学,意思是教师学了以后去教人,教人对教师本身也是学。这是"教学"一词最早的词义。《学记》里还有"建国君民,教学为先"的论述。这里的"教学"近义于"教育"。据考,真正指教师的"教"和学生的"学"的"教学"一词,出现在宋朝欧阳修的文献中,"……其教学之法最备,行之数年,东南之士,莫不以仁义礼乐为学"。

在英文中,"teach"和"instruction"意即"教学",其基本涵义是教给人以知识、教人做事、给人上课。[①] 时至今日,教学的传统意义并没有发生根本的变化。只是人们在不断地从不同的角度和侧面去思考和关注它,形成的认识不尽一致。比如,从广义的角度去看,教学是"任何人际影响的形式,目的在于改变他人能够或将能表现的方式";从狭义的角度去看,教学是"一种交互作用的过程。基本上涉及发生在若干可以确定活动期间,师生之间在教室中进行的交谈"[②],泰勒将教学定义为"教授课程的计划以及将学习经验组织成

[①] 参见中央教育科学研究所比较教育研究室编译:《简明国际教育百科全书·教学》(下),北京:教育科学出版社1990年版,第234页。
[②] 转引自王文科著:《课程与教学论》,台湾:五南图书出版公司1999年版,第29页。

单元、课及程序的过程"①。

以下是 20 世纪八九十年代我国对"教学"的一些具有代表性的论述。

(1) 教学是"教师的教与学生的学的共同活动。学生在教师有目的有计划的指导下,积极主动地掌握系统的文化科学基础知识和基本技能,发展能力,增强体质,并形成一定的思想品德"②。

(2) "所谓教学,乃是教师教、学生学的统一活动;在这个活动中,学生掌握一定的知识和技能,同时身心获得一定的发展,形成一定的思想品德。"③

(3) "教学就是指教的人指导学的人进行学习的活动。进一步说,指的是教和学相结合或相统一的活动。这里要注意的是结合或统一二字。就是说,只有教或只有学的片面活动,或者说只是这二项活动的简单相加而没有什么结合或统一,都不是我们所说的严格意义上的教学活动。"④

由此可见,我国对教学的传统理解主要强调了两点:第一,它是师生教与学相统一的活动;第二,它有明确的目的性——学生获得知识、技能与身心的多方面的发展。不难看出,我们对教学的认识还存在相当的笼统性、模糊性。而且,无论从观念上还是从长期的教学实践来看,我国对教学的传统理解都在一定程度上存在重教而轻学、教指挥学、学服从于教的倾向,从而在某种程度上限制了教学中学生主体意识与能动性的发挥。

世纪之交,人们逐渐走出就教学而论教学的狭隘视野,开始在多学科基础上思考和研究教学问题,对教学的本质有了更深入的认识,主要表现在以下几个方面:

(1) 教学是一种交往活动。教学作为人类的一种重要的社会活动,其本质也是人与人的交往。这种交往既体现了一般人际关系的特点,又具有教育的独特内涵,是在教育的情境中"产生"着教育,推动着教育的发展。教学交往主要表现为师生及生生之间为着共同的目的、围绕共同的问题展开对话与合作,进行探讨与研究,从而获得对问题的认识。从某种意义上说,知识是可教的,可真正具有发展意义的心理品质与能力只能在主体间具有丰富教育内

---

① Ralph W. Tyler, *Basic Principles of Curriculum and Instruction*, Chicago and London: the University of Chicago Press, 1949, p. 83.
② 中国大百科全书出版社编辑部编:《中国大百科全书·教育》,北京:中国大百科全书出版社 1985 年版,第 105 页。
③ 王策三著:《教学论稿》,北京:人民教育出版社 1985 年版,第 88~89 页。
④ 李秉德主编:《教学论》,北京:人民教育出版社 1991 年版,第 2 页。

涵的交往实践中逐渐养成，如积极的情感、态度、价值观及创新意识与实践能力等。

(2) 教学的本质是意义建构。[①] 传统观念认为，知识是外在于学习者的人类认识成果，而且是对世界的正确认识，是客观的，以实体的形式存在于认识主体之外，是可以积累、分割并以现成方式传递于他人的。这是把知识简单化、绝对化了。现在人们越来越清楚地认识到了知识的建构性特点：知识产生于人与环境的交互作用，是人对世界的理解和意义建构的结果。知识包括结构性知识和非结构性知识或经验。结构性知识是指规范的、拥有内在逻辑系统的、从多种情境中抽象出来的结构相对稳定的基本概念和原理。非结构性知识是指在具体情境中形成的与具体情境直接关联的、不规范的、结构不稳定的直接经验或个人的生活经历等等。非结构性知识、经验在认识事物或人的发展中的作用越来越受到人们的重视。

在教学过程中，人们进一步认识到，学习者已有知识经验对新知识、新信息意义建构具有重要作用；学习是一个双向建构的过程，既包括对新信息意义的建构，又包括对原有经验的改造和重组，即不断解构与重构的过程；既包括学习者个体内在心理表征的建构，又包括学习者"共同体"内的互动建构；学习不仅是个体与客观世界互动建构知识与意义的过程，还是一个社会互动、人际协作从而促进整体建构水平提升的过程。

所以，教学的最终目标不是完成既定知识的传授任务，而是帮助学生实现上述建构。教学其实是要构筑一种促进学习者主动进行知识与意义建构的学习环境，把学习的主动权交给学习者，让他们自己去尝试理解事物、去探求和建构知识。这样，师生在教学中的人际关系也相应地发生了实质性的变化。学生不再是知识的被动接受者、权威的盲目信奉者，而是真正意义上的学习者、主动的建构者、自我发展的主体。学习不再是与外在于我的客观知识进行单打独斗的认知拼搏，而是学习者共同体内的协作、对话与互动建构，学习者之间成为亲密合作的伙伴关系。教师不再是宣读"圣旨"的"钦差大臣"，而是学习环境的创意者、策划者，是学生学习的促进者、"学习者共同体"内的"高级伙伴"、"平等中的首席"。[②]

[①] 参见李方、刘晓玲：《教学中的建构主义：高校教学理念的转换》，《高教探索》2003 年第 4 期。
[②] 李方主编：《课程与教学基本原理》，广州：广东高等教育出版社 2002 年版，第 106 页。

(3) 教学是师生主动开发课程资源、不断创生课程的过程。教学理念的变化与课程理念的变化有着内在的一致性。当课程被看成是既定的文本时，教学就是"教书"，教师就是"教书匠"，学生则是课本的"信徒"。当课程被看成是开放性、动态生成的意义世界时，教学则成为广泛利用各种课程资源、不断开发创生课程的实践过程，师生成为利用课程资源、不断创生课程的能动主体。教学观念的这一变化在我国新一轮基础教育课程改革中有着充分的体现。比如，新课程提倡在教学中用好教材、超越教材、广泛利用各种课程资源，在实践中不断开发、丰富课程；各科新课标都根据自己学科特点就教学中如何利用开发课程资源加以具体指导并提出了相应的建议。新课程的教学是师生共同开发利用课程资源、共同建构课程知识意义的过程。这样，教学从课堂延伸到课外，小课堂连着大世界，拓展了教学空间。对教师来说，上课不再仅仅是驾驭教材的问题，而是对教材、学生、社会及广泛的相关信息的研究，是收集、提炼加工与整合各种来源的课程资源的过程。对学生来说，学习不再仅仅是"读书"与被动接受知识的过程，而成为主动收集、选择、整合、交流信息与创生课程的过程。

(4) "教"服务于"学"，服务于学生主动的、探究性的学习。如前所述，在我国，长期以来，无论是在意识层面还是在教学实践中都在一定程度上存在着重教而轻学、教指挥学、学被动地服从于教的倾向。事实证明，教师教了什么不等于学生学了什么，教师教得好不等于学生学得好。这种"以教为本"的倾向必然导致学生被动学习、教学效果事倍而功半。所以，以"学"为本，以学生主动的、探究性的学习为教的出发点和着眼点，"教"越来越少地传授知识，越来越多地激励学生思考与探索，为学生主动学习、探究性学习营造良好环境，是当今世界各国教学改革的趋势。

二、教学论的产生与发展

教学作为实施教育的最基本途径，自存在以来，人们对它的思考与探究也就开始了。在我国，远在公元前6世纪的《论语》里就记载了许多虽不系统但却相当精辟的教学思想。战国末期的《学记》，从内容上看，论及了教学的作用、目的、内容、原则、方法以及教师等等问题，而且达到了相当高的理论自觉性。从著作名上看，古汉语中的"学"与"教学"乃至"教育"通用，而"记"是一种文体，为记述、论述之意。所以，《学记》被认为是世界上最早的教学论专著。

系统化、理论化的教学论始于17世纪。在教育史上,第一个倡导教学论的是德国的拉特克(W. Ratke)。他在1612年在向法兰克福诸侯呈交的学校改革的奏书中,自称"教学论者"(Didacticus),称自己的新的教学技术为"教学论"(Didactica)。拉特克的教学论是以教学的方法技术为中心的,要解决的是"如何教"的问题。1632年,捷克教育家夸美纽斯(J. A. Comenius)的《大教学论》(*Didactica magna*)一书的问世标志着教学论的诞生。在该书的扉页上,他声称"我敢于应许一种把一切知识教给一切人的全部艺术"。它系统地论述了关于改革中世纪旧教育建立资本主义新教育的主张,提出了一个比较完善的教学论体系。在教育史上,夸美纽斯第一次提出了教学的兴趣原理、活动原理、直观原理等,为以后教学论的发展奠定了重要基础。

此后,对教学论作出重要贡献的是启蒙时期的法国思想家卢梭(J. J. Rousseau)和瑞士教育家裴斯泰洛齐(J. H. Pestalozzi)。卢梭继承并进一步发展了夸美纽斯教学思想中自然主义的一面,为"儿童中心"教学思想的产生铺好了路。裴斯泰洛齐则在继承卢梭教学思想的基础上,明确并开创了"教学心理化"的发展方向,推动了教学论科学化的进程。

19世纪教学论的发展方向是由德国教育家赫尔巴特(J. F. Herbart)来改变的。他超越了夸美纽斯、卢梭、裴斯泰洛齐教学思想中"适应人的自然"的一面,充分认识到文化知识在人的发展中的重要意义,从"教学心理化"的层面上确立了教学论的教学内容体系,由此建立了西方近代教育史上最严整的教学论体系。显然,与先前"自然"倾向的以及后来的"儿童中心"的教学思想相比,赫尔巴特的教学论有着浓厚的"教师中心"、"书本中心"和"课堂中心"特色。

20世纪初西方教学论发展的里程碑式的成就当数杜威的教学思想。此外,对教学论作出重要贡献的还有布鲁纳、施瓦布、布卢姆、奥苏伯尔、凯洛夫、赞科夫、维果茨基、根舍因、佐藤正夫等。20世纪是教学论多元化发展的繁荣时期。

第三节 课程与教学的关系

　　课程与教学的关系是中外教育理论探讨的重要问题。人们对这一问题的不同的认识主要源自于不同的课程观与教学观。如果课程即学科、科目、教学计划、教学内容,即"教什么",教学则意味着"怎么教",即教的过程,课程与教学的关系是内容与过程、目的与手段的二元分离,其间为一种简单的线性联系。当课程被视为一个开放的动态的情境,教学为不断开发、创生课程的过程时,便发现课程与教学是你中有我、我中有你,其间有着融合互动、相辅相成的复杂联系。

　　人们对课程与教学的关系问题的认识总体上经历了从分离到融合的过程。分离在实践中主要表现为课程和教学被视为两码事,分工明确、各自为政;在理论上主要表现为教学论和课程论先后从教育学母体中脱胎而出,各自成为教育科学的一门独立的分支学科。尽管如此,课程和教学之间唇齿相依,联系还是没法完全割断的,研究课程非得涉及教学不可,而研究教学也无法回避课程。所以,在任何一本教学论著作里都有课程方面的内容,在任何一本课程论著作中都要探讨有关教学的问题。但问题是,教学论里的课程仅仅是教学计划、教学内容,课程论里的教学只是被动执行、忠实践履课程计划的过程。所以,教学论通常立足于教学去看课程,形成教学包含课程的"大教学观";课程论大多从课程的视角去看教学,形成课程包含教学的"大课程观"。课程论和教学论经过一段各自为政的深入研究与独立发展之后,人们逐渐明白课程与教学其实谁也包含不了谁,谁也取代不了谁,谁也离不开谁。于是,课程论和教学论开始趋向整合而成为课程与教学论。

课程与教学

反思与问题

　　1. 通常来说,一本学术著作或教材都会在第一章里对该书的核心概念予以明确界说。然而,本书的这一章却未做到这一点,只是对"课程"、"教学"的涵义作了些探讨,而且对课程与教学的关系问题也未作出定论。原因在于,这些概念本身有着比较丰富而深邃的内涵,人们从不同角度解读出的涵义不同,阐述的角度、方式不同其界说亦相异,而且人们对这些概念的认识也是不断发展、不断深化的。比如,西方有学者对"课程"的定义做过统计,达一百多种,而实际情况还远远不止这些。人们对"课程"与"教学"这两个概念的界定众说纷纭、莫衷一是。我们可以从这些不同的说法中获得多角度看问题的启示,进而形成自己的认识。

"课程"、"教学"这两个概念是理解整个学科所有问题的核心。对此,我们需把握以下三个方面:一是概念的最基本涵义,二是概念多视角内涵的丰富性,三是概念内涵的发展性。

2. 你能否尝试给课程定义?
3. 在世纪之交,人们对教学的本质有哪些新的认识?
4. 试从"大教学"和"大课程"两个视角论述课程与教学两者的关系。

第二章 课程与教学理论基础

第一节 教育学[①]

教育学作为专门研究培养人的社会科学,包含了对课程与教学论的研究。教育学是教育科学体系中的一级学科,也是基础学科,其基本原理是教育科学体系中各门学科的理论基础。其中同课程与教学论学科关联较大的教育学基本原理主要有教育本质论、教育功能论、教育目的论、师生关系论。这"四论"应当是课程与教学的理论基础。

一、教育本质论

现代教育的本质就是为现代社会培养人才。国力强盛,教育为本。现在世界上国力的竞争,包括经济实力的竞争、科学技术的竞争、国防力量的竞争等,实际上就是人才的竞争。教育以培养人才为其根本任务,教育是出人才的本源,所以,现代社会国力的竞争就是教育的竞争,教育是兴国之本。

教育本质还可以从教育与社会发展的纵向关系和横向关系去考察。从教育与社会发展的纵向关系看,教育产生于原始社会,快速发展于古代社会和现代社会,教育事业的发展由简单到复杂,教育理论从无到有再到完善和深化,课程与教育方法技术手段从落后到先进。在其发展的历程中,在不同的社会或不同的历史时期,表现出不同的特点,具有历史性。在阶级社会里则具有一定的阶级性。教育发展大致经历了原始形态、古代形态和现代形态三种社会形态,这与生产力发展、经济发展和科学技术发展水平息息相关。在发展过程中,教育表现出一定的独立性和继承性。

从教育发展的横向关系看,教育与社会生产力和经济的发展相互制约,社会生产力和经济制约着教育发展的规模和速度,以及制约着教育目的、制度、课程、教学方法、教学手段等。但教育对生产力和经济的发展又能起巨大

---

① 李方主编:《课程与教学基本理论》,广州:广东高等教育出版社2002年版。

的促进作用。尤其是培养人才的质量和数量决定着生产力与经济发展的水平。当代人力资本理论认为，人所拥有的诸如知识、技能及其他工作能力是一种资本的形态，是未来薪水的源泉。人力资本是现代经济增长的重要因素，甚至是首要因素[①]。教育与政治经济制度的关系是辩证统一的，政治经济制度决定教育的性质，主要是决定着培养人才的服务类型。当然教育对政治经济制度也有反作用。此外，教育与文化、科学的关系也是相辅相成的，教育促进了文化与科学技术的发展，而文化、科学技术的发展又丰富了教育教学的内容。总之，教育作为一种社会现象，它与其他社会现象的关系是紧密相连的。

教育本质论正确地揭示了教育的社会性质与功能。以其作为理论基础，可以从教育与社会关系的高度去研究课程与教学的改革方向，使我们站得更高、看得更远，清晰地认识课程与教学改革的社会价值。同时，也使我们认识到，课程与教学的活动作为教育活动的基本组成部分，是一个由简单到复杂，由落后到先进的过程，它不可能完全独立于社会意识形态和政治经济制度之外而发展，但它有一定的继承性。它的发展水平和速度，更多地取决于培养人才的类型和要求，以及取决于社会生产力水平、经济水平和科学技术水平。因此，课程与教学的改革必须充分考虑这些关系、因素和要求，即充分考虑社会制约性。

二、教育功能论

这里所说的教育功能论强调的是教育对学生身心发展的主导作用，是关于教育对象——学生与教育之间关系的理论。它主要揭示两者之间的相互制约作用。作为教育对象的年轻一代，他们的发展与成才是受到多方面因素影响的，基本因素是遗传素质、主观努力、社会客观环境与学校教育。其中，遗传素质是发展与成才的基础与前提，主观努力是发展与成才的关键，社会客观环境是发展与成才的重要辅助条件，学校教育对学生的发展与成才起主导作用。学校教育的主导作用，主要表现在它制约着人才成长的方向、素质、速度和水平，因为学校教育具备了能使人才优质发展、快速成长的独特条件。

---

① 北京师范大学等编：《在职攻读教育硕士专业学位，1999年全国统一考试大纲及指南》，北京：北京师范大学出版社1998年版，第41页。

然而,学校教育这种主导作用对学生的发展而言亦非万能,因为学校教育的主导作用除了受到学生的遗传素质、主观努力、社会客观环境等因素的制约外,还受到学生身心发展规律的制约,例如,受到学生身心发展的顺序性和阶段性、发展的不均衡性和成熟程度、发展的稳定性和可变性、发展的个别差异性等规律的制约。

教育功能论使我们认识到课程与教学具有发展人的巨大价值。根据教育与人的发展相互制约的规律,作为一种教育活动和教育过程的课程与教学,与学生身心发展也是相互制约的。这就要求我们研究课程与教学时,必须充分考虑学生身心发展的规律:一是根据学生身心发展的顺序和阶段性规律,课程与教学应循序渐进地促进学生的发展;二是根据学生身心发展的不平衡性规律,在学生身心发展的关键期和成熟期,正确把握学生发展的"火候"和"关键",采用相应的课程与教学方法;三是根据学生身心发展的稳定性和可变性规律,在课程安排与教学方法上要注意学生发展的稳定性,把握学生在各阶段中的相对稳定的共同特点,同时,也要注意学生发展的可变性,采取灵活有效的课程与教学,克服千篇一律的弊端;四是根据学生身心发展个别差异性规律,课程与教学实施要善于因人而异,灵活处理。总之,违反规律的课程设计和教学活动,则事倍功半或徒劳无益,甚至有可能走向反面。

三、教育目的论

教育是人类特有的有意识、有目的的社会活动。教育目的是培养人的质量规格标准,它是教育工作的出发点,也是教育最终所要实现的。它对教育工作有导控作用,对提高教学质量有指导意义。教育目的受社会要求和人的身心发展规律所制约。单纯从社会的需要去确定教育目的,过分强调教育的社会价值,这就是教育目的的社会本位论;单纯从人的本性、本能需要或从个体身心发展的规律去确定教育目的,片面注意教育的个体发展价值,这就是教育目的的个人本位论。这两种理论均失之偏颇。教育具有促进社会发展和人的个体发展的双重功能,两种功能是不可分割地连在一起的。因此,教育目的的社会发展价值取向与教育目的的个人发展价值取向是有机地统一起来的。

此外,还有教育生活论与教育谋生论。教育生活论认为,教育是青少年生活的一个不可缺少的部分,"教育即生活"、"教育即生长"。教育谋生论认为教育是为青少年未来的谋生做准备，读书是为了未来的谋生和幸福。我国古代宣扬的"学而优则仕"，今天有人认为"读书升学是为了找个好职业"，这些观点也是教育谋生论。

我国教育目的的确定是以马克思主义关于人的全面发展学说为理论依据，以中国社会主义现代化建设的实际要求及人的自身发展需要为客观依据，是从我国教育实践的具体实际出发的。我国教育目的的基本点是"使学生德智体美全面发展的社会主义建设者和接班人"。为了更好地实现我国教育目的，我国正在推行素质教育。

了解和研究教育目的，是课程与教学改革的首要任务。教育目的实现的程度与水平，是衡量课程与教学科学与不科学、先进与落后、优良与差劣的重要标志。课程与教学的研究和创新，必须弄清楚教育目的的价值取向，否则，就会误入歧途。当前，我国有些学校大搞应试教育，以片面追求升学率为教育目的，于是只重视考试课程，而轻视或忽略非考试课程，教学上采用了"满堂灌"、"题海战术"、"加时补习"等不适当的方法，造成学生负担过重，或片面发展，这与我国推行素质教育，实现全面发展的教育目的是相悖的。

四、师生关系论

师生关系是教育学长期讨论的一个重大问题。课程实施与教学活动的因素很多，但活动的开展是由人来主宰的，教师与学生就是主宰课程实施与教学活动开展的两种角色，对这两种角色的定位和作用，以及两种角色之间的关联性研究，就是师生关系问题的研究。

在课程实施与教学活动中，师生各自充当何种角色，起什么作用？这是教育学长期争论不休的问题。德国教育家赫尔巴特和苏联教育家凯洛夫是典型的教师中心论者，他们认为，教师是课程实施与教学活动的主宰者，教学过程中教师是绝对权威的，学生对教师要绝对服从，教师对学生可随心所欲地摆布，教师的话具有法律性质。美国的杜威是典型的学生中心论者，杜威极力反对赫尔巴特的教师中心论，他要进行改革，将赫氏的教师中心转移到以学生为中心上来。杜威认为，这种改革，就像哥白尼把天体的中心从地球转移到太阳一样，儿童就是太阳，一切教育包括课程与教学的措施，都要围绕着儿童这个"太阳"转。因此要根据儿童的兴趣来组织课程教学，学习生活中实用的知识，并在做中学，重视儿童的直接经验。

我国许多教育学认为[①]，无论是教师中心论，还是学生中心论，都是片面的；在课程实施与教学活动中，教师是主导，学生是主体。教师是人类文化知识的传递者，对人类社会的延续和发展起承前启后的桥梁作用，教师对学生的成长起关键作用，教师是教育工作的组织者、领导者，在教育过程中起主导作用。学生是教育的对象，在许多情况下，学生的学习是在教师起主导作用的条件下进行的，然而，学生不是消极被动的"机械装置"，而是一个能动的活生生的主体，对学生来说，教师再强大的"主导作用"，也只不过是一种外部的教育影响。任何外部的教育影响都必须以学生自身的主体活动为前提，学生的主体活动具有能动性、独立性、批判性、选择性、创造性，任何外部的教育影响，都要接受学生主体能动的筛选，或者是全部吸收，或者是部分吸收，或者是全部抵制。

现代教育理论认为，新型的师生关系具有如下特点：① 教学相长；② 爱生尊师；③ 民主平等；④ 心理相容；⑤ 沟通理解；⑥ 交往合作。

师生关系论为课程与教学的研究提供了两点理论依据：一是课程与教学的研究必须从教师中心向学生为主体转移。以学生发展为本的课程与教学，是现代先进的课程与教学。二是师生优化合作、协同活动，是课程与教学有效实施并取得良好效果的前提条件。课程与教学改革，受师生素质及其配合程度所制约，脱离对方的任何一方的孤零零的教或学，都不能取得良好的效果。

第二节 心理学

教育学基本原理揭示，学生的心理水平制约着课程与教学活动，因此，心理学的理论是课程与教学论的基础。以心理学作为课程与教学理论的基础，最早可溯源于亚里士多德，但真正把课程与教学论建立在心理学基础上的教育家是赫尔巴特。心理学研究成果甚丰。19世纪末、20世纪初，心理学的主要流派有：构造主义、机能主义、行为主义、精神分析学派、格式塔心理学等，它们对现代心理学的发展起到了重要作用。从20世纪30年代以后，心理学

---

① 孟畅畅编写：《教育理论》（全国成人高考专升本统考教材），北京：中华工商联合出版社2000年版，第33～40页。

各派间出现了相互吸收、相互补充的新局面。第二次世界大战后，心理学迅速发展，形成了不同的研究取向，主要有生理心理学取向、行为主义取向、精神分析取向、认知心理学取向和人本主义取向。近 20 年来，我们认为，作为课程与教学论的理论基础，比较突出的是行为主义心理学、认知心理学和多元智能理论。

一、行为主义心理学：行为与认识

行为主义心理学产生于 20 世纪上半叶，由美国心理学家华生（J. B. Watson）所创立，代表人物有华生、桑代克、巴甫洛夫、格思里、斯金纳等。他们认为，只有直接观察到的东西才能成为科学研究的对象，只有客观的实证的方法才是科学的方法，因而主张用客观的实证的方法去研究人的行为，极力反对人的心理和意识的内省研究。认为个体所有行为的产生和改变都是刺激与反应之间的联结，学习是由经验引起的行为的相对持久变化，其实质就是刺激与反应之间关系的联结[①]。

华生把"刺激-反应"作为行为的基本单位，认为学习即"刺激-反应"之间联结的加强。行为主义心理学的代表人物美国的斯金纳（B. F. Skinner）则强调"反应-刺激"。他认为刺激就是强化，应把强化作为促进学习的主要杠杆。无论是早期行为主义心理学，还是新行为主义心理学，这些理论所描述的认识过程和学习活动都是操作性的线性关系，具有单一性、固定性和机械性的特征。

泰勒以桑代克、华生等人的行为主义心理学为基础提出了课程研制的"泰勒原理"。行为主义心理学对课程与教学的影响主要表现在以下几个方面：① 主张把课程目标和内容分解成小单元，然后按照逻辑程序排列，步步递进，强调程序教学法、教学中的强化与矫正。② 强调行为目标。例如，博比特、查特斯、泰勒等人均主张课程教学目标用行为术语描述，令其明确、具体。③ 在课程内容方面强调由简至繁的累积。④ 在教学方法上强调基本技能的训练。⑤ 主张采用各种媒介进行个别教学。⑥ 提倡教学设计或系统设计的模式。⑦ 主张开发各种教学技术。⑧ 注重教学绩效、成本-效应分析和

---

① 卢家楣主编，《学习心理与教学》，上海：上海教育出版社 2000 年版，第 11 页。又见：彭聃龄主编：《普通心理学》，北京：北京师范大学出版社 2002 年版，第 35、36 页。

目标管理①。

二、认知主义心理学:人脑的认知结构

当代认知心理学家认为,认知过程就是人脑对信息进行加工的过程。信息加工过程包括信息的输入、编码、储存、提取、输出的过程,这是一个系统的加工过程。这一过程由大脑控制,大脑中有一个"执行的控制过程",控制系统包括目的系统、策略系统、计划系统、监控系统四部分,这些系统协同配合,有力地影响信息加工的执行过程。当代认知主义心理学还提出了元认知的新理论,这是一种关于对自己的认知过程的认知理论②。

认知心理学认为,头脑中的知识结构可看作认知结构,它涉及三个方面:知识的表征、知识的类型和知识的组织。

(一)知识的表征

表征是指知识或信息储存于大脑的方式。皮亚杰认为,根据儿童心理发展的阶段性,儿童认识世界有四种不同的认知图式(结构):0~2岁为感知运动阶段,认知活动方式主要是依据吮、咬、抓、摇等动作,认识活动建立在感官的即刻经验上;2~7岁为前运演阶段,认知活动方式为身体的运动和知觉经验,不能离开实物来思考问题;7~11岁为具体运演阶段,认知活动方式是根据具体形象而不是具体实物来思考问题,但还不能完全摆脱具体经验;11~15岁为形式运演阶段,认知活动方式是不受具体经验和时空限制,根据逻辑规则来思考问题,已进入抽象思维阶段③。

美国布鲁纳在研究皮亚杰的四种不同认知图式的基础上,提出知识结构和呈现知识的形式。① 知识结构的三种方式:一是知识结构的再现形式;二是结构的经济原则;三是结构的有效力量。三者随着对学习者的不同年龄、不同"作用"和与学科之间的差异的适合程度而有不同的变化。② 知识结构的再现方式有三种:一是用适用于达到某种结果的一组行动来表示,即表演式再现表象;二是用可充当某个概念的代表,但还不能完全解释这个概念的

---

① 施良方著:《课程理论——课程的基础、原理与问题》,北京:教育科学出版社1996年版,第31页。
② 张庆林主编:《当代认知心理学在教学中的应用》,重庆:西南师范大学出版社1990年版,第31~41页。
③ [瑞士]皮亚杰著,王宪钿等译:《发生认识论原理》,北京:商务印书馆1995年版,第22~57页。

一组简略的意象或图解来表示,即肖像式再现表象;三是用一组符号命题或逻辑命题来表示,即象征式再现表象[1]。这三种再现方式是儿童在不同年龄期认知发展的三个阶段,分别为:动作表征期、影像表征期、符号表征期[2]。这三个阶段性特点,是认知发展上质的变化。

皮亚杰和布鲁纳关于认知结构的理论,使我们认识到儿童心理的发展在不同阶段上具有性质上的变化,这种性质上的变化表现为认知方式上的变化。课程与教学方法的运用,要适合不同年龄阶段儿童的认知结构的特点,同时也应重视发展学生的认知结构,朝着儿童认知发展的正确路向去发展学生的抽象思维能力。

(二) 知识的类型

知识的类型是指语义记忆的类型,语义知识可分为三类:① 描述性知识,是属于事实性知识,主要描述是什么、怎么样等问题;② 程序性知识,是指一系列操作程序或计算步骤;③ 策略性知识,是关于设计方法的知识,包括如何学习、如何思考、如何运用知识去解决问题的一般方法[3]。现代认知主义心理学更加重视策略性知识的教学。

语义知识的分类理论,使我们更清晰地针对知识的不同性质特征来进行有效的课程与教学设计,根据知识的性质特征的不同,采用不同的教学方法。认知主义心理学重视策略性知识教学具有重要的现实意义。策略性知识教学的关键是教学生学会学习和思考,因此,我们要确立新的课程与教学理念,使传统上以传授知识为中心的课程与教学转变为以如何学习和思考、如何发展和创新为中心的课程与教学。

(三) 知识的组织

知识的组织是指长时间记忆中知识的组织,包括图式理论、群集研究、层次网络模型、流程图等方面[4]。这些理论强调知识的系统化、结构化,对课程

---

[1] 邵瑞珍、张渭城等译:《布鲁纳教育论著选》,北京:人民教育出版社1989年版。第444页。
[2] 李咏吟著:《教学原理——最新教学理论与策略》,台湾:台湾远流出版事业股份有限公司1985年版,第11页。
[3] 张庆林主编:《当代认知心理学在教学中的应用》,重庆:西南师范大学出版社1995年版,第42页。
[4] 张庆林主编:《当代认知心理学在教学中的应用》,重庆:西南师范大学出版社1995年版,第43~48页。

编制和对教会学生如何有效掌握知识具有广泛的应用价值。

近10年来，人们将认知心理学与神经科学结合起来，于是产生了认知神经科学，它主要研究认知功能的脑机制、认知与神经系统活动的关系、脑发育与认知功能的发展等。科学家们相信，在21世纪，认知神经科学的研究是心理学发展的主流①。

认知心理学是与行为主义心理学相对立的。认知心理学反对行为主义心理学放弃研究个体内部心理活动的观点，主张必须研究个体头脑内部进行着的心理活动，特别是认知过程，并强调原有的认知结构对个体行为和当前认知活动起决定作用，据此，认为学习是由经验引起的内部认知结构的形成和改组，而不是刺激-反应联结的建立或消退②。

三、加德纳：多元智能

多元智能理论由美国心理学家加德纳（H. Gardner）于1983年创用。1905年，法国比奈创造的"智商测试"及其结果（IQ），由于在第一次世界大战时期用于测试100万以上新兵而被认为是极具使用价值的科学的测量工具。"智商测试"最大的价值在于将智能定量化并可用相同的智能尺度去排列每一个人，由此来预言低年级学生中哪些人将来会有出息，哪些人将平平庸庸。加德纳教授认为，智商测试方法及其结果是片面的。他对智商概念和智能一元化表示怀疑，他指出，这种"统一观点"产生了与之相对应的统一规划的学校，在这种学校里，每个学生都要学习相同的课程即核心课程，选择的机会极少。这种测试和按智商高低选拔学生的方法，只有利于英才教育。据此。他提出智能多元化的观点，他认为"智能是解决问题或制造产品的能力"。逻辑和语言智能置于中心位置，但身体运动技巧也可称为智能。智能也可称为才能。他还指出，一个学生存在着许多不同的、相互独立的认知能力，不同学生具有不同的认知能力和认知方式。

"当一个人中风或脑受伤后，有些能力可能受损，有些能力可能因为与受损能力没有联系而保留下来。从脑伤病人得到的有力的证据说明，人类的神经系统经过一百多万年的演变，已经形成了互不相干的多种智能"。

---

① 彭聃龄主编：《普通心理学》，北京：北京师范大学出版社2000年版，第36页。
② 卢家楣主编：《学习心理与教学》，上海：上海教育出版社2000年版，第15～16页。

通过研究认知的发展过程、脑伤病人智力丧失的分布情况和一些特殊人群(含超常儿童和学习障碍儿童),加德纳于1983年在《智能的结构》一书中提出了多元智能的理论,1993年又在《多元智能》一书中将多元智能理论加以进一步的总结。加德纳认为,人的智能是多元的,有如下七种:一是语言智能;二是逻辑-数学智能;三是视觉-空间智能;四是音乐-节奏智能;五是身体-运动智能;六是人际交往智能;七是自我认识智能[①]。加德纳分别于1998年和1999年又新提出自然观察者智能和存在智能两种[②]。

加德纳的多元智能理论认为,每个学生都在不同程度上存在上述七种基本智能,这些智能之间的不同组合,就表现出学生个体之间的智能差异,也代表了每个学生不同的潜能,这些潜能只有在适当的情境中才能充分地发展。智能结构的核心是解决实际生活中的问题和创造出社会所需要的有效产品的能力,这是衡量智能水平高低的主要标准[③]。

在办学上,加德纳主张学校教育的宗旨应该是开发多元智能并帮助学生发现适合其智能特点的职业和业余爱好,所以学校应该是以个人为中心的学校。与统一规划的学校相比,这种学校对每个学生的认知特点都能给予充分的理解并使之得到最好的发展。这种学校应正确评估学生个体的能力和倾向,不但寻求和每个学生相匹配的课程安排,而且寻求与这些课程相适应的教学方法,还要帮助学生根据自己特有的智能类型、目标和兴趣,选择特定的课程和特殊的学习方法[④]。

在课程上,加德纳主张设置多元智能课程。多元智能课程的实施项目包括:在幼儿早期进行"多彩光谱式学习",目的在于发现儿童的各种智能优势与强项;小学阶段实行重点实验学校,在小学除了读写算课程外,还开设计算机、音乐、体育等课程,激发每一个孩子的多元智能;初中阶段施行"实用智能",即把斯腾伯格的成功智力,特别是实践智力与加德纳的人际智能结合起来,使每个学生在学习上获得成功;在高中阶段施行"艺术智能",发挥艺术对

---

① [美]加德纳著,沈致隆译:《多元智能》,北京:新华出版社2004年版,第4~9页。
② 钟启泉、崔允漷、张华主编:《〈基础教育课程改革纲要(试行)〉解读》,上海:华东师范大学出版社2002年版,第237~239页。又见:[美]坎贝尔(L. Campbell)、狄瑾逊(D. Dickinson)著,王成全译:《多元智能教与学的策略》,北京:中国轻工业出版社2001年版,第1~11页。
③ 钟启泉、崔允漷、张华主编:《基础教育课程改革纲要(试行)解读》,上海:华东师范大学出版社2002年版,第237~239页。
④ [美]德纳著,沈致隆译:《多元智能》北京:新华出版社2004年版,第9~10页。

学生质量的促进功能。实施"多元课程"的途径主要有两个:一是通过"专题作业"(long term projects)项目,即试图通过学生在解决真实问题学习中的智能"长势",来呈现学生的智能强项;二是"学徒制式"(apprenticeship)方法,即认为智能特长的学生不适合到教室中跟班学习,可以像大学教师带研究生一样进行"学徒制式"学习[①]。

在教学上,多元智能理论特别关注学习者个体智能的差异对教学的意义。在加德纳看来,"按照多元智能理论,智能既可以是教学的内容,又可以是教学内容沟通的手段或媒体,这个特点对于教学是很重要的"。在他的系列著作中,他再三阐述了学校教育的改革必须重视"学生个体的差异"。他指出,虽然人们目前口头上承认学生之间以及学生与教师之间存在着差异,但却很少有人进一步研究这些差异对教学的意义。"个体之间的显著差异,使人有理由怀疑是否应该让所有的人学习相同的课程,即使是相同的课程,是否应该用相同的方法教授所有的学生?"既然有充分的科学研究已经证明每个学生都表现出不同的智能组合和特点,那么,"如果我们忽略这些差异,坚持要所有的学生都用同样的方法学习相同的内容,就破坏了多元智能理论的全部基础"[②]。

此外,在教学理念上,多元智能理论也赞成在教学过程中学生具有主动性、生成性和建构性等。

第三节　社会学

课程作为一种社会文化,教学活动作为一种社会文化的传承与发展的现象,课程与教学和社会学、文化学息息相关。教育社会学是课程与教学论的重要研究基础。教育社会学流派对学校课程与教学的影响,已经成为不可否认的事实。

具体为功能理论、冲突理论和解释理论,内容见二维码。

社会学

[①] 裴新宁、张桂春:《多元智力:教育学的关注与理论》,《全球教育展望》2001 年第 12 期,第 19～22 页。
[②] 曾晓洁:《多元智能理论的教学新视野》,《比较教育研究》2001 年第 12 期,第 25～29 页。

第四节　哲学

哲学为课程与教学提供价值论、认识论和方法论，它对课程改革、教学创新起着重要的制约和指导作用。在我国，哲学与课程及教学关系的研究已引起重视，主要涉及的哲学流派有实用主义哲学、逻辑实证主义哲学、日常语言分析哲学、批判理论哲学①、存在主义哲学②、过程哲学③等。这些研究对我们有很大启发，这里不缕述。

我们只论及马克思主义哲学，以及人文主义和科学主义两种哲学思潮，具体内容见二维码。

哲学思潮

第五节　系统科学④

系统科学是哲学与具体方法技术之间的中介，是课程与教学的一种重要的方法论基础。系统科学包括"三论"⑤，即系统论、信息论、控制论；"新三论"，即耗散结构论、协同论、突变论⑥；以及20世纪末期增加的超循环理论、混沌理论、分形理论。合称"九论"。在20世纪80年代，"三论"已引入我国教育研究，作为课程与教学的理论基础。

一、系统论

"系统"(system)一词是由希腊文"systema"演变而来，原意是指由部分组成的整体。系统是由若干个相互联系、相互作用的要素组成，具有特定功

---

① 施良方著：《课程理论——课程的基础、原理与问题》，北京：教育科学出版社1996年版，第59～79页。
② 王文科著：《课程与教学论》，台湾：五南图书出版公司1999年版，第45～84页。
③ [英]怀特海著，杨富斌译：《过程与实在》，北京：中国城市出版社2004年版。
④ 李方、叶谷平主编：《新编现代教育技术学》，广州：广东高等教育出版2013年版，第40～45页。
⑤ 主要资料来源：李秉德主编：《教育科学研究方法》（第十六章），北京：人民教育出版社1987年版；李诚忠、王序荪：《教育控制论》，长春：东北师范大学出版社1986年版；采用了他们的成果，特此致谢！李方编著：《现代教育科学研究方法》，广州：广东高等教育出版社1989年版。
⑥ 李方著：《现代教育管理技术》，广州：华南理工大学出版社1995年版，第11～21页。

能和运动规律的整体。系统论就是研究系统的模式、原理和规律的科学。系统论是控制论和信息论的基础和核心。

（一）系统论方法的基本原则

系统论方法就是从全局出发，对系统内外的各种联系利用相互作用进行考察和分析，从而达到最佳的处理问题的科学方法①。系统论方法有以下五个基本原则：

1. 整体性原则

这个原则是把各个要素联系组成的有机整体作为对象，研究整体的结构及其发展规律。这个原则强调，任何系统虽然由若干部分（要素）所构成，但在功能上，各部分功能的总和不等于整体的功能。这一原则运用于课程与教学领域，要求我们处理课程与教学的问题时，要树立全局观念，始终把课程教学的事件看作一个有机整体。用什么要素（子系统）构成事件整体，各要素之间的关系如何安排，都要有利于整体功能的发挥。

2. 联系性原则

联系性原则是辩证法的普遍联系的观点的具体体现和实际运用。联系性原则包含两方面的意思：一是说系统与外部环境的联系和制约；二是讲系统内部各要素之间的相互联系和制约。系统、环境和要素是有密切联系的。一切事物总是存在于某种系统之中，从而作为该系统的一个要素。一切事物又都自成系统，都有其内部结构。任何一个系统都是较高一级系统的要素（或子系统），同时任何一个系统的要素又是较低一级的系统。对于一个特定系统来说，其他系统则是该系统存在的外部环境。这一原则要求我们注意课程教学的系统、要素和环境三者的彼此联系性和相互制约的有机统一性。

3. 有序性原则

系统的有序性可从时间顺序和空间结构去考察。从时间上看，在过程哲学视野中，任何系统都是活动的。活动表现为"过程"，"过程"表现为时间顺序。例如，在教学系统中，事件与事件、工作与工作之间，是有前后次序的，人们总是在时间上先做完一件工作再接着做第二件工作，有步骤地安排好工作的时间。从空间上看，系统的结构也是有序的。系统的结构是系统内部各个要素的组织形式。系统要素的稳定联系构成系统的结构，我们可以循着元素

---

① 秦宗熙等：《人类社会研究法》，武汉：武汉大学出版社1987年版，第67页。

之间的顺序从一个元素到另一个元素去考察系统的结构。例如,在分析课程与教学的问题时,应重视分析系统内部各要素排列组合的顺序。

4. 动态原则

动态原则强调两个方面:一是系统的开放性,即任何系统都与环境之间存在着物质、能量和信息的流动。任何系统都不是绝对的、静止的和封闭的,它总是存在于特定的环境之中,与外界进行能量、物质、信息的交换,受到环境的影响,具有开放性,随环境的变化而发生变化。二是任何系统都是一个"活"的机体,一个运动过程。元素之间,元素与系统之间存在着物质、能量、信息的流动①。这一原则要求我们注意考察研究课程与教学系统的各种运动状态和运动过程。

5. 最优化原则

最优化的现象和趋势是复杂系统存在的一条规律。如生物物种的最优化在自然界是"自然选择"的结果(优胜劣汰,适者生存)②。

我们对系统研究的最终目的,是为了使系统发挥最优的功能。一个系统可能有多种组成方案,我们要确定最优目标,选择最优方案,使最优状态的系统达到最优的效果。最优化之所以被提出,最优化的实现之所以可能,最根本的原因在于系统的复杂性和多样性。任何一个系统往往会有多种多样的具体存在形式。存在多,存在有差别,其中必有可比性,必有最优。因此我们要用最优化的观点去探索课程与教学的最优化问题。

系统论的五个原则是课程与教学研究的重要指导思想。它指导我们分析课程与教学的结构与功能、处理好课程与教学的关系;它指导我们探讨课程内容选择、课程编制、课程设计、师生活动、学习共同体、学习环境、教学合力、教学过程最优化、高效教学等一系列课程与教学的实践问题;同时,它还给我们分析课程、教学现象或事件,提供了全局的视野和联系的开放的思维方法。

二、控制论

控制论思想的萌芽可以追溯到古代。"控制"一词源于希腊语

---

① 《科学方法论文集》,武汉:湖北人民出版社1981年版,第27、29页。
② 李诚忠、王序荪:《教育控制论》,长春:东北师范大学出版社1986年版,第231页。

"kuberuntlkn",意思是"驾船的舵手"。亚里士多德曾把管理国家和驾船看作具有共同法则的事。它们都不能超越"舵"所控制的范围。由此看来,控制论的原意是掌舵或管理国家的学问①。

控制论作为一门学科和一种方法,则产生于20世纪40年代。

1943年,美国数学家维纳(N. Wiener)等人发表了《行为、目的和目的论》一文,提出了控制论的基本思想。1948年,维纳出版了《控制论》一书,正式宣告了控制论的诞生。

维纳在《控制论》一书中,把控制方法定义为"关于动物和机器中控制和通讯的科学"②。

控制论方法就是从整体、相互关系、运动变迁的角度来研究问题的方法③。

它是通过信息处理的能动过程,解决控制与被控制的矛盾,使系统运行处于最优状态或保持稳定性,进而达到人们对系统所规定的功能目标。

运用控制论的观点去考察课程教学控制系统的结构,能帮助我们研究课程教学控制系统中各要素的功能以及它们之间的关系,进而探索课程教学改革的最佳方案。

反馈控制法是控制论的基本方法。反馈就是把施控系统的信息作用于被控系统,再让产生的结果输送回来,并对信息的再输出发生影响的过程。反馈控制法就是通过反馈信息来调整下一步行动的控制。如图2-1所示:④

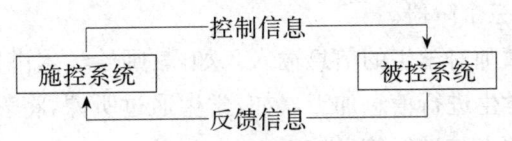

图2-1 反馈控制系统

例如,教学过程就是一个反馈控制的过程。在教学过程中,教师把课程内容(知识)传递给学生,对学生来说,这是信息输入的过程,学生通过自己的感受器由传入神经通路把课程内容传到大脑,进行识别、交换、处理和储存,

---

① 秦宗熙等:《人类社会研究法》,武汉:武汉大学出版社1987年版,第74页。
② 李秉德:《教育科学研究方法》,北京:人民教育出版社1987年版,第311页。
③ 秦宗熙等:《人类社会研究法》,武汉:武汉大学出版社1987年版,第75页。
④ 秦宗熙等:《人类社会研究法》,武汉:武汉大学出版社1987年版,第76页。

将输入的信息内化为可以输出的信息,再由传出神经通路把信息传递到效应器,引起相应的活动,外化为反馈信息。此时,一方面,学生自己可以将反馈信息再反映到大脑,进行自我评价,实现自我调节,以改进学习方法,提高学习质量;另一方面,学生的这种反馈信息传递给教师,使教师得以检查自己的教学效果,发现问题,找出差距,从而进一步改革教学,调节传输的课程内容,提高教学质量。

此外,控制论还可运用于教学环境的预先控制、上课过程的随机控制、学习习惯的模式控制等。

三、信息论

信息论的主要创立者是美国贝力电话公司的申农(C. E. Shannon)博士,他于1948年发表了著名论文《通讯的数学理论》,这篇论文标志着信息论的产生。

"信息"一词来源于拉丁文"Information",原意是解释、陈述。在日常生活中,信息就是指具有新内容、新知识、新情况的消息。在系统科学中,信息是指系统运动的状态。信息论是把系统(整体)的运动过程看作是信息的传递和转换过程来研究的一种理论。信息的传递和转换过程包括三个主要步骤:① 信息输入;② 信息加工;③ 信息输出[1]。

上课过程是一个信息的传递和转换的过程。在上课过程中,信息的传递和转换通常分为三个阶段。

第一阶段,教师对学生的信息输入。如,教师给学生讲授知识。

第二阶段,学生进行信息加工。如,学生通过听课,将教师的讲授信息传入到自己大脑,在大脑进行信息加工。

第三阶段,学生的信息输出。如,学生对教师的讲授内容是否听懂所表现出来的不同状态。

运用信息论方法还可研究课程教学过程。课程教学内容就是教育者输入给受教育者的信息。输入信息的方式就是教学方法。教育者在输入信息时,不但要考虑怎样才能使信息较容易为受教育者所接受,即受教育者容易感知、理解、记忆等,而且还必须考虑受教育者是怎样接受信息的,即受教育

---

[1] 李秉德主编:《教育科学研究方法》,北京:人民教育出版社1987年版,第312~313页。

者的学习方法。所有感知、理解、记忆、学习方法等,都属于信息加工活动。受教育者回答、做作业以及考卷答案,等等,就是信息输出。受教育者这些输出的信息反馈给教育者,教育者对受教育者的反馈信息进行评价,然后根据反馈信息再调节自己的教学活动。像这样按信息流程来组织、分析、检查并不断改进课程教学,就可以不断提高教学质量。

目前,"三论"在课程与教学研究领域的运用十分普通,它已成为教育研究者和教师分析与解决课程与教学理论和实践问题不可缺少的理论基础。

第六节 复杂性科学[①]

复杂性科学的理论源于1948年威佛尔(Weaver)的《科学与复杂性》一文,该文提出了系统复杂性的分类方法[②]。20世纪80年代,美国的盖尔曼(Murray Gell-Mann),安德森(Philip Anderson)、阿诺(Kenneth Arrow)等人认识到复杂系统的重要意义,他们聚集了一批物理、经济、生物、计算机等方面的研究人员,在Santa Fe成立了一个研究所,这就是著名的桑塔费研究所(Santa Fe Institute,简称SFI),他们将研究复杂系统的这一学科称为复杂性科学(Complexity Science)[③]。

"复杂性科学"目前还没有统一的定义。复杂性科学的研究对象是复杂性理象和复杂系统。复杂性科学的常用概念主要有:复杂系统、非线性、非周期性、开放性、动态性、联系与连接、反馈与圆环、整体论与还原论、全息现象[④]、涌现(emergence)、混沌、分型性、自组织性[⑤],整合性、初值敏感性、奇怪吸引性、范式、策略、程序等。

复杂性科学的研究方法主要有:

首先,微观分析与宏观综合相结合,还原论与整体论相结合。20世纪的

[①] 李方:《现代教育研究方法》(第六版),广州:广东高等教育出版社2016年版,第30、31页,附录一。
[②] 齐磊磊:论"系统科学"与"复杂性科学"之异同[J].系统科学学报,2008,16(4):32;郭元林:论复杂性科学的诞生[J].自然辩证法通讯,2005(3):53~58.
[③] 张嗣瀛:复杂系统与复杂性科学简介[J].青岛大学学报,2001,16(4):25~28.
[④] 埃德加·莫兰,陈一壮译:复杂性理论与教育问题,北京:北京大学出版社2004年版,第30,31,174,175,180,186,178页。
[⑤] 埃德加·莫兰,陈一壮译:复杂性思想导论[M],上海:华东师范大学出版社2008年版,第26~30,65~68,93~95页。

科学研究,如物理学,其研究方法是"还原论(reduction)",即研究单一个体。例如核物理的研究,是以原子核为对象;DNA的研究,是以细胞为对象;力学的研究,以受力体为对象,等等。对于复杂系统,这样做不行了。例如金融股市,不能研究个别股民,而要研究股民的总体行为。思维过程,不能研究个别神经元,而要研究神经元网络……胚胎的形成,不能研究单个细胞,等等。因此,复杂性科学的研究是不能只研究单一个体(还原论),而是要对总体系统进行整合研究①。

其次,定性定量相结合的综合集成方法。20世纪80年代,著名科学家钱学森组织了复杂系统的研讨班,提出了"开放的复杂巨系统"的概念。钱学森教授认为,"唯一能有效处理开放的复杂巨系统(包括社会系统)的研究方法,就是定性定量相结合的综合集成方法。这个方法就其实质而言,是将专家群体(各种有关的专家)、数据和各种信息与计算机技术有机地结合起来,把各种科学理论和人的经验知识结合起来。"②1992年,钱学森对复杂系统的研究方法提出了"从定性到定量的综合集成研讨厅体系"的设想。20世纪的科学,如物理学等的研究已非常深入,并建立了许多精确的数学模型,可以进行论证、推演、理论分析、定量计算。但对复杂系统而言,比如神经网络的思维过程、动物种群的发展过程、胚胎的形成过程,都没有定量的数学模型,不能进行定量研究。但是,一些网络的动态过程,则可建立一定法则在计算机上进行模拟(也叫"虚拟"方法),并做定量分析。因此,复杂性科学的研究又要定量与定性相结合③。

再次,复杂性科学是涉及多学科的科学,可从不同的学科出发,用不同的方法和工具,进行多学科、多视角的交叉研究。

此外,还有隐喻方法④、复杂系统的模型分析方法、复杂系统的数值计算方法,等等。

复杂性科学适用于复杂性、模糊性教育现象和复杂教育系统的研究。在课程与教学研究领域,复杂性科学是研究综合课程、经验课程、校本课程、课

---

① 张嗣瀛.复杂系统与复杂性科学简介[J].青岛大学学报,2001,16(4):25~28.
② 钱学森等.一个科学新领域——开放的复杂巨系统及其方法论,《自然杂志》,1990年第1期;吕瑞华.复杂性科学及发展状况分析[J].中国管理科学,2000,8:289.
③ 张嗣瀛.复杂系统与复杂性科学简介[J].青岛大学学报,2001,16(4):25~28.
④ 埃德加·莫兰,陈一壮译:复杂性理论与教育问题,北京:北京大学出版社2004年版,第30,31,174,175,180,186,178页.

程生成、课程领导力、复杂性教师领导力、学习共同体、教学合力、教学突发事件、教学随机现象、教学艺术、教学过程、课程与教学的自组织现象、课程与教学的不确定性等问题的理论基础。

反思与问题

1. 课程与教学的理论基础是多元化的,就我国而言,目前,最主要的理论基础是中国教育学和马克思主义哲学。这是具有中国特色的《课程与教学论》的根本标志之一。

2. 由于课程与教学是教育学的一个重要组成部分,因而有的课程与教学论著作在阐述其理论基础时,往往忽略了对教育学的研究。本书探讨课程与教学论的教育学基础,是一种新的尝试。

3. 社会文化是课程的重要资源。文化学是近年来课程研究者十分关注的一个学科领域,课程文化学的建构已经引起人们的重视。教学活动作为一种社会文化传承与发展的实践活动,是一种社会活动,因此教学社会学的研究同样引起人们的关注。

4. 教育哲学是课程与教学论的重要基础。长期以来,教育哲学各种流派的理论观点一直影响着课程与教学的实践。科学哲学方法论对课程与教学论的研究也有很大的启发。近年来,出现了某些与课程或教学交叉结合的新学科,如,课程哲学、教学哲学、课程文化学等,值得我们注意。

5. 如何认识后现代主义哲学思潮和过程哲学对课程与教学的影响?

6. 杜威的经验论、皮亚杰的发生认识论和维果茨基的文化-历史论对教学认识论的研究有何价值?

7. 如何认识课程与教学问题的复杂性?

第三章 课程与教学发展历程

第一节 我国课程与教学的发展历程

一、我国古代的课程与教学

(一) 我国古代的课程

中国有着悠久的学校教育历史,根据史籍记载,我国早在原始社会末期就有了学校的雏形——五帝时代的"成均之学",虞舜时代的"虞庠之学"。我国最早有史可考的学校见于夏朝,《孟子》说:"夏曰校、殷曰序、周曰庠,学者三代共之,皆所明人伦也。"①为培养奴隶主的继承人,我国商代学校教以祭祀、军事、乐舞和文字,到了西周就有了一套完整的课程,教以礼、乐、射、御、书、数,即"六艺"。"六艺"侧重于才能和技艺的训练,而且注意到了德、智、体、美几育的均衡发展。

春秋战国时期是我国社会历史由奴隶社会向封建社会过渡的时期,因而也是我国历史上思想最为活跃的时期,学术思潮此起彼伏,展开"百家争鸣",形成儒、道、法、墨各家。各家从各自的阶级立场出发,传播各自的思想主张,形成各具特点的课程,其中儒家私学的课程成为先秦课程的主导。孔子从培养文武兼备,德业双修的"治人"、"安人"出发,开设了诗、书、礼、乐、易、春秋等儒家课程(即后来的六经课程)来教授学生,这些课程偏重于文化知识教育,同时重德育、智育,反映了当时社会政治、文化和个体发展的要求,因此在传统课程中居于主导地位。

秦统一中国,建立了中央集权制的国家,"焚书坑儒"使先秦时的官学、私学均遭摧残。汉武帝采纳董仲舒的建议,"罢黜百家,独尊儒术",在"独尊儒术"思想指导下,董仲舒主张设置六经课程,汉武帝也专置五经博士,五经成为官定的正式课程。自此,儒家经学几乎垄断了古代学校的课程。

---

① 转引自陈侠著:《课程论》,北京:人民教育出版社1989年版,第28页。

魏晋南北朝时期,社会动荡不安,官学废,私学兴盛,统一的政治局面被打破,传统的儒学观念也受到各种思想的冲击。颜之推在《颜氏家训》中提出设置五经、百家群书(如佛家、道家)、杂艺(即琴、棋、书、画、数、医、射、投壶等)、农事等方面的课程。这种课程在教育史上极为宝贵。此外,还出现宗教教育课程,佛教、道教盛行一时,这大大动摇了儒学的独尊地位。

隋唐时期,随着国家的统一,政治强大,经济的繁荣,教育发展进入鼎盛时期。为发展统一的封建国家,"重振儒术"使儒学获得了新的发展,儒家经学又成为当时的主要课程。这种课程模式与隋唐科举相结合,制约着中国封建社会中晚期学校课程的发展。

从魏晋南北朝到隋唐时期,儒学受到其他思想的冲击,儒家思想的包容性、综合性使其融合佛、道,并为儒学的发展指出了新的方向,到宋明时期形成新的儒学思想体系——理学。理学比传统儒学更为精致,更具思辨哲理色彩,成为我国封建社会后期治国、治家、育人的标准。宋朝的朱熹是理学的集大成者,为达到"读书穷理"的目的,他提出四书课程(《大学》、《中庸》、《论语》、《孟子》合称四书),并为四书详加注释,它与五经(《诗》、《书》、《礼》、《易》、《春秋》)合称四书五经,成为封建社会后期学校的标准课程和教材,并成为元、明、清三代封建学校课程及科举考试的惟一依据。朱熹还提出小学和大学分阶段系统连贯地设置课程。

宋明以来学校课程的最大特色就是"理学"成为学校的主导课程,同时他们所提出的分班、分年、分科的课程设置思想,比前代更系统、更具理论性。

明末清初以来,随着生产力的发展出现了"西学东渐"的趋势,此时的教育思想家们反对"存天理,灭人欲"的禁欲主义,提倡"理欲皆自然"的自然主义,反对空疏无用之"理学",提倡经世致用的"实学",以培养"斡旋乾坤、利济苍生"的实才实德之士。为此,主张教以经、史、礼、乐、政治、天文、地理、农业、水利、矿冶、工程、军事等课程,这些自然科学、军事技术、工农业生产方面的课程突破了传统的"六经"、"六艺",并分科设置,不但具有启蒙意义,而且蕴含着近代学校分科课程设置的意义。

清朝的课程反对"理学"、重视经史学科和实用学科的课程思想架起了我国传统课程向近代课程过渡的桥梁。

(二)我国古代的教学

孔子的教学思想是我国古代传统教学理论之源头,自先秦至清朝,经历了两千多年的发展变化:先秦时期孔子创立儒家学派,著书立说,开展教学实践,积累了丰富的教学经验,为儒家教学思想的发展奠定了基础,后经孟子、荀子等人的发展,形成"生知""学知"两大教学思想体系,加上《学记》的概括总结,使儒家思想成为先秦教学理论的主导方面,预示了我国教学理论的萌芽;汉唐时期,"儒术独尊"基本确立了我国教学理论的发展方向,教学变为阐述儒家经典的读经活动,重名物训诂和考据,学习方面注重记诵;宋明时期朱熹等人以儒学为主、融合佛道形成了理学,它比儒学更完备严谨,更具思辨性和系统性,教学方面重阐释义理,注重读书、存养、主敬、自得;清朝初年宋明理学受到批判,主张经世致用之学,教学中教育家们主张积累和习行,突破了传统的读经、讲经之法。这两千多年的教学思想为我国教学理论建设积累了丰富的素材。

在教学原则方面,我国古代教育家尽管没有明确提出教学原则的概念,但关于教学原则的思想与实践却十分丰富。

(1) 因材施教。孔子是最早遵循这一原则的教育家,他认为,教师必须在充分了解学生个别差异的基础上,根据学生的不同特点采取不同的教学措施,只有这样才能取得良好的效果。这一思想后经历代教育家的发展,到宋朝才真正理论化并明确提出来,即由二程结合自己的教学实践将孔子的做法概括为:"孔子教人,各因其材。"①

(2) 启发诱导。孔子是世界上最早提出这一原则的教育家,他认为在教学中只有当学生的思维处于想弄懂而未得,想说出而不能(即"不愤不启,不悱不发")的状态,教师给以引导,使学生"好学"、"乐学",教学才能取得良好的效果。

(3) 循序渐进。这一原则的教学实践最早也可追溯到孔子。在教学中孔子认为"欲速则不达",反对急躁冒进的做法。后世教育家非常重视运用这一原则,如《学记》中有"不陵节而施"的教学原则思想,宋朝朱熹提出:"此但自言其反已自修,循序渐进耳。"②自此循序渐进的概念被明确提出来。

(4) 温故知新。孔子说:温故而知新,可以为师矣。即孔子认为学习必须要经常复习,才能使知识巩固,才能担任教师。朱熹对这一原则进行了详

---

① 转引自张传燧著:《中国教学论史纲》,长沙:湖南教育出版社1999年版,第200页。
② 《论语集注·宪问》,转引自张传燧著《中国教学论史纲》,长沙:湖南教育出版社1999年版,第205页。

细论述和发挥,认为温故就是"时习",知新就是"在温故中见得这道理愈精,胜似旧时所看",同时"温故"是"知新"的基础,"知新"又是"温故"的提高。

(5)尊德性道学问。这一原则是指教学不仅要给学生以知识、智慧,而且要养成学生良好的品德。孔子认为道德教育必须贯穿于文化知识的学习中,要求"修德"(即"志于道,志于仁")与"讲学"(即学习六书、六艺)相结合,坚持教书育人。《中庸》将孔子的这一原则概括为"尊德性而道学问"。

(6)知行结合。孔子是最早主张知行结合的教育家,他认为只有通过刻苦学习,才能掌握丰富的知识技能,然而"行"是学习的起点,又是学习的目的,知识应当运用于实践,否则再多也无用。后世教育家继承并发展了这一思想,并对知行的先后顺序、轻重、合一等方面进行了全面探讨。

中国传统文化以儒家为主流,"重道轻器"。由于重道而重人世社会,而人世社会中的文化历史和道德伦理知识不是"生而知之"的,而是"学而知之"的,因此在学习方法上主张学、问、思、辨、习、行的结合与统一。

(1)学。学就要多"闻"多"见","闻"是获取间接经验和书本知识,即博览群书,"见"是亲自接触外界事物获取直接经验。通过闻见获得的感性知识是学习的基础和起点。

(2)问。"每事问"、"不耻下问",自孔子以来得到后世教育家的认同。"问"就是在思的基础上发现问题、提出问题,这是思维得以深化的重要环节,因此学习中要不断地"质疑问难"。

(3)思。孔子说:"学而不思则罔",孟子说:"思则得之"。朱熹继承并发挥孔子学思结合这一思想,认为学思互相启发,只有通过思维加工,才能将学、问得来的感性经验系统化,并上升为理性认识。其后,很多教育家都主张"心解、心悟"。使学生的学习得以深化。

(4)辨。辨是思的深化,是对思所获得的认识的再加工(即现代所讲的分析、综合、归纳、判断、抽象、概括等思维方式),通过这些思维的加工,使知识达到"真"、"精"。

(5)习。孔子主张"学而时习,温故知新",揭示了学与习的关系,对后世产生深刻影响,经常温习、练习(即时习)成为人们公认的学习中不可缺少的环节和方法。因为"时习"不仅能使知识技能由生疏而熟练,而且还能为学习新知识打好基础。

(6)行。古代的教育家们从孔子开始就十分重视行,他们认为学习的目的在于实际运用,"学"只有落实到"行"上才真正有意义。因此"躬身"、"实践"成为学习的重要方法。特别是汉代王充提出"引效验、定有证",即通过"实验"检验知识是否"有效"(符合事实),是否"有证"(有确凿的证据)。王充认识到了实践对于检验知识的作用,这比先秦教育家们对"知"与"行"的认识更深刻。

以上学习方法在孔子那里是"学、思、习、行";在《中庸》总结为"博学、审问、慎思、明辨、笃行";朱熹在前人的基础上又将之演变为"博学、审问、慎思、明辨、时习、笃行"。

二、我国近代的课程与教学

(一)我国近代的课程

鸦片战争使中国沦为半殖民地半封建的社会,打开了西方列强侵入我国的门户,也将西方近代课程输入我国,并形成了我国近代课程"中体西用"之特色。五四运动后直到新中国成立的几十年中,这种课程历经了多次变革。

鸦片战争后,由于西方列强的入侵,外国传教士也进入我国并在我国开办教会学堂。1889年美国传教士布朗在澳门开办马礼逊学堂,这是我国的第一所教会学校,以后山东、上海等地也相继出现教会学校。教会学校实行课堂化班级教学,开设宗教、数学、物理、化学、世界史地、心理学、逻辑学、政治经济学、近代实用技术等较完备的西学课程。戊戌变法后,在维新派的压力下,清政府开始"兴学",并于1904年命张百熙、张之洞、荣庆拟定《奏定学堂章程》,即"癸卯学制",它是中国近代史上最早颁布并实行的全国性新学制。《奏定学堂章程》所规定的学校课程,包括初等小学堂课程、高等小学堂课程、中学堂课程三层结构,课程设置除修身、读经讲经、中国文学外,首次设置了一系列自然科学课程(如物理、化学、历史、地理等)及体操和图画,课程体系虽有更新,但却有浓厚的"中体西用"之特色。《奏定学堂章程》所规定的学校课程是我国第一套系统的近代学校课程,比古代课程有很大进步,但这套课程体系却没有音乐,没有代数、几何,也没有选修科目的规定,所以是不够科学的。

辛亥革命后,孙中山成立中华民国,并委托教育总长蔡元培对封建教育进行改革,在蔡元培主持下于1913年制定了《壬子癸丑学制》,废除了读经科目，废除清朝的教科书，增加了应用学科，如家事、园艺、缝纫。

五四运动是我国新民主主义革命的开端，是一场彻底的反封建运动，在这一进步思潮的影响下，当时的教育部开始对学制进行改革，1922年第八届全国教育联合会拟定《壬戌学制》，即"六三三"制。高中实行文理分科，开设各种职业课，初中设置选修科，小学授课以分钟计算，同时加强了普通教育中数学和自然科学的教学。

1927年，国民党成立南京国民政府。从1929年到1948年，教育部先后多次对中小学课程进行修订。在《小学课程修正标准》中，将"公民训练"改为"团体训练"，使它与音乐相联系，以培养国民道德；将"卫生"融入相应学科，使它与体育相联系，以增进儿童健康；将国语、算术、社会、自然等学科联系起来，以增进学生的知识教育。在《初中各科课程标准》和《高中各科课程标准》中，规定各科教学取消学分制；改党义课为公民课；初中英语取消第三年选修办法；初中自然科教学采用分科制；高中取消职业科目，加重国文、数学和史地等学科的分量。1940年重新修订《中学课程标准》，加强了学生适应社会实际工作的课程，如地理、历史、地质、矿物等；初中英语改为选修科。1948年教育部对中小学课程再度进行修改，然而却未及施行。国民党统治时期所做的课程改革，在一定程度上适应了当时社会需要。

（二）我国近代的教学

清末由于学习日本，经过日本人加工改造的欧洲近代教学原则也被介绍到中国。这些原则主要包括了夸美纽斯、第斯多惠、赫尔巴特等西方近代教学原则思想。20世纪初，以杜威为代表的实用主义教育教学理论传入我国，这些理论特别是克伯屈的《教学方法理论》对我国教学原则影响很大。在引进西方教学原则的同时，我国教育家也提出了一些具有教学原则性质的思想。陶行知在"生活教育"实践中提出了教学做合一、真善美合一、知情意合一、教学相长、因材实施等原则；陈鹤琴也提出了17条"生活教育"的教学原则。在我国学者编著的教育教学论著中，教学原则虽名称各异，概括起来主要有自动、动机、类化、兴趣、个性适应、练习、效果、社会化等原则，这些原则的提出既继承了我国的传统，又受到西方教学原则的影响，对近代教学起了推动作用。

清末西学东渐和新式学校的发展，西方教学法也随之传入我国。其中赫尔巴特的"五段教学法"最有影响。民国时期,杜威实用主义教学法又传入我国,五步教学法、设计教学法、道尔顿制在我国传播和风行。受其影响,陶行知强调"教学做合一",并将"教授法"改为"教学法"。由于自然科学进入学校课程,教学方法强调观察、实验等直观方法,以及程序操作法、综合观察、作业、讲座等具体方法,改变了古代以学论教的局面,但由于古代传统教法的影响,学生诵读经典的学习方法仍旧存在。

近代西方班级授课制的建立,也随之影响到我国,为适应社会进步的需要,班级授课制以其独特的优势,很快成为我国各级各类学校的主要教学形式,除此之外,道尔顿制等适应学生个别发展需要的教学组织形式也有一定影响。

清末科举考试以八股文为主要形式及评价标准,致使学校教学空疏无用,遭到人们的强烈反对,因而于1905年被废除。随着西方近代教育测量理论与方法的传入,我国在北京、上海、南京等大城市的少数学校也开始运用教育测验的方法对学生成绩进行考评,成绩评定采用传统的等级制和百分制记分法。

可见,继承传统、汲取西方使我国近代教学突破了传统的理论框架,开始了由旧到新的转化,并构建出中西互补的近代教学理论体系。

三、我国现代的课程与教学

(一)我国现代的课程

从1949年到1957年是我国进行社会主义基本改造时期,在《共同纲领》指导下,1950年颁发《中学暂行教学计划》,规定设置政治、语文、数学、自然、生物、化学、物理、历史、地理、外语、体育、音乐、美术、制图等14门必修课程,1952年又对其进行了重新修订,把政治课改为中国革命常识、社会科学基础知识、共同纲领和时事政策四科。此时的课程取消了国民党时期的公民、军训、党义科目,设置了政治课,顺应了社会的要求,然而课程设置的顺序,过细的分科及相应科目的教材体系,都是由前苏联移植而来的。1953年到1957年的第一个五年计划期间,为适应大规模经济建设的需要,在小学、中学增加了"劳动课",并减少基础文化课的教学,强调学生德、智、体几方面都得到发展。

从 1958 年到 1965 年,我国进入全面建设社会主义时期。在教育必须为无产阶级服务、必须同生产劳动相结合的教育方针指导下,不断增加劳动时间,减少文化课时,压缩教学内容,打乱了正常的教学秩序。为扭转这种局面,1963 年颁布《全日制中小学教学计划(草案)》,规定增设政治课,高中设选修课,同时加大了语文以及数、理、化的课时比重,由此,"重理轻文"倾向成为我国中小学长期存在的问题。

1966 年到 1976 年"文革"期间,我国中小学课程取消物理、化学、生物等科目,突出政治课以及工业基础知识和农业基础知识课,全盘否定了原先的课程体系,削弱了基础知识的学习,教学质量大大降低。

1977 年到 1986 年,全国上下进行拨乱反正,为恢复教学秩序,1978 年颁布《全日制中小学教学计划试行草案》,并编制了十年制统编教材。随着十二年制中小学教育的恢复,1981 年制定了全日制小学和重点中学的教学计划,规定小学增设思想品德课,中学设置劳动技术课,并增加历史、地理、生物课时,高中设选修课。但这一计划中物理、化学、外语课时比重仍很大,"重理轻文"倾向仍存在。

1986 年,我国义务教育法正式颁布,义务教育的课程体系有了变化,除了国家安排的课程外,允许地方安排课程,课程编制采用"一纲多本"的原则,这是我国课程计划的一个突破性变革。1992 年颁布《九年义务教育全日制小学初级中学课程(试行)》,规定:课程编制以分科课程为主,并可适当稳妥地增设综合课;课外活动也纳入课程安排表;在中小学增加职业课和劳动技术课;在保证语、数学科比重前提下,调整课时比例,增加社会学科类、音体美类和劳动技术教育类的课时,使各门课程比重趋于合理。1993 年,国家教委在此基础上,拟定出"高中课程计划"(讨论稿)。规定普通高中设置学科类和活动类两类课程:学科课程包括思想政治、语文、数学、外语、物理、化学、生物学、历史、地理、体育、艺术和技术等 12 门课程,这些课程由国家管理。活动类课程包括社会实践、技术实践、班团活动、科技活动、体育活动、文艺活动等,这些课程以及部分选修课程由地方管理。这一课程计划有较大的弹性,有利于学生更好地发展。

(二)我国现代的教学

20 世纪 50 年代,我国的教学原则受前苏联凯洛夫等人的教学思想的影响；60年代中苏关系恶化，前苏联的教学思想对我国的影响减弱；80年代在对外开放背景下，引进了欧美教学思想。我国学者在引进探索和继承传统教学思想的基础上，创建出中国化的教学原则。一般公认的教学原则有：科学性和思想性相统一的原则、理论与实际相结合的原则、启发性原则、因材施教原则、循序渐进原则、直观性原则、巩固性原则等，除此之外也有人提出主体性原则、个体性原则、乐教与乐学统一原则、教师主导与学生主体相统一原则、全面教育与和谐发展相统一原则等。这些原则突破了传统的知识教学原则体系的框架，打破了以教或学单方面论述教学原则的格局，开始从促进学生全面和谐发展的需要以及教与学双边上来论述教学原则，使我国教学原则逐步走向完善。

20世纪50年代，受前苏联教学理论的影响，我国重视"双基"教学，教学方法以传授知识、技能为主要目标，对于教学方法的研究主要从某门具体学科、具体教学方法入手，如语文课的讲读等。60年代起，借鉴外国经验和理论，从教与学两方面进行探索，80年代以来，随着课程结构逐步趋向合理，以及对于能力、智力、情意概念的深入探讨，教学方法的研究走上新台阶，摆脱了具体方法在教学中的片面性，建构了一系列普遍适用的教学模式。主要有自学辅导式（如卢仲衡的"自学辅导教学法"，魏书生的"六步教学法"，黎世法的"六课型单元教学法"）；探究发现式（如陕西师大张熊飞的"诱思探究教学法"，江苏常州邱学华的"尝试教学法"）；参与活动式（如上海第一师范附小的"愉快教学法"、北京师大丛立新的"活动教学法"），以及基于传统的讲解接受式教学模式和示范模仿式教学模式。

20世纪50年代"学苏"，班级教学特别是凯洛夫倡导的"课的结构"成为班级教学的典范组织，从此班级教学独领风骚。在全盘学苏的同时，我国学者也有教学组织中国化的可贵探索，如根据我国经济落后、人口分散地区的状况，创建出基于班级教学的"复式教学"以及走出课堂、结合生产的"现场教学"。60年代借鉴国外个别程序教学经验，我国学者在组织形式上也进行了许多探索，如"自学—辅导"教学。80年代后，我国学者针对班级授课的利弊进行广泛的讨论，创造出新的适合学生发展的教学组织，如以不同学生水平或分层教学要求为依据的"分类教学"或"分层教学"形式。

20世纪50年代，我国从前苏联引进五分制记分法，连同我国传统的等级记分制和百分制记分法，来评价学生的学业成绩，其评价主要围绕认知来开展,操作能力、品德、体质等方面评价被忽视。对教师教学工作的评价一般采用定性的经验的工作总结。在"文革"中,许多评价方法都被否定,80年代以后,随教育体制改革和义务教育的实施,我国引进国外评价理论,教学评价取得较大进展。现在,我国的教学评价技术日趋系统、多样、全面和科学。

我国现代的教学理论从20世纪50年代全面"学苏",到60年代"批苏",到"文革"期间"全盘否定",使其正常的发展陷于停滞。党的十一届三中全会后,在改革开放的背景下,我国全面引进西方的先进的教学理论,并在此基础上探索、构建出科学化、现代化的具有中国特色的教学理论体系。

第二节 西方课程与教学的发展历程

一、西方古代社会的课程与教学

(一)西方古代社会的课程

西方最早的课程可追溯到公元前7世纪的古希腊。那时古希腊成立了城邦国家,为维护奴隶主城邦国家的存续和发展,古希腊的教育把培养目标指向了培养能够充分行使义务的公民。作为公民,他的主要任务是作战和祭神,通过战争可掠夺奴隶及其劳动成果,通过祭神来享受闲暇和富裕。为培养能作战的公民,古希腊的学校教以跳跃、跑步、铁饼、标枪、角力等内容,同时教以舞蹈、合唱、器乐、诗歌、文学来祭祀,这样,形成了希腊前期学校课程由音乐和体操组成的特点。

公元前5世纪中叶开始,个人主义风潮在希腊取得了胜利,并在雅典时期达到顶峰,人们要求更高更深的学问以便出人头地。其后,斯巴达击败雅典,为复兴国力,培养优秀的政治指导者成为时代需要。诡辩学派通过文法、修辞、逻辑以培养具有政治及处世韬略的国民指导者,苏格拉底和柏拉图等哲学家主张通过算术、几何、天文学、音乐以训练其心智,启迪其实践理性,从而使国民指导者有良好的教养。城邦崩溃后,形成了古希腊后期的"三艺"(文法、修辞、逻辑)和"四艺"(算术、几何、天文、音乐)课程,这种课程不是旨在政治与战争,而是旨在闲暇怡乐以及丰富精神生活。

在古希腊确立起来的文明教养,在公元前2世纪中叶,传到古罗马。在罗马，培养多才多艺的"雄辩家"是教育的理想，因此文法、修辞、逻辑是其主要课程，此外"四艺"课程仍要学习，值得注意的是，古罗马学校开创了学校中教学两种语言的先例，即儿童不仅学习母语，而且学习第二语言，开创了外语教学的先河。

欧洲封建社会从公元前5世纪西罗马帝国灭亡到17世纪英国资产阶级革命，长达一千多年，史称中世纪。

中世纪是一个在世俗社会基础上，拥立宗教教会、由"圣职者"构成第一等级的社会。这些圣职者不仅是教会的僧职人员，而且是国家的统治者，为维护其特权，他们创办了寺院学校、修道院学校，教以拉丁语以及教堂歌曲（如弥撒曲、祈祷文、赞美歌等）。与此同时，也沿袭了古希腊古罗马时期的"七艺"（"三艺"和"四艺"合称为"七艺"）课程以作为培养圣职者教养不可或缺的辅助手段。然而，此时的"七艺"已非彼时之"七艺"，而是完全被置于宗教和神学的支配下，内容十分狭窄：如文法、修辞、逻辑主要用以精通教会语、明确理解圣经和上帝的语言以及反驳所谓"异端"；数学用以解释圣经的诸多教条；几何用于建筑寺院；音乐用于唱赞美诗；天文学中的占星术是复活节和祭祀活动不可缺少的学问。这样，以宗教为核心，加之"七艺"学科课程构成了中世纪课程的框架。

欧洲中世纪的世俗封建主本无教育可言，到11世纪末"十字军东征"时期，他们要求青年学习击剑、骑马、打猎、投枪、游泳、下棋、颂诗，逐渐形成"武士七艺"课程。这一课程体系十分偏科，其中七分之六属于体育。

文艺复兴时期（14~16世纪），新兴资产阶级在意识形态领域里展开了反对封建文化的斗争，他们从长期被埋没的古代希腊、罗马文献中发现了古代希腊和罗马的高度文明，于是竭力恢复。意大利的人文主义者在复兴罗马文化的同时，也复活了罗马公民的德性与罗马政治，并把尊崇古典视为对教育的根本态度，于是他们借助拉丁文和希腊文学习古希腊、古罗马文学艺术，其中主要是学习文法、修辞以及哲学，以此训练学生的智力、精神，形成其广博学识和道德人格，使其成为一个真正的公民。除此之外，意大利的人文主义者还十分重视身体锻炼，为培养理想的"宫廷大臣"，他们认为必须学习"武士七艺"。由此可见，这种课程蕴含了培养和谐的全面发展的人的理念。因此，"广泛教授拉丁语和希腊语的古典人文主义课程确立起来了，这种课程具有高度的功能性价值，因为在当时，除了拉丁语、希腊语之外，再没有别的求取学问和教养的道路。"①

15世纪后半叶,文艺复兴运动向北推移。德意志及西欧的北方人文主义同意大利为主的南方人文主义是有差别的。南方人文主义是个人主义、自我修养式的,尊崇古典,注重修辞,崇尚文体,德意志及西欧的人文主义,对宗教和公共事业十分关心,推动了宗教改革运动。为培养贤明、雄辩、虔敬的公民,教以文法、辩证法、修辞学,"三艺"课程在这里得到重视。但必须指出这时的"三艺"与中世纪的"三艺"有着截然不同的内容:文法不是教会式的,而是拉丁语和希腊语文法;辩证法不为神学解说,而是以柏拉图和西塞罗的对话为典范;修辞学不单是写信、做笔记,而是对内容充实、形式完美的古典雄辩术的学习。

（二）西方古代社会的教学

与西方古代社会课程的演进一样,西方古代社会的教学也经历了从教授"七艺"课程到阐释宗教教义的发展变化,在教学原则、方法、组织、评价几方面具有不同的特征。

古代希腊、罗马的课程是百科全书式课程,强调人的和谐全面发展,其教学原则体现出这一要求。柏拉图最早表达了德、智、体美和谐发展的思想,其后亚里士多德也提倡和谐的教育,亚里士多德还强调教育要适应自然。这些教学原则思想虽然仍旧是与哲学、政治、伦理学等掺杂在一起提出的,但对后世教育影响很大。

人文经典和宗教教义是西方古代课程的主要内容。中世纪时的宗教教义不允许有丝毫的改动,因而解释、传递成为教学的主要功能,因此学校教学方法大多是语言性的,如讲授、讲演、辩论、朗读、背诵、问答等。值得一提的是苏格拉底的问答法,又称"产婆术",成为西方启发式教学的渊源。古罗马的西塞罗和昆体良的雄辩术,用词优美,富有感染力,且强调通过实践、演练、观察的方法进行教学,影响了罗马及其以后欧洲的教学。中世纪的教学很强调学生的背诵、记忆,但也很重视直观、启发式教学,无论是教师还是牧师,都很注意用这些方法来说明深奥的道理,为教学方法的发展作出了贡献。

从古代希腊、罗马的初等学校、文法学校、修辞学校到中世纪的教会学

---

① ［日］佐藤正夫著,钟启泉译:《教学论原理》,北京:人民教育出版社1998年版,第64页。

校、大学以及文艺复兴时期的学校,其教学组织形式无外乎两种,即个别教学和群体教学。特别是群体教学,又称"个别—小组教学",在中世纪欧洲出现并流行开来,成为当时教学的主要形式。它采用一名教师向几十名学生授课的方式,辅助以个别问答或讲解。学校没有统一的教学制度,也不按年龄、水平等分班,但却有一定的修业计划。这种群体教学是后来班级授课制的萌芽。

西方古代社会考试制度的建立比较晚。中世纪晚期即12世纪初(1219年)在欧洲大学如巴黎大学、牛津大学、剑桥大学里开始进行考试,考试形式主要是口试,采取问答、辩论、演说等形式。直到1702年,剑桥大学才首次采取书面考试形式,比我国整整晚了1800年。此时的考试偏重于学生知识、技能的考核与定性分析,主观性很大。

可见,西方古代社会教学是以古希腊、古罗马为开端的,而古希腊、古罗马的教学理论还没有从哲学、政治、伦理学中分离出来,仅是对学校教学经验的总结,然而这却奠定了近代教学理论的基础。中世纪的教学尽管具有神学性质,但是其教学方法中的客观性(如重启发式、问答式教学)也应公正地看待。

二、西方近代社会的课程与教学

(一)西方近代社会的课程

17~19世纪,西方进入资本主义社会,而在这之前,无论是文艺复兴还是宗教改革,都未能给社会带来预期的发展,相反,伴随其逐渐发展起来的自然科学却给人们带来希望。人们相信,只要依靠新的自然科学,人类生活就可以得到改善和提高。

随着自然科学的发展,特别是哥白尼"日心说"理论,让人们发现在古典文科教材中关于自然的种种推测是不符合实际的,这使人们对传统的人文学科发起猛烈挑战。最先顺应这一要求的是英国唯物主义思想家弗兰西斯·培根,他认为从希腊人那里传递下来的哲学与诸科学根本无法证明自己是真理,于是提出"知识就是力量",强烈要求学校增设自然科学。这在英、德等国产生了影响,到17、18世纪,学校大都开设了物理学、化学、动物学、植物学等课程,到19世纪下半叶,自然科学课程在近代西方社会学校中占据应有的位置,甚至进入了文科中学。

16~17世纪,在产业技术促进下,自然科学获得异常发展,当时的产业主要是以航海、矿山、军事为主轴的制造业。发展制造业需要机械技术的发展。机械技术离不开数学,这使人们认识到数学的科学应用价值,特别是在夸美纽斯、洛克、卢梭以及韦格乐等人的大力提倡下,到19世纪末,数学在一切学校得到尊重。

近代科学、文化的发展,将自然科学和数学引进学校课程,动摇了古典人文课程的结构框架,随着19世纪西欧民族国家的形成和民主政治的发展,古典人文课程大一统的局面彻底瓦解,出现了一些适合民族国家发展需要的课程:

1. 现代母国语和外国语

学习母国语(民族语),有利于增进本国人民的感情和民族国家的巩固。从19世纪开始,民族语的文学作品就作为教材成为学校的一门教学科目。同样,为便于各国人民之间的了解和交流,现代外国语也成为学校的必修课程。

2. 公民科

资产阶级思想意识启蒙时代,以自然宗教、自然伦理学思想体系为内容的宗教、道德课被引入课堂,其目的是遵循自然的顺序,以最容易的方法引导儿童尊崇和皈依上帝,并完善自身的道德。这一课程在19世纪末20世纪初受到批判,因为人们感到这种课程所培育的德性(道德情操与道德态度),要在民族国家社会中成为好公民是不可能的。他们认为作为一个好公民就应当对国家、社会、政治、经济具备正确的认识与理解,作出正确的选择与判断,充分担负起国家的责任。于是,公民科在19世纪以后,成为提高公民素养的课程进入学校课堂。

3. 历史

在古代社会,历史叙述源于古代神话和传说,并逐渐在文学中形成它的独立存在的地位。文艺复兴的复古思潮,激起了人们对古代典籍的崇拜与研究,为寻求社会改良的依据,更加强调历史学科的重要性。到了19世纪,民族国家纷纷独立,历史尤其是本国史,乃是国民意志的体现,可以增强爱国主义教育,出于这一原因,历史终于在学校课程中占据了重要位置。

4. 地理

早在古希腊时期,希腊人为开拓殖民地、发展海外贸易,就开始了对地理的关注。文艺复兴后,新航线的开辟使地理再度受到人们的重视。17、18世纪随自然科学的发展,地理学系统化并成为一门独立的学科在学校开设,此时学校地理学主要是以数理地理或自然地理为内容的。

5. 体育

在古代社会,体育是人的全面发展的重要目标之一。文艺复兴使在中世纪被排斥的体育再度受到重视,并在以后的历史发展中逐步得到充实。

(1) 洛克与卢梭对体育课程的贡献。为反对封建教会对儿童的摧残,英国教育家洛克和法国思想家卢梭竭力主张给孩子充分的自由,在学校中让他们尽情地跑、跳、爬,发展其身心,为体育在学校中的重新确立起了推动作用。

(2) 古茨穆茨(J. C. F. Guts Muths)的"体操"。德国的古茨穆茨在卢梭体育主张指导下,设计了一套身体锻炼的动作,称为"体操",从此体育教材中开始有了体操的内容,他也被尊为德国体操的"祖父"。

(3) F. L. 杨(F. L. Jahn)的"爱国主义体操"。F. L. 杨被尊为德国体操之父,认为身体健康是民族强盛的基础,为增强国力,人人都应受到体操的锻炼。

(4) 阿道夫·施皮斯(Adolf. Spiess)对体育课程的贡献。阿道夫·施皮斯主张把体育和军事训练合起来,并将体育正式列入学校课程。

(5) P. H. 林(Per Henrik Ling)的"人体科学"体操。瑞典的 P. H. 林依据自己对人体科学的研究,为体育开设比较精细的解剖学和生理学课,并建立了瑞典体操学派。

(6) D. 刘易斯(Diocletain Lewis)的"柔软操"。美国的 D. 刘易斯把从德国和瑞典引进的体操加以改造,创造了柔软操,也使美国成为柔软操的发祥地。

从19世纪末20世纪初,欧美各国的体育运动得到了普及,体育在学校课程中占据了最重要的部分。

6. 劳动

资本主义产业革命的出现,使生产活动从家庭作坊走向工厂的社会化劳动,师傅带徒弟的职业教育已不能满足工厂社会化的需要。当这种倾向出现时,卢梭、裴斯泰洛齐、福禄培尔等人认为,要发展人的各种力量,使其成为能够满足生活的一切需要的自主自为的人,职业技术(劳动)的基本训练是不可少的;同时还认为只有通过直观的、实物的和实践的教学,儿童学得的知识、技能才能真正派上用场。19世纪后期,美国的阿德勒(F. Adler)在他的劳动者学校中把劳动看作一门文化课列为学校的必修科目。

7. 艺术

源于古代希腊的音乐、图画艺术在中世纪几乎完全从正规学校课程中消失殆尽。文艺复兴后,尤其是启蒙期开始的19世纪,艺术学科才重新受到关注并列入学校课程。这是因为民族国家独立,民族主义的兴起源于对音乐的关注(如对民谣的浪漫式关注,孕育了法国大革命而得来的民族主义),音乐还有益于民族国家增强爱国精神。还因为产业革命的兴起,要求学校为工业资本家培养出能设计产品的人(具有绘画才能的人)。到20世纪艺术学科已今非昔比,远远超越了古希腊而成为包括绘画、文学、诗歌、音乐、雕塑、建筑等在内的学科了。

8. 课外活动

美国率先把课外活动和正规课程联系起来。课外活动在学校课程中的确立是由于学生对课外活动的强烈爱好和积极参与,更是因为人们看到了课外活动对学生发展的意义。19世纪后,学校的课外活动已包括各种形式,如辩论、戏剧、歌咏、摄影等。

综上所述,近代课程从资本主义立场出发,虽仍以"七艺"为基础,但已走出"文雅教育"的象牙塔,开始注重个人生活需要和社会现实需要。

(二) 西方近代社会的教学

近代科学的发展以及启蒙运动的爆发,使教育家从自然、人体、唯实的角度来重新思考教学,也带来教学原则上的重大变革。近代教育家有的主张通过感官来获得科学的知识,提出直观性教学原则(如夸美纽斯);有的主张依从儿童本性的发展顺序来展开教学,提出适应"自然"的教学原则(如卢梭、裴斯泰洛齐)、循序渐进的教学原则(如裴斯泰洛齐、赫尔巴特);有的认为教学应激励、唤醒学生的兴趣,提出启发性教学原则(如第斯多惠)。此外,赫尔巴特十分重视对学生的思想教育,提出教育性教学原则,使教学既能传授知识又能培养德行。

自然科学进入西方近代学校课程使古代以教授经典文学为主的教学方

法受到挑战。16、17世纪由于自然科学的发展,一些学者信仰知识来源于人的感官,把人的感官看作知识的源泉。于是以夸美纽斯为代表的许多感觉主义者,提倡教学应从感觉入手,从具体到抽象,这就是"直观性教学",在教学方法上强调观察、感知练习来领悟事物的真相。19世纪英国的斯宾塞大力提倡科学教育以顺应资本主义生产发展需要,主张在文科中学中也要增加自然科学课程,以使学生获得有价值的"确定的"科学知识,为此他继承了16世纪培根的科学研究方法,在教学方法上强调实验法、观察法和归纳法。同时他又追随孔德,认为个人知识的起源与种族知识的起源是同一途径,因此儿童学习也应从实验到推理、从具体到抽象、从现象到理论,由此他提倡"比较、探索、实验"的教学方法。

此外,赫尔巴特还从心理学角度出发,提出"五段教学法",使以"教法"为中心的教学格局更加稳固,标志着近代教学方法发展的顶峰。

18世纪60年代后,近代资本主义进入工业革命时代,受教育者队伍不断扩大,多出快出人才成为时代对教育的一再要求,由此学校教学组织形式发生重大变化。① 班级授课制。当时欧洲各国学校一般采用个别教学,全年内随时招生。夸美纽斯首先确立了学年制度,并按学生程度分成不同班级,教师面对全班授课,这就是当时的班级授课制。它提高了教学效率,满足了社会进步及教育规模扩大的需求。② 导生制。19世纪初,受"泛爱教育"思想影响,英国的资产阶级人物大量开办慈善学校以吸收贫民子弟入学。英国传教士兰卡斯特和贝尔在他们所创办的贫儿学校中首先采用"导生制"进行教学,即教师先向一部分学生(如班长)讲授,再由这些学生向班内其他学生转授。这种制度虽不能给儿童以系统的知识,但它能节省师资且花费少,在当时英国极为流行,以后广泛流传到法、美、意、瑞士等国。

西方近代学校从1702年剑桥大学实行书面考试以来,到19世纪,欧美各国进行新一轮的考试改革,笔试形式普遍采用,书面考试涉及的科目越来越多,规模越来越大,试卷的客观性也有所提高。1864年,英国的菲雪尔公布数学、圣经等科目的标准对照表,并规定5分制评分标准,1897年美国的赖斯设计出拼字测验用于20所学校的16 000名学生,标准化测验从此开始了。

从以上可见,西方近代社会的教学已从"中世纪"神学控制下摆脱出来,给学生教以"百科全书"式的知识,特别是自然科学知识。教学从中世纪强迫儿童,压制、摧残儿童的落后状况转变为开始关注儿童的身心发展,以及儿童在学习过程中的主动性,教学过程走上心理学化的历程,特别是教学方法的直观性、启发性以及班级授课制的建立,体现出近代教学进步的一面。然而,由于近代教育家强调教学以传授知识为主要任务,在教学中又过分强调教师的主导作用,这使得学生在教学中仍处于被动学习的地位,这是近代教学不足的一面。

三、西方现代社会的课程与教学

19世纪末以来,课程与教学的发展进入现代时期,这一时期西方社会的课程与教学呈现出前所未有的繁荣与发展。

(一) 西方现代社会的课程

20世纪初至20世纪30年代掀起了世界性的课程改造运动,这一运动之目的就是变革传统的课程、并为课程注入现代人文主义的因素。从此开始了课程现代化的历程。

经过漫长的历史发展,西方现代学校课程体系已经形成,它包括:国语、外国语、数学、物理学、天文学、化学、生物学、地理学、手工(劳作)、历史、地理、公民(社会科)、图画、音乐、体操等。随着社会文化和科技的发展,学校课程的教学内容日益膨胀。因此,西方现代学校课程改革的焦点是确定学校课程的最本质的知识,以及如何组织这些知识。

19世纪末,斯宾塞出版了《什么知识最有价值》一书,主张以是否对实际生活和社会生活有用来确定各门学科知识的价值,这种思想对20世纪美国的实用主义思潮产生了深刻影响,它对世界课程改革运动和课程研究也有一定影响。

在美国的课程改革运动中,美国学者博比特(F. Bobbitt)于1918年出版《课程论》一书,这是课程成为独立研究的标志。随后美国课程理论专家拉尔夫·泰勒(Ralph Tyler)又形成了"泰勒原理"。(泰勒原理:① 学校应该试图达到什么教育目标?② 要提供什么教育经验以便达到这些目标?③ 如何有效地组织这些教育经验?④ 我们如何确定这些目标是否达到?)这就为科学化课程的开发奠定了理论基础。然而,他们的课程思想均受"泰罗主义"影响,致使课程"见物不见人"。杜威(John Dewey)也从提高受教育者在现实生活中的实际活动能力来考虑课程的编制,所不同的是,他把儿童的要求与兴趣加入了课程编制的因素,形成了经验课程。

与此同时,人们探索出了新型的课程,即不仅同儿童心理特征相适应,而且符合社会要求的新型课程,这就是德国的合科教学和美国的广域课程或核心课程。

1. 合科教学

德国20世纪初的合科教学有三种类型。第一类称"集合教学",它以奥托(B. Otto)课程为代表。每天第一节课,让全校(16~19岁)学生集合起来,由学生提出自己的课题并自由展开讨论。这种课程打破了学科的框架,同时关注了儿童的兴趣、需要。第二类称"莱比锡计划",它是以乡土科的直观教学内容为中心,统合有计划的练习——读、写、算而形成的合科教学。第三类称"纽伦堡计划",它以塞茨(F. Seitz)的教学转轨论为基础,一方面对教材进行统合,一方面更注重隐含于事物、现象之中的意义的发现。

2. 广域课程(或核心课程)

这是经验课程与赫尔巴特的传统分科课程相结合而形成的一种课程。它将具有逻辑相关性的一组学科归纳成社会、理科、美术、人文一类课程的若干主要领域,其根本目的在于赋予学生共同的知识经验,中和极度专业化、细分化和选修科目制度,从而使学生综合地理解个人在社会进步中的作用。既有集中,又有分化是这种课程的特征。

二战后,以计算机为先导的高科技革命在西方国家兴起,世界教育进入大发展、大改革时期。围绕着"教学内容现代化"的问题,形成了与经验课程相对立的"学科结构课程"和"人本主义课程"。

(二) 西方现代社会的教学

19世纪到20世纪30年代,实用主义和实验主义教学思想使现代教学思想从传统教学思想中脱离出来,开始了教学现代化的历程。二战后到50年代末,这两种思潮逐渐衰落,代之而起的是永恒主义,要素主义及新行为主义等教学流派。60年代以来,科技信息化革命带来教育的进一步繁荣,以布鲁纳为代表的结构主义教学思想,和以罗杰斯为代表的人本主义教学思想应运而生。这些教学理论的现代化运动表现出一些特征:① 重视"人"的地位;② 重视教学的科学化;③ 重视人的和谐发展。这些特征也体现在教学原则、方法、组织和评价几方面:

在现代教学的发展过程中,有创见的教育家都善于把自己的见解系统化,使之成为一种教学思想体系,并形成了自己的教学原则。教学原则主要有:尊重儿童天性的原则、尊重儿童的兴趣原则、主动性原则、活动性原则、个别化教育原则、符合社会生活的原则等。

进入20世纪,杜威的"思维五步法"、克伯屈的"设计教学法"、莫里森的"单元教学法"逐渐兴起。这些教学方法以尊重儿童、解放个性、发展实际能力为目的,强调通过学生自己动手,去观察、操作、探索、讨论来发现问题,解决问题。到了20世纪下半叶,随电子计算机的发展应用,教学方法现代化趋势更加鲜明,教学机器、计算机辅助教学等电化教学技术越来越普及。此外,人本主义的"非指导性教学"和布鲁纳的"发现法",开创了"教会学生学习"的新时代。

19世纪末20世纪初,由于班级授课制难以适应学生个别发展的需要,出现了新型的教学组织形式,较有代表性的有:"设计教学法",它打破班级组织,代之以松散的、不固定的、年龄程度不同的小组组织,同时打破课的体系,代之以一个个设计的活动,并实行有长短的课时制;"道尔顿制",它废除班级教学,代之以教师辅导、学生个别自学的形式;此外还有按学生能力分班或根据学习情况分组而实行的"活动分团制"、莫里逊"单元教学法"、程序教学、自学辅导教学等教学组织形式。20世纪五六十年代以后,欧美各国在继承早期个别教学实践的基础上,又创新出许多个别教学的组织形式,主要有个别指导教学、程序教学、个别规定教学等。同时在推行能力分班分组的基础上探索出综合化的教学组织形式,如特朗普制和小队教学等就是采取大班教学、小组讨论、个别独立学习相结合的教学组织形式。它灵活多样,既保留班级上课制的优点,又针对其不足进行了改革,有较大的适应性。

20世纪初,随着实验主义教学思想的兴起,教学评价也进入现代化阶段,"测验运动"是现代教学评价的主要特征。法国的比纳(Alfred Binet)与西蒙(Theophile Simon)合作,于1905年发表了世界上第一个智力量表,即"比纳—西蒙量表",1911年这个量表重新修订,成为公认的智力测验的标准。在美国的测验运动也声势很大。心理学家、美国斯坦福大学教授推孟(Lewis Mddison Terman)在比纳量表的基础上提出"智力商数(IQ)"的概念作为智力测验结果的专用名词,并推导出计算"IQ"的公式。桑代克(Edward Lee Thorndike)创制了"成绩测验"量表,以弥补智力测验的不足,以后又提出"常模"概念。在1910年到1930年之间,测验运动蓬勃发展,学校的教学评价初始采用标准参照测验,以后演变为"常模"参照测量,测验的范围从个体发展到团体,从某项测量(如智力)发展到人的各个方面,如学历、智力、人格等。20世纪五六十年代以来,美国心理学家泰勒(Talph Tyler)的"目标评价原理"成为教学评价科学化的里程碑。泰勒首次将评价与测量分开,用测量的办法去衡量实际活动达到目标的程度,并提出与目标评价模式相适应的技术。1967年美国的斯克里芬发表《评价方法论》,对评价的概念作了理论分类,提出了"形成性评价"、"总结性评价"等概念,并对其进行功用、特点等方面的分析,深化了教学评价理论的研究。

反思与问题

1. 1632年夸美纽斯阐发他的教育思想、总结他的教育实践,出版了《大教学论》一书,这能否说是教学论诞生的标志?一般认为,课程论成为独立学科的标志始于1918年美国学者博比特出版的《课程论》一书,从课程与教学的历史考察中你怎样看待课程论与教学论的关系?

2. 在隋唐时期,我国的科举制就开始以"笔试"作为考试的主要形式之一,科举考试从始到终历经了1300年,对我国古代封建王朝的人才选拔曾起到积极的作用,至今对我们进一步完善高校的招生制度和干部选拔制度还有借鉴意义。然而科举考试对我国古今学校课程与教学究竟产生过怎样的影响?

3. 中国古代科技发明处于世界领先地位,而在近代科学技术却远远落后于西方,中国古代学校的课程与教学对此有着怎样的影响?

4. 著名教育家的课程与教学观点撷英。

5. 试论中国古代儒家(孔子、孟子、荀子、朱熹)和墨家(墨子)的课程与教学思想。

6. 试从古希腊"三杰"(苏格拉底、柏拉图、亚里士多德)开始,论述西方课程与教学思想的发展历程。

7. 汉字、载体的历史演变与中国特色的课程、教材的历史发展。

第四章 现代课程与教学的主要流派

第一节 知识本位取向的课程与教学

知识本位取向是基础教育中占显著优势的一种课程教学取向,可追溯到赫尔巴特的教育学思想。知识本位的课程与教学流派主张,课程与教学应围绕学科知识而展开,其目的是让受教育者掌握系统的知识。其中比较有代表性的有要素主义、结构主义、建构主义和发展主义等。

一、要素主义课程与教学

要素主义教育是 20 世纪 30 年代末作为实用主义教育和"进步教育"的对立面而出现的,到 50 年代中期成为了一种影响很广的教育思潮。1938 年在美国成立的"要素主义者促进美国教育委员会"是要素主义教育形成的标志。发起成立这一组织的美国教育家有巴格莱(W. C. Bagley)、德米阿什克维奇(M. Demiashkevich)、莫里森(H. Morrison)、坎德尔(I. L. Kan-del)等人。从那时起,巴格莱一直被看作是要素主义教育的领袖。

(一)要素主义课程与教学的思想基础

1. 以观念论或实在论为哲学依据

观念论和实在论虽为两种不同的哲学流派,但却有着极为重要的共同特点。首先,主张承认有不可侵犯的客观世界的"实在"(包括唯心的实在和唯物的实在),它具有不容置疑的先验规律和秩序,虽然变化是真实的,但它是符合于绵延不断的世界规律和秩序的。其次,主张人们必须服从于包围自己的客观世界的秩序和规律,因为人们能够改变、修正秩序和规律的范围是微小的,人们唯一应该做的是继承和保持传统。观念论和实在论这种内在的一致性使得持这两种哲学观的要素主义者有着共同的课程与教学主张。信奉观念论的要素主义者一般主张给予心灵以优先的性质,强调形式教学,注重对学生心智的训练;严格学业标准;强调教师对学生的示范作用;以"观念为中心",注重诸如历史、文学等人文学科以及观念的吸收和把握。崇尚实在论的要素主义者则注重学生的感觉经验服从自然的法则,强调诸如数学、科学等学科,注重事实、知识的掌握,要求教师鼓励学生发现真理,鼓励学生提出新的见解、新的观点。

2. 恶的人性观

要素主义者认为,人性从根本上是恶的,如果不加控制地按照人的欲望和感情行事,他总是要胡作非为、捣乱、不守纪律。从性恶的人性观出发,要素主义认为,世界上的罪恶之源不在于社会或人的无知,而在于人类本身的邪恶。埃德蒙德·伯克(I. Boker)认为,在日常生活中,人之所以没有做出他们本来能够做的兽性的行为,主要是由于社会的约束,即人之所以得到拯救,人之所以没有导致毁灭,是因为人加入了社会,服从于社会的传统、习俗等。人由于社会而得到拯救,所以作为其本性邪恶的人就不能破坏社会的安排和社会机构,也不能改变目前"文明社会"的人际的关系。

3. 保守的社会观

要素主义认为社会乃是一种契约,它不能用人的善意或恶意来加以解释。社会不仅表现了现在活着的人之间的合作,而且还有已死的一代和未来一代之间的合作。正是由于社会中人与人之间的合作,人才能守纪律。人必须忠诚于社会,尊重传统,并对那些企图改革的人表示仇恨。个人应服从社会,但也不能忽视个人对社会的责任。要素主义指出,现代教育的失败就在于没有向年轻人灌输责任的意识,因而造成了学生的骚乱、青少年犯罪等。要克服这种现象,就必须让年轻人学习过去和传统的东西,以此来控制青年学生的感情和狂想。青年人必须通过社会才能得到改造和拯救。

4. "符合说"知识观

要素主义者认为知识就是思想和观察到的事实相符合。知识的获得乃是一个过程,在这个过程中,人要用自己的智慧对一些零星的片段的事实加以反省思考,这样才能对世界的真正本质以及目的有较好的理解。这种获得知识的方法基本上是一个理性的过程,而且人类的理性可以使人把从经验中获得的一些材料整理成知识。从根本上说,认识的过程乃是联系从事认识的人和有待认识的外部世界的桥梁。以此为基础,要素主义反对完全依赖经验的认识方法以及在教育上与之对应的"从做中学",认为实用主义的这些主张使得许多有价值的传统课程在学校中失去立足之地。在他们看来,学校应成为传授"文化遗产"的机构,要通过教学使这些遗产在新生的一代中再生出来。

(二)要素主义课程与教学的主要观点

1. 把人类文化的"共同要素"作为学校课程教学的核心

要素主义者认为,在人类的文化遗产中,存在着永恒不变的、共同的、超时间和空间的要素,即"一种知识的基本核心",那是一切人都应该学习的。所以,他们强调学习的系统性,提出应该严格按照逻辑系统来编写教材,并恢复各门稳定学科在学校教学中的地位。他们又认为,学校是传递人类文化的机构,必须传授给学生系统的书本知识,使学生掌握人类基本知识的要素和民族文化传统的要素。巴格莱强调说,"包括这些要素在内的一个各门特殊学科的教学计划应当是民主教育制度的核心"①。他还认为,学校必须重新审查他们的课程计划,保证让学生学到基础知识和基本技能。因此,在20世纪60年代美国教育改革中,要素主义者特别强调"新三艺"(即数学、自然学科和外语)。

2. 课程设置的三大原则

基于要素主义者的课程标准,他们要求课程设置应遵循这样三大原则:① 课程首先要考虑国家的民族的利益。巴格莱在《要素主义者的纲领》中,对于当时美国的"课程改革"运动提出了严厉批评。他的批评集中到一点,就是当时课程改革的理论从来没有认识到国家或民族对于学校的教学内容有着一种利害的关系,因而实际上否定了在全国人民的基础文化中,特别是民主社会中所需要的共同要素。② 课程要具有长远的目标。要素主义认为,种族经验之所以比个人经验重要,就在于前者具有永久的价值,它对于个人一生的生活也是受益匪浅的。③ 课程要包含价值标准。不言而喻,要素主义要求包含的当然是资产阶级所需要的"某种有关集体的价值标准,也就是社会上传统阶级的社会文化价值标准、本国政治领导人和思想界领导人(已故的和活着的)的价值标准,以及西方文明是'伟大'著作家的价值标准。为传授社会的传统,人们也必须传授社会的传统价值标准"②。

---

① 华东师范大学教育系等编译:《西方资产阶级教育思想流派论著选》,北京:人民教育出版社1980年版,第159页。
② [美]理查德·D.范科斯德等著:《美国教育基础》,北京:教育科学出版社1984年版,第54页。

3. 教师应该是整个教学过程中的权威人物

从强调系统的学习和智力的训练出发,要素主义者认为,教学过程中的主动权在于教师而不在于学生。他们强调应该把教师放在整个教育体系的核心,充分发挥教师核心地位的作用,树立教师的权威。在学生的学习过程中,没有教师的指导和控制是绝对不行的。为了使教师成为整个教学过程的权威人物,要素主义者还认为,教师必须具有一流的头脑以及渊博的知识,精通所教科目的逻辑体系,对学生在学习过程中的心理有深入的理解,具有把知识、事实、理论传授给学生的能力,懂得教育的历史和哲学的基础,并能全心全意地献身于自己的工作。

4. 教学即心智的训练

在教学方法方面,要素主义者注重心智的训练,他们认为进步主义倡导的问题教学法或设计教学法固然有可取之处,但无普遍的适用性。它可能将学生的注意力引向一些具体问题,而忽视了知识的掌握。巴格莱认为教学的最高目的就是进行心智训练。贝斯特(A. Bestor)的基本观点是"学校的存在总要教些什么东西,这个东西就是思维的能力。……维护这一点就是维护优良教学的重要性"[①]。所以,一切教育教学的目标应该是发展人的智慧力量。一些要求严格和对学生心智训练具有特殊价值的科目,应该在学校课程中占有重要的地位。还要特别注重"天才"的发掘和培养,学校的社会责任是找出最有能力的学生,激发他们最大的潜力。因此,在教学上强调坚持传统的心智训练。

二、结构主义课程与教学

在当代西方哲学中,结构主义是一种以形式主义为方法,以探寻对象内在结构为目的的科学主义思潮。它肇始于 20 世纪初索绪尔(F. Saussure)创立的日内瓦语言学派,后来主要通过法国人类学家莱维-斯特劳斯(C. Levi-strauss)的努力而逐步渗透于其他文化思想领域。结构主义不是一个统一的哲学流派,它的许多观点大多与一定的专门学科有关,但其核心是结构主义方法,这种方法已广泛地影响并被运用于许多学科,诸如语言学、心理学和教

---

① [美]贝斯特:《教育的荒地》,载华东师范大学教育系等编译《西方资产阶级教育思想流派论著选》,北京:人民教育出版社 1980 年版,第 179~180 页。

育学等。

(一) 结构主义课程与教学的思想基础

1. 皮亚杰的发生学结构主义

瑞士的皮亚杰(J. Piaget)是当代最著名的心理学家之一、发生认识论哲学的创建者。他提出了智力发展的阶段论,探讨了影响智力发展的诸因素,揭示了智力的本质。皮亚杰的心理学理论是结构主义与建构主义的统一。在此基础上他对一般的结构主义做了深入的研究,曾撰写《结构主义》一书。皮亚杰认为,结构具有三个基本特征,即整体性、转换性、自调性。结构的整体性是指结构具有内部的融贯性,各成分在结构中的安排是有机的联系,而不是独立成分的混合,整体与其成分都是由一个内在规律所决定。结构的转换性是指结构并不是静止的,有一些内在的规律控制结构的运动发展。结构的自调性是指结构由于其本身的规律而自行调整,并不借助于外在的因素,所以结构是自足的、封闭的,结构内某一成分的改变必将引起结构内其他相关成分的改变。这样看来,"结构主义与建构主义的统一"也表征了皮亚杰发生学结构主义的本质特征。

2. 乔姆斯基的结构主义语言学

美国麻省理工学院的乔姆斯基(N. A. Chomsky)教授是当今世界最著名的语言学家之一,他创立了语言中的"转换生成语法"学派。乔姆斯基认为,作为符号系统的语言具有表层结构与深层结构两个层次。所谓表层结构,主要是指语言的语法结构。所谓深层结构,主要是指语言的句法结构。乔姆斯基认为,各民族语言有着不同的语法规则,即不同的表层结构;但所有的民族语言都有共同的句法规则,即共同的深层结构,正因为有共同的深层结构,各民族语言才能够互相翻译或转换。乔姆斯基认为语言的深层结构(句法结构)来自与生俱来的创造能力,是先验的而非经验的。正因为如此,各民族的语言才具有共同的深层结构。结构主义课程范式的重要代表施瓦布(J. J. Schwab)在构建其学科结构的理念时就借鉴了乔姆斯基的句法结构理论。

3. 莱维-斯特劳斯的结构主义人类学

法国人类学家莱维-斯特劳斯是第一个将索绪尔的语言学运用于社会科学的学者,他的结构主义人类学和神话学可以说是应用结构主义方法的典范。莱维-斯特劳斯认为,结构具有以下特征:第一,结构具有一个系统的特征,它由若干成分构成,其中任何一个成分的变化都会引起其他成分的变化;第二,对任一模式都应有可能排列出同类模式中产生的转换系;第三,如成分发生变化,能预测模式将如何反应;第四,模式的组成应使一切被观察到的事实都成为直接可理解的。因此,他指出,结构主义的中心课题,就是从混乱的现象背后找出秩序来。这样看来,莱维-斯特劳斯对结构之内涵的揭示与皮亚杰对结构的基本特性的看法基本一致。

(二)结构主义课程与教学的主要观点

相比较而言,皮亚杰最早提出了儿童心理按结构发展的思想,并且就结构的形成、变化、机制、阶段等进行了系统的研究,建立了结构主义心理学,同时,他也从结构主义心理学出发对教育问题进行了诸多研究。但真正以结构主义心理学为基础全面探讨课程与教学问题,并且建立起比较完整的结构主义课程与教学论的人物是布鲁纳。布鲁纳的课程与教学论思想包括"教什么"、"什么时候教"、"怎样教"等几个方面。其中,最重要的就是他关于"教什么"的思想,其他两个方面则是这一思想的延伸。

1. 强调课程内容应当是学科的基本结构

布鲁纳有一段著名的话:"不论我们选教什么学科,务必使学生理解学科的基本结构。"①所谓基本结构,就是指各门学科中的基本概念、基本公式、基本原则等理论知识。从结构主义心理学出发,布鲁纳认为,学习是人的主观认识结构连续不断的构造过程,通过与认识对象的相互作用,人的认识结构不断得到改进和完善,认识对象的性质和特征,影响决定着认识结构的性质和特征。就这样的过程而言,基本结构的学习对于学习者主观认识结构的发展是最有价值的,而且,基本结构有普遍意义,对于学科的大量事实和现象有最强的说明解释力,有广泛的可迁移性,而且便于学生接受和记忆。

2. 强调基本结构应与学生的认知发展水平相一致

布鲁纳认为,基本结构的学习应当及早开始,而且越早越好。他提出了一个著名的假说:"任何学科的基础都可以用某种形式教给任何人。"②即只要做到知识结构与儿童各年龄的认识结构相一致,则早期教育也能收到应有的

---

① [美]布鲁纳著:《教育过程》,上海师范大学外国教育研究室译,上海:上海人民出版社1973年版,第4页。
② [美]布鲁纳著:《教育过程》,上海师范大学外国教育研究室译,上海:上海人民出版社1973年版,第8页。

效果。与皮亚杰一样,布鲁纳认为儿童的认知结构在不同年龄具有不同的特点,并且提出了认知结构发展的三个阶段:表演式再现表象阶段,相当于学前时期,儿童是通过动作认知的;肖像式再现表象阶段,相当于5~7岁的阶段,儿童的思维有所发展,能够借助头脑中的形象和表象进行认知;十三四岁时进入象征式再现表象阶段,抽象思维逐渐占据优势。为此,他提出了螺旋式编排课程的理论。所谓螺旋式课程,就是以与儿童的思维方式相符合的形式尽可能早地将学科的基本结构置于课程的中心地位,随着年级的提升,学科的基本结构不断拓广与加深。[①]

3. 倡导"发现法"教学

何谓发现?布鲁纳写道:"我将运用这一个假设,即发现,不论是在校儿童凭自己的力量所做出的发现,还是科学家努力于日趋尖端的研究领域所做出的发现,按其性质来说,都不过是把现象重新组织或转换,使人能超越现象再进行组合,从而获得新的领悟而已。"[②]所以,发现的过程是一种高级的心理过程,一种问题解决的过程。发现学习教学就是不把学习内容直接呈现给学习者,而是由学习者自己通过一系列发现行为(如转换、组合、领悟等)而发现并获得学习内容的过程。采用发现法教学,可以减少学生对教师和教材的依赖性,从而培养学生的好奇心,发展学生的推理能力和观察能力,并使其掌握探究问题的方法。

三、建构主义课程与教学

建构主义是当代心理学理论由行为主义到认知主义之后的进一步发展,即向与客观主义更为对立的另一方向发展,被喻为"当代教育心理学中的一场革命"[③]。建构主义者认为,世界是客观存在的,但是对于世界的理解和赋予意义却是由每个人自己决定的。人是以自己的经验为基础来建构现实,或者至少说是解释现实的。他们强调学习的主动性、社会性和情境性,对课程与教学提出了许多新的见解。

---

① 单丁著:《课程流派研究》,济南:山东教育出版社2000年版,第124页。
② Bruner, The Act of Discovery: Harvard Educational Review (Vol. 31).
③ 陈琦、刘儒德主编:《当代教育心理学》,北京:北京师范大学出版社1997年版,第97页。

(一) 建构主义课程与教学的思想基础

1. 康德、波普尔和维特根斯坦等人的哲学思想

从哲学的角度看,最值得一提的是康德(I. Kant)对理性主义与经验主义的综合,他揭示了认识的双向性运动:人在认识世界的同时认识自身,人在建构与创造世界的同时建构与创造自身。在当代,与建构主义相关的哲学思想有两种:一是以波普尔(K. Popper)为首的科学哲学的发展,尤其是波普尔提出"经验证伪原则",他认为,科学的自然是有意义的,但非科学的并非就没有意义,比如形而上学不是科学,但对科学理论的产生具有启发作用,动摇了人们对知识可靠性的迷信;二是维特根斯坦(L. Wittgenstein)的日常语言哲学,尤其是他在后期反对逻辑原子主义,提出了"语言游戏说"和"家庭相似"概念。这些对当今建构主义的创立和发展有着很大的启示。

2. 杜威的经验性学习理论

杜威认为,真正的理解是与事物怎样动作和事情怎样做有关,理解在本质上是联系动作的。由此出发,他将"行动"的学习与不确定情境中的探索联系在一起。强调教育必须建立在经验的基础上,教育就是经验的生成和经验的改造,学生从经验中产生问题,而问题又可激发他们运用探索的知识产生新概念。

3. 皮亚杰的认知发展理论

建构主义的先导当属皮亚杰。皮亚杰的建构主义基于他有关儿童的心理发展的观点。他发展了发生认识论,区分出一个孩子在建构一种世界模式时,必须经过不同的认识阶段。他确信,学习最基本的原理就是发现。他认为知识既非来自主体,也非来自客体,而是在主体与客体之间的相互作用过程中建构起来的。一方面,新经验要获得意义需要以原来的经验为基础;另一方面,新经验的进入又会使原有的经验发生一定的改变,使它得到丰富、调整或改造,这就是双向的建构过程。

(二) 建构主义课程与教学的主要观点

1. 建构主义的课程知识观

建构主义者一般强调,知识并不是对现实的准确表征,它是一种解释、一种假设,它并不是问题的最终答案。相反,它会随着人类的进步而不断地被"革命",并随之出现新的假设;而且,知识并不能精确地概括世界的法则,在

具体问题中,我们并不是拿来便用,一用就灵,而是需要针对具体情境进行再创造。另外,建构主义者认为,知识不能以实体的形式存在于具体个体之外,尽管我们通过语言符号赋予了知识一定的外在形式,但这并不意味着学习者会对这些命题有同样的理解,因为这些理解只能由个体学习者基于自己的经验背景而建构起来,这取决于特定情境下的学习历程。

建构主义的这种知识观向传统的课程与教学理论提出了巨大的挑战。按照这种观点,课本知识只是一种关于各种现象的较为可靠的假设,而不是解释现实的"模板"。科学知识包含真理性,但不是绝对正确的最终答案,它只是对现实的一种可能更正确的解释。而且,更重要的是,这些知识在被个体接受之前,它对个体来说是毫无权威可言的,不能把知识作为预先决定了的东西教给学生,不能用科学家、教师、课本的权威来压服学生,学生对知识的"接受"只能依靠他自己的建构来完成。学生的学习不仅是对新知识的理解,而且是对新知识的分析、检验和批判。另外,知识在各种情况下的应用并不是简单套用,具体情境总有自己的特异性。所以,学习知识不能满足于教条式的掌握,而是需要不断深化,使学生走向"思维中的具体"。

2. 建构主义的学习观

建构主义是一种重要的学习哲学。建构主义者认为,学习是心理的积极运作,而不是对教学的被动接受。他们对于学习的基本解释是:学习是学习者主动地建构内部的心理表征的过程,它不仅包括结构性的知识,而且包括大量的非结构性的经验背景;学习者以自己的方式建构。对于事物的理解,不同人看到的是事物的不同方面,不存在唯一的标准的理解,但可以通过学习者的合作而使理解更加丰富和全面。建构主义者提倡的学习方法是教师指导下的以学生为主体的学习方法。建构主义的学习环境是开放的、充满着意义解释和建构的环境。如果对该学习环境进行静态分析,可以发现建构主义学习环境由情境、协作、会话和意义建构等四大要素构成。其中情境是意义建构的基本条件,教师与学生之间、学生与学生之间的协作和会话是意义建构的具体过程,而意义建构则是建构主义学习的目的。

3. 建构主义的学生观

建构主义者认为,学生是信息加工的主体,是意义的主动建构者,而不是外部刺激的被动接受者和被灌输的对象。在学习过程中学生要从多方面发挥主体作用;要用发现法、探究法去建构知识的意义;主动去收集并分析有关的信息和资料,对所学习的问题要提出各种假设并努力加以验证;要学会"联系"与"思考",学会"自我协商"与"相互协商"。用一句话概括,即以学生为中心,强调学生对知识的主动探索、主动发现和对所学知识意义的主动建构。

4. 建构主义的教师观

早在1983年建构主义者冯·格拉塞斯费尔德(V. Glasersfeld)即指出:"我们应该把知识与能力看作是个人建构自己经验的产物,教师的作用不再是讲授'事实',而是帮助和指导学生在特定领域中建构自己的经验。"[1]建构主义教师观对传统的教师角色提出了严峻的挑战,强调教师的职责不应该是"给予",教师不应该把自己视为"掌握知识和仲裁知识正确性的唯一权威"。建构主义者主张,教师是意义建构的帮助者、促进者,而不是知识的传授者和灌输者。其角色就是学生学习的辅导者,"真实"学习环境的设计者,学生学习过程的理解者和学生学习的合作者。在建构主义教学过程中教师要发挥指导作用:培养和激发学生的学习兴趣与学习动机;创设适宜的教学情境和提示新旧知识之间联系的线索,帮助学生建构当前所学知识的意义;在可能的条件下组织协作学习,开展讨论与交流,使学生的意义建构更有效。

5. 建构主义的教学观

建构主义认为,教学过程是师生对世界的意义进行合作性建构的过程,而不是"客观知识"的传递过程。美国学者威尔逊(J. Wilson)曾具体归纳了建构主义教学策略,如模拟策略与角色扮演游戏、多媒体学习环境、有意识的学习环境、以陈述过去为内容的教学结构、个案研究、苏格拉底谈话法、个别指导教学与支架式教学、通过设计而学、通过教授而学、小组学习、合作学习、协作学习、整体性的心理技术。[2] 由此可见,建构主义的教学策略是以学习者为中心的,其目的是最大限度地促进学习者与情境的交互作用,以主动地建构意义。教师在这个过程中起组织者、引导者和促进者的作用。

建构主义者主张教学过程包含七个步骤或环节:一是分析教学目标,对整门课程及各教学单元进行教学目标分析,以确定当前教学的"主题";二是创设情境,即创设与主题相关的、尽可能真实的情境;三是设计信息资源,即确定本主题教学所需信息资源的种类和每种资源所起的作用;四是设计自主

---

[1] 徐斌艳:《极端建构主义意义下的数学教育》,《外国教育资料》2000年第3期。
[2] 张华著:《课程与教学论》,上海:上海教育出版社2000年版,第469页。

学习方式,即根据所选择的不同教学方法,如支架式教学、抛锚式教学、随机进入教学,充分考虑发挥学生的首创精神,促进知识外化和实现自我反馈,对学生的自主学习作不同的设计;五是设计协作学习环境,如开展小组讨论、协商;六是评价学习效果,主要围绕自主学习能力、协作学习过程中的贡献是否达到意义建构的要求进行;七是强化练习,以纠正原有的错误理解或片面认识,最终达到符合要求的意义建构。可见,建构主义教学观本质上是对人的主体价值给予充分尊重的教学观,体现了现代教学论的发展方向。

四、发展主义课程与教学

(一)发展主义课程与教学的思想基础

1. 维果茨基的"文化历史发展理论"

俄国杰出的心理学家维果茨基的研究,对于理解建构主义也是十分重要的。维果茨基认为,儿童是在摆脱日常概念和成人概念的"张力"中学习科学概念的。如果仅仅将源于成人世界的预成的概念呈现给儿童,那么他就只能记忆成人所说的一切。他强调,个体的学习是在一定的历史、社会文化背景下进行的,社会可以对个体发展起到重要的支持和促进作用。维果茨基很重视学生原有的经验与新知识之间的相互作用。他们将学习者的日常经验称为"自下而上的知识",而把他们在学校里学习的知识称为"自上而下的知识",自下而上的知识只有与自上而下的知识相联系,才能成为自觉的、系统的知识;而自上而下的知识只有与自下而上的知识相联系,才能获得成长的基础。

2. 赞可夫的"一般发展理论"

赞可夫继承了维果茨基"最近发展区"的观点,由于苏联当时注重知识传授的教育模式无法适应时代的发展,学生的自主性和创造性被遏制,他开展了一系列教育实验,由此创立了"实验教学论"体系,提出了促进学生一般发展的理论。赞可夫在《小学教学新体系的实验》中指出:"一般发展不同于特殊发展,它指的是学生个性所有方面(包括道德感、观察力、思维、记忆、言语、意志)的进步。一般发展包括整个个性。"他强调发展儿童整个身心的课程论,即一般发展的课程论。教学的主要任务不仅要传递人类积累的文化科学知识,还要发展学生的认识能力,这是其教育思想中的一项基本原理。

（二）发展主义课程与教学的主要观点

1. "发展"是教学的首要目的

就发展主义课程与教学流派的目的而言，促进学生的发展，特别是一般发展是最重要的。"发展"是赞可夫实验研究的关键所在，学生的一般发展是指包括智力发展在内的整个身心的和谐发展。传统形式课堂的"教师中心、教材中心、课堂中心"弊端显露，不利于学生身心的健康发展，无法适应社会对人才的要求，因此，他反对传统将心理分为智力、意志和情感等，而将其分为观察、抽象思维和实际操作。正如赞可夫在《论小学教学》中所写，"我们所理解的一般发展，是指儿童个性的发展，它的所有方面的发展。因此，一般发展也和全面发展一样，是跟单方面的、片面的发展相对立的"[1]。同时，他还强调超前教学，教学应当走在学生现有发展水平之前，以期更有效地促进学生的发展。发展主义认为，学生具有可塑性，教学应该在学生现有的水平基础上，提供超前的学习刺激，并配合相当的难度和速度，把量力性原则和超前性原则结合起来，使学生获得理想的发展。

2. 知识学习促进发展，发展带动知识学习

赞科夫也很注重理论知识的作用，理论知识往往体现了事物的规律和本质，把系统的、规律性的知识教给学生，而不仅仅教给学生零碎的、片段的知识，这也是教材的难度之所在。他在给学生编制教科书和教学大纲时，特别强调以下几点：第一，注重学科的内在逻辑、知识的顺序性。前面学习的知识带动学生主动探索，之后学习的内容又对之前的内容进行巩固，以掌握学科自身的逻辑性。第二，教材要有一定的难度。如果学生学习教材没有需要克服的障碍，不需要做出一定的努力，那么这种教材就缺乏必要的难度，不能促进学生的发展。教材的难易是相对的，同样的教材对于已有相应知识储备的学生来说可能是比较容易的，对于没有知识储备的学生来说可能是比较难的。因此，在编订教材的时候，既不能对学生已有的准备估计过高，造成学生难以克服的障碍；也不能对学生已有的准备估计过低，使学生不经过努力就可以轻易学会所教的东西。这就产生了一个掌握必要难度的分寸问题。

3. 激发学生精神需要的教学方法

赞可夫在长期的教育实验中，形成了具有自己特色的教学方法体系。实

---

[1] ［苏］赞科夫著，俞翔辉译：《论小学教学》，北京：教育科学出版社1982版，第20页。

验教学证明,实验教学方法提高教学效果的最重要的条件之一,就是"发展学生的道德品质、审美情感和意志,形成学生的精神需要,特别是形成学生对学习的内部诱因"①。要让课堂达到最大的效果,最重要的就是抓住学生的精神需要,树立学生的主体地位。教师则要有相应的敏感性,捕捉学生的精神需要,创建具有创造性的课堂,根据不同类型的课程,运用丰富多样的教学方法。赞可夫倡导的教学方法有激发诱因法、设置障碍法、层层深入法、随机多变法、快速前进法、启发提问法等。

4. 独树一帜的教学原则

(1) 以高难度进行教学的原则。赞可夫认为传统的小学教学方法对儿童的发展和学习收效甚微,究其原因就是教授给学生的知识面过于狭窄,内容单一贫乏,再者过低估计了学生的水平,以至教学效率低、多重复等,学生的发展自然也就快不起来。因此,他提出"高难度"的原则,要动员学生自身的学习兴趣,让他们成为主动的学习者,不要施加过多的外界压力。但是"难度"这个问题也需要进行把握,既要给学生设置障碍,又不能过于晦涩难懂。

(2) 以高速度进行教学的原则。通过减少重复来提高教学的速度,通过加快速度来拓宽知识的广度,通过扩大广度来加深知识的深度。赞可夫主张以知识的广度来达到知识的深度,不能将学生局限于课堂内、教材中,应该多读一些课外书,参加一些科技活动,参与户外活动,不仅能使课堂知识得到巩固,还可以增长见闻。正确执行这个原则需要"不断地向前运动,不断地以各个方面的内容丰富学生的智慧,能为学生越来越深入地了解所学的知识创造有利条件,因为知识被纳入到一个广泛展开的体系中"②。

(3) 理论知识起指导作用的原则。这个原则是基于之前教学法只强调学生的具体思维,忽视抽象思维而提出的,赞可夫认为教师应重视学科的思想体系、基本规律和原理法则的教学,增加小学教学中理论知识的比重,教学的目的是帮助学生学会对知识的迁移,融会贯通地掌握知识。

(4) 使学生理解学习过程的原则。该原则要求学生注意学习过程本身,着眼于学习活动的内在机制,教会学生学习。这一原则的提出,有助于培养学生的自学能力,依据自己的特点选择最适合自己学习的方式。

---

① 赞可夫著:《教学与发展》,北京:人民教育出版社1985年版,第106页。
② [苏]赞科夫编,杜殿坤、张世臣等译:《教学与发展》,北京:人民教育出版社1985年版,第46页。

(5) 使全班学生包括"差生"都得到发展的原则。赞可夫认为,对于"差生"要"比其他学生更多地需要在他们的发展上系统地下功夫"①,而且,"下了这样的功夫,就能使差生在发展上得到很大进步,从而也就能够使他们在掌握知识和技巧方面取得良好的成绩"②。

第二节　学生本位取向的课程与教学

20世纪上半期,美国涌现出进步主义教育思潮,反对以赫尔巴特为代表的传统教育形式,"进步主义教育之父"帕克率先使用新的教学方法,呼吁"教育要使学校适应儿童,而不是使儿童适应学校",受教育者作为主动的学习者,得到了教育家们的重视,杜威将实用主义思想运用于教育领域,更是产生了深远的影响。

一、经验主义课程与教学

经验主义课程与教学理论是杜威以其独特的哲学观、心理观和社会观为理论基础创建起来的。经验主义课程与教学和当时的要素主义课程与教学共同构成了20世纪上半叶美国课程与教学的基本面貌。

(一) 经验主义课程与教学的思想基础

1. 哲学思想

(1) 实用主义认识论:对二元论的反动与超越

美国资本主义的建立没有遇到强大封建势力的阻挠,因此与欧洲国家相比发展较为顺利。市场经济和民主制度在美国的运行,使得美国人民拥有较宽的自我选择和奋斗的自由,他们所受束缚较少,可以按照自己的信念追求理想的效果。同时,美国人口组成大部分是来自其他国家的移民,各式的旧有文化传统融合之后没有一个相对统一的文化价值观。这种文化氛围、政治经济制度保障之下的自由使得以"更强调哲学应立足于现实生活,主张把确定信念作为出发点,把采取行动当作主要手段,把获得效果当作最高目的"③

---

① [苏]赞科夫编,杜殿坤、张世臣等译:《教学与发展》,北京:人民教育出版社1985年版,第49页。
② [苏]赞可夫著:《和教师的谈话》,北京:教育科学出版社1950年版,第197页。
③ 刘放桐等编著:《新编现代西方哲学》,北京:人民出版社2000版,第176页。

为主要特点的实用主义思想在美国广为流行。

美国实用主义发源于皮尔士(C. S. Peirce)，詹姆士(W. James)对之做了发挥和发展，杜威则把它推向高峰。在实用主义认识论中，杜威清算了以往哲学中的二元论思维局限，认为二元论把经验和自然、精神和物质等割裂对立起来，这些又导致了理智与情感、知与行、理论与实践、身与心等的对立，这一系列的对立都是源于社会中集团和阶级的严格划分。针对根深蒂固的二元论思维，杜威提出实用主义的认识论，在二元论思维的割裂状态下建立广泛的连续性，使认识和有目的改造环境的活动之间建立一种统一。杜威还把这种认识论称为"工具主义"，认为思想观念、理论是人的行为的工具，能否指引人们的行为达到既定的目标和效果是判断它们是否具有真理性的依据。同时，他又反对把工具主义庸俗化，认为真理的效用不应是为个人野心和权势服务，而应贡献于大众利益，为公众的成功效力。

(2) 经验观：对以往经验观的反思和超越

第一，经验是理性与非理性的融合。杜威认为，传统的经验派哲学把经验视为从感官得来的感性知觉，是第一手的、变化无常且不可信赖的。理性来源于心灵，是永恒不变、绝对真实的。经验和理性不仅处于对立割裂状态，而且理性优先于经验，超越经验的局限就必须诉诸理性。而杜威反对把经验和理性对立起来，他提出经验是理性和非理性的融合。他指出，人们拥有事物时会产生一定的情感，这些情感和意志在经验的范畴之中；经验还应包括反思过程，表现为识别经验中主动与被动两个因素即尝试与承受结果之间的特定联结。思维和反思就是经验中的理性因素，没有它们的参与就没有真正意义上的经验。杜威把理性融入到经验的范畴之中，这就扩展和丰富了经验的内涵。

第二，经验是有机体与环境之间的互动作用，经验是能动的。这就超越了把经验视为在实物和自然之上建立真理以及心灵在经验的生成中完全被动受纳的观点。传统的经验哲学认为，经验就是外界在心灵中刻下印记，心灵在经验的生成中处于被动承受的地位。杜威认为这是传统经验哲学的致命缺点。杜威把经验界定为有机体与环境之间的相互作用，这种相互作用将人与环境彼此关联。有时人的努力受制于环境，有时人的努力成为主动，通过对环境的改造达到既定的目标。这就在经验主体与对象、有机体和环境、经验与自然之间建立起一种连续性。杜威在这种连续性中还强调了人的主动作用,认为经验是主动品性的实验,从而超越了近代经验主义的经验观。

第三,经验是事物和过程的统一。以往哲学中"经验即认识"论,主张经验就是主体对于对象的认识性、静态性知识。杜威认为经验包括经验的事物和过程两个方面,经验中的事物不仅局限于人们的认知结果,而且还包含了所作、所追求、所爱、坚信、坚持等方面的内容。同时,经验也是在反思基础上的不断改造或改组的过程,意味着生长的积累。杜威把经验视为经验的事物,这就扩展了经验的外延,把经验作为改组和生长的过程,从而确定了经验的动态性,这些都是对"经验即认识"传统观点的超越。

第四,经验的连续性。杜威批判了传统的经验间彼此割裂的观点。杜威认为,人们都是在吸纳过去经验的基础上为未来的经验奠定基础的,经验间彼此联系,具有连续性,这种经验的不断增长和积累,可以帮助儿童学会预见类似环境的结果并作出准备,以便获得有益的结果,避免不良后果。

第五,儿童经验的独特性。传统经验观认为儿童的经验相对成人来说是混乱的、不稳定、不成熟的,在教育中无足轻重,是需要在成人教师的训练、控制之下向成人经验过渡的。杜威认为这是以成人经验的特点为基点来看待儿童的经验。其实,"教育即生长",每个人都处于不断的生长状态之中,成人的经验也是需要继续发展的,儿童的"未成熟状态"并非是一种缺乏,而是其生长的首要条件,儿童的经验有其自身的价值和独特性,不应处于被忽视的地位。

2. 心理学思想

杜威是芝加哥机能心理学派的核心成员,他在 1896 年发表的《心理学的反射弧概念》是该学派第一篇重要论文。美国著名心理学史家黎黑(T. H. Leahey)曾概括了这篇论文所反映的杜威机能心理学的三个重要倾向[①]。第一,杜威深受达尔文主义的影响,他把心理学同达尔文主义相结合,认为心理和行为是有机体赖以求得物种和个体生存的适应机能。第二,杜威反对原子联想主义和内容心理学,前者把心理和行为肢解成人为的单元、原子和反射弧的阶段,后者并未认识到同一感觉依不同的行为情景而有不同的意义。杜威认为,人的心理活动是一个连续的整体,心理学的真正对象是研究人在环境中发挥

---

① [美]T. H. 黎黑著,刘恩久等译:《心理学史》,上海:上海译文出版社 1990 年版,第 344 页。

作用的整个机体及其心理机能。第三,根据实用主义哲学,用概念对生活行为的效用来评价它们。杜威把行动或行为看作心理学的中心问题。总体来看,杜威的机能主义心理学同其哲学观是一致的,都具有整体性、连续性、适应性、目的性和工具性等特征。

3. 社会学思想

杜威反对二元论思维中对个人或社会单一方面的强调,他说:"为什么有人认为个人必须在以下两种情况中做出选择:是牺牲自己去做有益于别人的事情呢?还是牺牲别人,以求达到自己独有的目的呢?"[①]杜威认为个人与社会之间是具有连续性的,是在沟通与交往的互动中共同发展的。在社会群体中,社会与个人之间,个人与个人之间都应该追求一种以共同目的为前提的互动、合作、交流关系。这种社会学思想在经验主义课程中体现得十分明显。

(二) 经验主义课程与教学的主要观点

1. 课程教学的三维统一取向

一般认为,课程开发与教学活动都是围绕着儿童、知识、社会三个维度展开的,而对这三个维度及其关系最早做出系统论述的当推杜威。他力求在三个维度中寻找一种平衡。首先,儿童经验与学科知识的统一。杜威消解了儿童与知识的对立。杜威认为"儿童中心论"和"学科中心论"共同的错误的根源就是割裂了儿童经验与学科知识之间的内在统一性。他把知识分为四种类型[②]:① 理智地获得技能这一意义上的知识,这是如何做的知识。② 了解这一意义上的知识。这类知识是第一类知识的结果,又是衡量如何做的知识的尺度。③ 从别人那里获得的知识、通过向别人学习获得的知识。④ 理性的知识或科学,这类知识是源于理性基础,源于逻辑顺序和体系的知识。前两类知识都属于个体的直接经验,后两类属于通过语言或理性而获得的间接经验。杜威批判了"教育准备说",认为教育为生活做准备有种种弊端,其中之一就抬高了儿童未来社会中所需经验的学习,忽略了儿童现在的经验,是用未来牺牲现在,这使儿童的学习动力不足。他提出"教育即生活",认为经验的连续性要求儿童在现时经验和未来经验之间取得平衡。儿童现在的直

---

① [美]约翰·杜威著,王承绪译:《民主主义与教育》,北京:人民出版社1990年版,第130页。
② 单丁著:《课程流派研究》,济南:山东教育出版社2000年版,第48页。

接经验也应该包括在教育的内容之中。对于间接经验,杜威认为要对信息和知识进行正确的区分:间接经验如果不纳入学习者的已有经验之中,只是纯粹的信息资料。"如果所沟通的知识不能组织到学生的已有经验之中去,这种知识就变成纯粹言辞,即纯粹感觉刺激,没有什么意义。""这种知识的作用不过唤起机械的反应,只能运用发声器官重复别人的话,或用手写字或做'算术'。"① 信息只是认知的刺激物,要使儿童获得知识必须使之对知识做出反应,这就需要在知识和儿童的经验之间建立一种有效联结,即在相互融通中获得一种连续性。这样,儿童与学科知识不再是二元论思维中的对立关系。因此,在教材的组织上,杜威认为儿童的心理经验和知识的逻辑经验并非完全对立,心理经验包含着逻辑经验的某些因素,可以经过经验的改造达到学科逻辑经验的高度,从经验的发展来看,逻辑经验也是服务于儿童经验的未来发展的,它具有还原到心理经验的可能性。

其次,儿童与社会的统一。在教学活动中,儿童与社会不是非此即彼的对立关系。社会是多个个体的有机结合,个人是社会中的个体。杜威在《我的教育信条》中明确指出:"我认为受教育的个人是社会的个人,而社会便是许多人的有机结合。如果从儿童身上舍去社会的因素,我们便只剩下一个抽象的东西;如果我们从社会方面舍去个人的因素,我们便只剩下一个死板的、没有生命力的集体。"② 从个人身上舍弃社会因素,就会把个体抽象化。同样,从社会方面舍弃个人因素,整个集体就会缺少生命力。个体和社会之间是互动的,彼此利益相关。社会在指导青少年的生活中决定着他们的未来,因而也决定社会自己的未来,儿童受教育的社会意义就显而易见了。但这并不意味着教育就是要使儿童被动地适应社会,"如果所谓适应是指使个体准备去适应当前的社会安排和情况,那么目的就不在于使个人'适应'社会制度。当前的社会安排和情况还未稳定和健全到足以证明这样的程序是正确的"③。这就需要个人在积极适应社会的同时改造社会,社会也应该为个体这种能力的培养提供条件,同时积极适应个人、满足个人需求。个人与社会之间是相

---

① [美]约翰·杜威著,王承绪译:《民主主义与教育》,北京:人民出版社1990年版,第200页。
② [美]约翰·杜威著,赵祥麟等译:《学校与社会·明日之学校》,北京:人民出版社1994年版,第5页。
③ [美]约翰·杜威著:《芝加哥实验的理论》,载梅休·爱德华著、王承绪译《杜威学校》,上海:华东师范大学出版社1991年版,第408页。

互促进的互动连续体。

再次,自然学科知识与人文社会学科知识的统一,学科知识与社会的统一。自然学科与人文学科的对立、学科知识和社会之间的对立在杜威这里也得到了一定程度的消减。杜威认为自然科目和人文科目的对立源于哲学上人和自然之间的二元论思维,实际上,"人和自然是连续的,而不是从外部进入自然的外人","经验并不知道在人类事务和纯粹机械的物质世界之间有什么区分"①。"教育应从人文主义的科目和自然主义的科目这种密切的相互依存关系出发"②。把两者割裂开来就会破坏学生心理发展的连续性。同时,课程必须以适应现在社区生活的需要为着眼点,旨在改进人们的共同生活,学科知识只有融入社会生活才能更好地发展,社会的前进同样离不开学科知识的介入,两者相互促进,彼此连续不可分割。

总之,在儿童、社会、知识三个维度上,杜威力求寻求一种恰当的平衡点,在三者之间建立一种关联性,使之成为完整而和谐的整体。

2. 认为学生和教师是平等的经验主体

杜威认为学校是社会生活的一种形式,是以经验为基础组织起来的社会共同体。教师和学生是平等的经验主体,通过自由和谐的互动交往最终达到对经验的改造。传统学科中心教育忽视儿童的经验,认为它是模糊的、不稳定的,需要在成人的指导之下朝向成人经验发展和过渡。杜威认为人们对于儿童的未成熟状态的理解遮蔽了他们经验的独特性。儿童的未成熟状态恰恰是他们生长的首要条件。以往人们认为"未成熟状态"就意味着一种缺乏,需要以成人经验进行补充,这是用成人化的观点来看待儿童,它不仅会导致对儿童经验的忽略,还会导致成人经验发展的停滞性。因此,应以内在的观点看待儿童,"未成熟状态就是一种积极的势力或能力向前生长的力量"③。未成熟状态具有两个主要特征:依赖性和可塑性。依赖性是某种建设性的东西,伴随着能力的成长,寄生状态日渐消减。"可塑性是保持或提取过去经验

---

① [美]约翰·杜威著,王承绪译:《民主主义与教育》,北京:人民出版社1990年版,第300页。
② [美]约翰·杜威著,王承绪译:《民主主义与教育》,北京:人民出版社1990年版,第301页。
③ [美]约翰·杜威著,王承绪译:《民主主义与教育》,北京:人民出版社1990年版,第46页。

中能改变后来活动的种种因素的能力",是"获得习惯或发展一定倾向的能力"。① 这两个特征说明未成熟状态是儿童生长发展的潜在能力,儿童的经验具有其自身的价值和意义。教育应对他们进行有效的指导和疏导,促进他们经验的不断改造和生长。

对儿童经验的重视并不意味着忽视教师的作用,教师也是社会共同体的一员,而且是经验更为成熟的一员。教育以经验为基础进行组织时,教育经验便成为一种社会的过程,教师因此由外部的监督者、独裁者变为团体活动的领导人,这是民主社会的必然要求,也是教育这个社会共同体中师生经验共同生长和发展的需要。总之,杜威认为师生双方是组成社会共同体的平等成员。

3. 主张教学反思、附带学习和连续性

首先,杜威认为教学需要反思这一理性因素的介入。他认为经验是理性和非理性的融合,其中理性因素就包括反思的参与。教育即经验的不断改组和改造,在有机体与环境的互动过程中,反思可以识别尝试和承受结果之间的联结,从而不断增加经验的累积,使得儿童能够预料将会发生的事情,做出准备以获得有益的结果,避免不良的结果。

其次,杜威认为在具体内容学习的同时,附带学习也是很重要的。附带学习就是伴随具体内容的学习而形成的对所学内容以及学习过程本身的情感、态度。这同杜威的经验观——经验是经验的事物和过程的统一,是理性与非理性的融合——相吻合的。杜威认为附带学习所形成的情感态度对于将来更有根本性价值和意义。"最重要的态度是能养成继续学习的欲望,如果这方面的动力减弱而不加强,那么就会发生比仅仅缺乏预备更加严重得多的事情。"②这种对附带学习的重视、对情感态度的培养对于我们今天的教学亦有重要意义。

再次,教学应在儿童的生活及其经验之间建立一种连续性。"经验即生活",要了解、满足、引导儿童真正的本能和需要,将学习和生活相互融通起来。经验课程的形态之一——主动作业就十分注重与儿童的兴趣、经验的生

---

① [美]约翰·杜威著,王承绪译:《民主主义与教育》,北京:人民出版社1990年版,第50页。
② [美]约翰·杜威著,姜文闵译:《我们怎样思维·经验与教育》,北京:商务印书馆1960年版,第271页。

长要求、生活的需要进行连接。主动作业将社会生活中典型职业进行分析、归纳,提炼出各种活动方式,在儿童的生活中进行复演,使儿童生活经验不断累积和发展,这种学习生活化的形式虽然削弱了所学知识的系统性,但它所体现的思想和意图对于我们反思教学理论和实践都有借鉴意义。

二、人本主义课程与教学

人本主义心理学崛起于 20 世纪 50 年代。它的主要思想起源于亚伯拉罕·马斯洛(A. H. Maslow)与卡尔·罗杰斯(C. Rogers)等人的心理学研究。人本主义心理学由于提出了与被称为心理学第一思潮的、把人描述为本能与冲突的产物的精神分析学派,以及作为第二思潮的、强调人与动物的基本相似性、强调学习是解释人类行为的主要根据的行为主义学派截然不同的观点,而被称为心理学的第三思潮。其基本理论运用于课程与教学领域而提出的人本主义课程与教学理论,受到教育界的普遍重视,成为当前西方课程与教学理论中的一个重要派别。

(一)人本主义课程与教学的思想基础

人本主义课程与教学的思想基础主要体现在心理学方面,即作为第三思潮的人本主义心理学。它认为行为主义心理学是机械的,只孤立地注重学生的智力,而忽视了其情感反应和个性中比较高级的一面。弗洛伊德心理学则过分怀疑个人动机,强调人类病态的无意识情绪力。与这两派相反,马斯洛强调的是人的主观活动,他第一次把"自我实现"和"人类潜能"引入心理学。在他看来,"自我实现"也就是对天赋、能力、潜能等的充分开拓和利用,是一个形成过程。它有多种层次,可以是生活的成功,也可以是个人动机得到满足或危险解除的瞬间状态和正常的成长过程。

总而言之,人本主义心理学的基本精神包括以下几点:① 在研究人时,把体验作为主要目标。体验本身及其对个人的意义居于首位,而理论解释与外显行为均在其次。② 强调这样一些人类独有的特性,例如选择性、创造性、价值观和自我实现。反对以机械论、还原的方法对待人的存在。③ 在选择研究课题与研究方法时,着重意义性,反对过分强调客观性而牺牲意义。④ 最终关心和提高人的价值与尊严。关心每一个人天赋潜能的发展,其核心在于使个人发现他自己的存在,发现他与其他人以及社会团体的关系。①

(二) 人本主义课程与教学的主要观点

1. 课程与教学的目的在于满足学生个人自我发展和自我实现的需要

罗杰斯曾经批评,过分地强调知识是现代教育的悲剧。教育者将主要精力放在如何设计好课程上面也是错误的。课程具有怎样的内容以及如何设计这些内容并不重要,重要的是引导学生从课程与教学中实现自我发展。可见,自我实现是课程与教学的目的和核心。人本主义课程与教学理论就是要鼓励学生的自我实现,允许学生自由表达、实验、犯错误、获得反馈、发现自我。

2. 强调人的情意发展和认知发展的统一,要求突出课程的情意基础

人本主义者强调,唯有借助于情意教育和认知教育的统一,整体人格成长才有可能。正如麦克尼尔(J. D. McNeil)和辛普森(E. L. Simpson)所指出的:"人的存在,就是认知与情意相统一的整体的人格,所以,认知学习与情意学习必须统一。"②由此不难看出,人本主义的课程与教学是要培养情意与认知、情绪与行为相统一的完整的个人。关于这一点,全美教育协会(NEA)在20世纪70年代报告是这样说的:"人本主义课程不仅仅把重点放在智力上,它是以'人的能力的全域发展'为目的的。课程除了纯粹的智力发展外,情绪、态度、理想、雄心、价值,对于教育过程来说也是应当关注的领域,还要发展自尊和尊重他人的思想意识。"③基于这种认识,人本主义者要求课程突出情意基础。温斯坦和范特尼(G. Winsteinand、M. Fantini)说:"仅仅凭借知识,是不会产生社会所需要的适当行为的,如果认识到学习者的感情和企求,影响行为的机会将会增多。"④可见,人本主义认为情意是行为的基础,不仅如此,他们还认为情意是智慧的基础。因此,人本主义者要求将教学内容与方法植根于情意的"土壤"之中。

3. 设置并行课程和"整合"课程,着眼于整体人格的发展

为了实现认知教育与情意教育的统一,实现儿童人格的整体发展,人本

---

① [美]夏洛特·布勒等著,陈宝铠译:《人本主义心理学导论》,北京:华夏出版社1990年版,第1页。
② 钟启泉编著:《现代课程论》,上海:上海教育出版社1989年版,第157页。
③ 钟启泉编著:《现代课程论》,上海:上海教育出版社1989年版,第156页。
④ 钟启泉编著:《现代课程论》,上海:上海教育出版社1989年版,第156页。

主义者设立了并行课程(Parallel curriculum)。福谢依说:"学校必须设立并行课程,一方面接受系统的知识,另一方面探讨现实中直接提出来的社会的、人类的问题。"①于是他提出了如下的并行课程方案:课程1,正规的学术课程及有计划的课外活动;课程2,社会实验课程,这是一种突出"参与集体与人际关系"的课程,因此又称"人际关系课程";课程3,自我觉醒和自我发展的课程(亦称自我实现课程)。设立这种课程的意图是:教师不仅要传授知识和技术,而且要为个体的人格解放与发展提供经验,帮助儿童的人格成长及其自律性的建立。

在上述并行课程的基础上,人本主义的学校课程还体现出整合的特点,它由三种课程整合而成:第一是知识课程,即指理解和掌握自然科学、社会科学、人文科学知识的课程,旨在发展认知能力;第二是情意课程,即指健康、伦理、游戏这一类旨在发展非认知领域的能力的课程;第三是体验课程,即指借助知识课程和情意课程的统一,旨在实现整体人格发展的课程。

4. 主张意义学习和自发的经验学习

罗杰斯认为,意义学习提倡对知识的灵活理解,而不是消极地接受。在这种学习中,要求学生能在相当大的范围内自行选择学习材料,自行安排适合自己的情境,提出自己的问题,确定自己的学习进程,关心自己的学习结果。此外,罗杰斯还用"自发的经验学习"来描述他所提倡的这种学习类型。其特征是:① 它使整个人沉浸于学习之中,躯体的、情绪的和心智的;② 教学的方向来自学生;③ 它产生学生不同的行为和态度;④ 根据学习者的学习活动做出评价。

5. 促进学生学会学习并增强其适应性

人本主义者认为,知识是否被掌握,所学的知识是否系统,对学生来说并不是举足轻重的。教学过程的重心是"学会学习"。在教学中,至关重要的是帮助学生获得知识、信息和个人成长,这些将使他们以更加现实的态度应对现实世界。而这根本不是凭借教师对知识的传授就能实现的。传统教学,只是教给学生一些一成不变的很快就会过时的事实材料,并不能帮助学生学会学习,因而使学生不能有效地面对社会变动的严峻挑战。

对此,罗杰斯主张教学的目标应该是促进变化、改善学习。变化是确立

---

① 钟启泉编著:《现代课程论》,上海:上海教育出版社1989年版,第164页。

教学目标的根据,而对这种变化的适应取决于学习过程,而非静态的知识。所以,应该把学生培养成"学会如何学习的人"、"学会如何适应变化的人",从而成为能顺应社会要求,充分发挥作用的人。为实现该目标,罗杰斯将他在心理治疗实践中逐渐摸索出来的非指导性方法直接诉诸教学情境,形成了一种完全不同于传统教学模式的新教学方法——非指导性教学。它鼓励学生充分自信,从而使学生产生能超越自己的思想,开发出自己的潜在能力,最终达到学会学习、完善个性的教育目的。其中,教师的作用主要体现在形成理想的课堂气氛,提供给学生可以选择的材料、仪器等,成为学生产生意义学习动机的促进者。

6. 倡导学生的自我评价

人在一生中伴随着各种各样的外部评价,它们左右着人们的行为和成长方向。在教学过程中,人本主义者对这种外部评价模式持反对态度,倡导学生的自我评价。罗杰斯就是其中的一个重要代表。他认为学生是处在学习过程中的人,只有他自己才能清楚地知道自己是否已做出了最大的努力,才能发现哪些方面失败了,哪些方面硕果累累。自我评价在学生的学习活动中具有十分重要的作用,这种作用的本质就是使学生为自己的学习承担责任,因而能使学生更加主动,使学习活动更加有效和更加持久。

具体的评价方法有:由学生提问,然后根据问题内容出试卷,学生参与评价;由全班学生讨论课程结束应达到的水平,并谈谈自己已达到的程度;师生共同评定每一个分数;学生书面进行自我评价,若与教师的评价有很大差异,师生间就进行讨论、商榷,共同确定分数。

三、存在主义课程与教学

存在主义,又被称为生存主义,是当代西方哲学的主要流派之一。它产生于20世纪20年代,伴随着现代工业文明的迅速发展,失业率上升、破产等现象也相继出现,人们精神世界开始消极颓废,存在主义哲学应运而生,因此也被称为"危机哲学"。1927年,海德格尔的《存在与时间》一书的出版,标志着存在主义的诞生,萨特则是将存在主义发扬光大。

(一)存在主义课程与教学的思想基础

存在主义课程与教学理论流派的思想基础是存在主义哲学。存在主义认为,即使在困境中,个人也有选择的权利,包括个人自由、个人选择和个人责任。希望成为什么样的人,以及实际成为什么样的人,都是个人选择的结果。"是懦夫把自己变成懦夫,是英雄把自己变成英雄",它强调人的价值,重视人的体验。人的存在就是要个人不断超越、自我完善和自我实现的过程。萨特指出,人的自由是绝对的,因为人生活在一个孤立无援的世界上,人是被"抛"到世界上来的,上帝、科学、理性、道德等对人都不相干,也就是说,它们都不能告诉我们生活的真理、生活的方式,同时,它们对人也没有任何的控制和约束的作用。正因为如此,人有绝对的自由。

存在先于本质,这是存在主义哲学提出的另一命题。存在主义者认为,人的本质就是人存在本身,"人不仅是他想把自己造成那样的人,而且也是在他进入存在以后决心把自己造成那样的人。人,除了他把自己所造成的那个样子以外,什么也不是"①。存在主义反对传统哲学关于"本质先于存在"的看法,忽略人的主观性,将人和物等同比较,应该归于宿命论的主张。他们认为人才是存在的中心,而不是真理、原则、法律,人能够超越自身和文化,能够自我创造和自我生成。

(二)存在主义课程与教学的主要观点

1. 教育本质观

在教育本质方面,存在主义仍然将人作为中心,认为"所谓教育,不过是人对人的主体间灵肉交流活动(尤其是老一代对年轻一代),包括知识内容的传授、生命内涵的领悟、意志行为的规范,并通过文化传递功能,将文化遗产教给年轻一代,使他们自由地生成,并启迪其天性"②。他们认为教育要着眼于人本身,教育就应是精神的而不是物质的,重心在提高人的精神境界。"教育,不能没有虔敬之心,否则最多只是一种劝学的态度,对终极价值和绝对真理的虔敬是一切教育的本质,缺少对绝对的热情,人就不能生存,或者人就活得不像一个人,一切都变得没有意义"③。

---

① [德]雅斯贝尔斯著,邹进译:《什么是教育》,北京:生活·读书·新知三联书店1991年版,第30页。
② [德]雅斯贝尔斯著,邹进译:《什么是教育》,北京:生活·读书·新知三联书店1991年版,第3页。
③ [德]雅斯贝尔斯著,邹进译:《什么是教育》,北京:生活·读书·新知三联书店1991年版,第3页。

2. 教育主体观

与传统教育主张"教师是教育的主体,而学生是教育的客体"不同,存在主义认为教育者和受教育者共同作为教育的主体,只有教材等资源才是教育的客体。教育者首先要对自己的处境进行准确的定位,明确自己的信念,形成自己的教学风格。存在主义者认为,教师"一方面要尊重学生的主观性,把学生当作一个人而不是物来看待,同时又要维护自己的主观性,使自己成为一个自由的人来行动"[①]。教师不应该是课堂中绝对权威的存在,而应该是引导者、促进者和监督者的角色。尊重学生的完整人格,注意学生个人的情绪情感体验,协助学生培养创造能力。用教师的人格魅力来打动学生,赢得尊重。

3. 教育过程观

存在主义尤其注重人的自我实现和精神世界的提升,由此,教育过程就是人完成自我实现的过程。存在主义者特别强调学生的自主性和能动性,把他们看作是能够自我教育的主体。雅斯贝尔斯也在其专著中详细论述了自我教育的重要意义和价值,学生作为学习的主体,应当在实践中不断磨炼、学习和成长。雅斯贝尔斯还认为,在教育过程中,不仅需要增长知识、掌握技能和培养能力,师生的精神成长才是最重要的。缺少了人文精神,培养出来的人才也是不健全的。

在教育过程中,教师的角色也至关重要。"没有一个人能认识到自己天分中沉睡的可能性,因此需要教育来唤醒人所未能意识到的一切"[②],每个学生都有无限发展的可能,有未知的潜能等待开发,教师作为教育者应该重视每位学生,培养教育中的洞察力,发现每个学生的特别之处,激励学生进行自我教育,发现自我价值。

4. 教育课程观

存在主义认为,学习知识的目的在于帮助人们获得自由,而不是为了知识本身。他们反对将学生束缚在固定的课程中,这样的课程剥夺了学生自由选择的权利,与存在主义的精神相违背。固定课程无法适应时刻变化的学

---

① 陆有铨著:《躁动的百年 20世纪的教育历程》,济南:山东教育出版社1997年版,第133页。
② [德]雅斯贝尔斯著,邹进译:《什么是教育》,北京:生活·读书·新知三联书店1991年版,第65页。

生,也无法兼顾所有学生的学习需求,就不能促进学生的发展。因此,存在主义认为课程的选择要由学生的需要和态度来决定,尊重学生的兴趣。再者,安排学生感兴趣的课程,有助于他们树立主体意识,更好地调动起他们的热情和参与精神,最大程度地发挥课程的效用。同时,存在主义也不提倡纯粹的职业技能训练,提醒"我们不要混淆技能的训练和唤醒真正人性的工作,两者都是必要的,但是技能训练必须在人的领导下进行,或是重新归属人的控制"①。如若人都被技能训练所支配,最终只会导致人格扭曲、人性泯灭,这与存在主义追求人性自由和精神成长的教育目的南辕北辙。

5. 教育方法观

存在主义抨击传统教育向学生灌输知识的方法,认为教育就是为了让学生学会适应生活,或让学生学会解决问题,却忽视了学生的自主需要,他们主张教育是让学生感受自己的存在,发现自身的价值。因此,在教育方法上,他们提倡的是让学生最大限度地自我表现和自我选择。他们惯用的方法有苏格拉底式的教学法、个别化教育、创造性活动等。教育不是把现有的知识直接传递给学生,而是从他们已有的经验中引出新的知识,让学生再进行自由选择,自己成为学习的主人。雅斯贝尔斯还很注重建立良好的师生关系,认为"对话是探索真理与自我认识的途径","对话便是真理的敞亮和思想本身的实现。对话以人及环境为内容,在对话中,可以发现所思之物的逻辑及存在的意义"②。通过"对话",师生共同探究新知,建立友爱、真诚的师生关系,有益于师生在课程中获得精神成长。

第三节　社会本位取向的课程与教学

社会本位取向的课程与教学理论是针对学生本位取向的片面性而提出来的,它强调社会问题应该成为课程的中心,通过对社会问题的分析进行课程编制。同时,它强调打破传统学科课程的界限,学生的年龄特征不能抛弃,但不主张围绕学生的兴趣为中心设计课程。这一取向最具有代表性的有改

---

① [德]雅斯贝尔斯著,邹进译:《什么是教育》,北京:生活·读书·新知三联书店1991年版,第67页。
② [德]雅斯贝尔斯著,邹进译:《什么是教育》,北京:生活·读书·新知三联书店1991年版,第12页。

造主义课程与教学论和批判主义课程与教学论。

一、改造主义课程与教学

（一）改造主义课程与教学的思想基础

改造主义课程与教学的理论基础是社会改造思想，它是实用主义思想的分支。改造主义兴起于 20 世纪 30 年代，当时西方社会正处于严重的经济危机之中，社会矛盾尖锐，进步主义中的一些教育家感受到教育与社会问题的紧密联系，教育改革深受社会变革制约，提出了要少强调儿童中心，多强调社会中心。学校要强调人的社会性，以建立"新的社会秩序"为目的展开教育。二战结束后，随着实用主义的衰落，也逐渐淡出人们的视野。早在 17 世纪，夸美纽斯在其著作《大教学论》中就提到过"社会改造"这种思想；杜威也在《大教学论》中论述了学校的社会功能。他们认为教育能促进社会的发展，以及社会制度的完善，其代表人物有布拉梅尔德、康茨等。

（二）改造主义课程与教学的主要观点

1. 以改造社会为教育目的

改造主义者认为，社会应当在不断的改造和变化中向前发展，要进行这种变化和改造就需要教育。教育是来推动社会的变化，以及为达到理想社会目的服务的。学生本位课程与教学论本质是要学生适应社会变化，而不是推动社会变化，即改造社会。虽然改造主义者也重视经验的作用，主张经验是第一位的，但与学生本位所提倡的不同的是，改造主义的经验是团体经验。团体经验实质上就是进行社会改造，因此，改造主义的目的就是培养学生改造现实社会的能力。

2. 统一于社会问题的课程内容

布拉梅尔德主张，课时安排应统一于解决问题的活动。他们将其课程比作"轮状"课程，社会问题为"车轮"的轴心，其他内容都由社会问题这个"轴心"辐射而来，这些课程相互依存、相互支撑。改造主义者批评当前的课程结构是一种过时的"鸡蛋筐"式课程，学科之间相互割裂，互不联系。康茨指出，美国遗产中的民主主义和平等主义尽管具有永久的文化价值，但是要对它们进行改造，使之与现代社会相结合。课程应当结合现代社会的一些重要问题，如种族歧视、地区冲突、环境污染等，对这些社会问题进行分析，有利于培养学生积极态度和解决社会实际问题的能力。

3. "劝说"的教学方法

改造主义者认为,教育的目的是改造社会,而传统教育模式中,教师作为现有传统价值和观念的维护者,通过他们的教育方式和传授的知识来维持现状,因此改造主义对此持批判的态度。布拉梅尔德提倡"劝说"的教学方法,他认为教师的任务是劝说学生去改造他们所处的社会。以劝说的方式,让学生清楚地了解社会改造的重要意义和必要性,从而达到"社会一致"理想的奉献精神,时刻为实现这个理想准备着。在这种教学方法中,教师的角色往往首先是讨论的领导者,带领着学生批判、反思,允许学生自由表达自己的想法。同时,积极加入学生的讨论,发表自己的观点,创建平等、民主的氛围。由于情绪和非理性因素总是无意识地影响着人,因此教师要利用神话、宗教和艺术等,给学生施加影响。

4. 以改造社会为己任的教师角色

改造主义也很重视教师在社会发展中的作用。康茨曾在其著作中提到,教师应该成为学校与社会之间的媒介,积极思考社会的发展方向,构想未来社会的前景,并向学生阐明这种社会发展前景,鼓励学生参与到实现这种前景的实践中去。改造主义者强调教师的社会改造责任,呼吁教师亲身参与社会政治,为社会改造奉献自己的力量。教师可以以说服现政权的掌权者,实现社会变革。因此,教师要有强烈的参政意识,敢于参与社会改造活动,在学生面前树立模范作用。

二、批判主义课程与教学

(一)批判主义课程与教学的思想基础

1. 社会批判理论

20 世纪 50 年代"人本心理学"和"人本主义教育学"的兴起,引发了人们对传统教育学的反思和批判,至 70 年代,社会批判理论在北美流行起来。社会批判理论属法兰克福学派,是马克思主义的一支,代表人物有霍克海默、哈贝马斯等人。它以自由、反抗压迫为目标,对现代资本主义进行了全面的批判和彻底的否定。马尔库塞曾批判分析了发达工业社会的病因,认为在物质和技术高度发展的社会,科学技术变成了一种统治力量,并且进而意识形态化,人们开始片面追求物质,忽视了精神方面的需求,渐渐被技术理性所支配,成为缺乏批判精神和创造能力的"单面人"。批判理论的目标是彻底消除现存社会的非正义和追求未来社会的合理状态,他们还怀疑既定的社会存在是现实的人的先决条件,希望通过帮助人们摆脱束缚,获得自由,最终得到解放。

2. 新教育社会学

批判主义课程与教学作为新教育社会学的一项重要研究内容,与社会批判理论有着直接的联系。新教育社会学者反对传统的撇开学校教育实际过程和课程内容去研究教育与社会关系的"闭门造车"式的研究方法,直接将研究重点放在了社会文化和知识集中体现的学校课程上,美国阿普尔是其中重要的代表人物。阿普尔在继承英国新教育社会传统研究的基础上,从社会意识形态看待知识及其构成方式,认为学校课程实质不过是统治阶级通过知识和文化维护自己的统治,体现了强制性意识形态的灌输。

(二) 批判主义课程与教学的主要观点

1. "反思性实践"的课程本质观

人们在一段非常漫长的岁月中才逐渐认识理论与实践之间的关系,而巴西著名批判教育家保罗·弗莱雷则是将教育作为"反思性实践"的第一人,将"反思性实践"运用于教育领域不仅深化了人们对教育的理解,而且也丰富了"反思性实践"的内涵。"反思性实践"的内涵主要有以下几个方面:首先,课程本身是通过行动和反思进行开发的,具有很强的实践性。其次,课程的建构是基于真实的学习情景,课程的编制和课程的实施是紧密结合在一起的。再次,教育是在相互作用的世界中进行的,师生在其中不是命令与服从的关系,而是一种平等对话的关系。在"反思性实践"中,知识是通过社会性建构而进行积累的,学生是其中积极的参与者。最后,"反思性实践"要求师生对所有知识进行批判性反思。

2. 培养批判意识的课程目标观

批判主义课程与教学论者认为,现有的教育与课程严重压抑了学生主体意识和批判精神的发展,使学生成为知识的被动接受者,完全丧失了主体性。他们指出,在目前的经济权力关系网中,只有运用社会主义的教育策略,唤醒劳动人民的阶级意识和批判精神,削弱资产阶级的权力,建立社会主义制度,才能实现统一、平等、参与和民主合作。此外,他们还主张,通过培养学生的批判意识,可以促成他们的正义行为,从而营造一个平等的社会状态。

3. 多元化的课程内容观

以阿普尔为代表的"霸权再生产模式"理论是批判主义课程与教学思想中的一个重要理论。阿普尔结合对知识的社会性质的微观察研究,特别关注阶级、国家、霸权等对学校课程的控制与深刻影响,提出"社会霸权"这一概念。在他看来,"社会霸权是一种过程,在这一过程中团体或权力阶层将主导的文化进行复制,社会的每一个机构和学校都是主要的传递这种模式的社会霸权机构。"①正是教育导致了社会的不平等,在社会权力的支配下,知识的贮藏和传递不均衡地分配给了不同的人。因此,批判主义者反对的课程内容是被统治者支配的"社会霸权"文化,而主张课堂要引进多元文化。

4. 民主平等的教学过程观

阿普尔认为,学校中的矛盾、对立和冲突正是人所具有的"主观能动性"的表现。在学校的教育过程中,同时从另外一个侧面反映了教师和学生对"意识形态霸权"的"抵制"。传统教育往往将学生当作纯粹的加工对象,忽视了人的主体性。针对传统的教育模式,弗莱雷认为教育的本质在于"对话",他的理想是建立一种"解放教育学"。弗莱雷主张基于师生对话开展教学活动。在"对话式教学"中,知识不再是一种既定的、需要灌输的东西,而是在人与人之间的沟通过程中得以建构的;对话的双方都是认识的主体,不存在一方对另一方的压制②。在学校教学过程中,学生不只是被加工的对象,教师也不只是加工者,师生之间的关系应该是民主、平等、互动的。课堂教学不只是系统知识传授的场所,更应该是学生进行实践的平台,因此,要发展一种对话的、自我反省的、批判思考的教学模式,以对话和讨论的方式,培养学生的批判意识、批判精神和批判能力。

反思与问题

综观各个课程与教学流派的思想,我们可以从以下两个方面进行反思:

1. 课程与教学的研究都是从"知识"、"社会"、"学生"三个维度出发的。

---

① Schubert, W. H., Schubert, A. L., Thomas, T. P. & Carroll, W. M. Curriculum Books: The First Hundred Years [M]. New York: Peter Lang Publishing, 2002: 269.
② 杨明全.《批判课程理论的知识谱系与当代课题》,《全球教育展望》2015 年第 4 期.

前述各种课程与教学流派虽众说纷呈,但最终均在各自不同的侧重点上选取"知识"、"社会"、"学生"之一端,阐释自己的课程与教学思想。首先,"知识"作为课程与教学的主要内容,本身就是课程与教学的基本组成部分。知识问题是课程与教学的根本问题,离开了知识,课程与教学也就失去了根基。其次,作为一个社会性机构而存在的学校,它必须履行传承文化、维护社会秩序、促使学生社会化等职责,因此,把"社会"作为课程与教学研究的重要来源之一是必然的。最后,"学生"是课程与教学的服务对象,离开了学生,课程与教学也就失去了它存在的意义。可见,"知识"、"社会"、"学生"是课程与教学研究中三个最核心的要素。

比较而言,这些流派都是各有侧重的。要素主义侧重于知识方面,主张人类文化遗产里永恒不变的共同要素,是课程与教学的基本核心,课程与教学的任务就是要把这些人类的共同要素传授给下一代。结构主义强调知识的结构,偏重知识方面的发展,强调课程与教学要以学科知识的逻辑结构为依据。而建构主义流派则同时强调学生和知识的重要性。他们认为,课程与教学的知识不是一成不变的,学习者自己可以对其进行建构。当然,在建构的过程中,学习者的主体性、主动性也就得以发挥,有助于学生的自我发展。人本主义流派强调学生的主体性,偏重学生方面的发展,强调课程与教学要以学生的需要和特点为前提。经验主义流派的代表者杜威比较侧重于知识(经验)和学生(经验的主体),但他又力求在知识、社会、学生三个维度上寻求一种恰当的平衡点,在三者之间建立一种关联性,使之成为完整而和谐的整体。

既然这些流派都是各有侧重的,那么它们就存在自己的一些局限性。因此,我们认为,在进行课程与教学研究时,应该坚持多元的、立体的系统观,力求做到知识、社会和学生这三者的有机结合。

2. 我国的课程与教学研究又如何呢?

从本章可以看出,国外的课程与教学研究很有成果。那么,我国的课程与教学研究又如何呢?有没有流派形成呢?

我国的课程与教学研究同样是繁荣的,但没有形成一些流派。这或许与我国的"百家争鸣"的传统有关吧。但没形成流派并不等于没有成果。我国课程与教学领域的研究群体不仅包括原有的高校与教育科研机构课程与教学论领域的资深学者、教学实践领域中的各学科教师,还包括一大批攻读教育学及课程与教学论硕士学位与博士学位的研究生。随着我国基础教育课程教材改革的不断推进,以及教育学理论研究重心的不断下移,越来越多的研究生将研究方向对准了课程领域,使得课程与教学的研究队伍呈现逐步壮大的趋势。但在课程与教学领域的研究中,高校研究群体依然是主力军。另外,随着近年来教育理论研究对实践领域的关注以及"教育行动研究"的兴起,一大批课程与教学论领域的理论研究人员与中小学建立了较为密切的合作研究关系,抛弃了传统的课程与教学论的"经院式"研究,在双方自愿的基础上,联袂与中小学教师共同进行课程与教学的探索。高校研究人员对课程与教学论的研究真正落到了课堂上,使得高校在课程与教学论领域研究中的作用更加凸显。

3. 外国课程与教学主要流派的理论观点对我国课程与教学的改革有何启发意义?

第五章　后现代课程与教学思想①

第一节　后现代主义概念

我国新一轮课程改革的内容包括改革传统的课程与教学观念,确定新的课程与教学理念。其中包括吸收了后现代主义课程与教学理念中有益的部分,从而在理念上实现了较大的转换与提升。②

后现代主义概念是后工业化社会出现的。它最早出现在艺术中,随后出现在哲学中,具体内容见二维码。

后现代主义概念

第二节　后现代课程思想

后现代课程理念是对现代课程理念的反思与批判,是一种前瞻性的课程改革思潮。后现代课程理念十分丰富,主要表现在如下几个方面③。

---

① 本章主要采用和参考如下学术报告和文献资料:(1)袁桂林:《后现代主义课程的特征》(学术报告,东北师范大学,2002年8月6日);(2)袁桂林:《派纳学术思想简介》(会议资料,东北师范大学主办:课程改革的全球化视野高级研讨班,2002年8月6日);(3)威廉姆·F.派纳:《什么是课程理论》(学术报告,东北师范大学,2002年8月6日);(4)派纳:《课程国际化研究》(学术报告,东北师范大学,2002年8月7日);(5)[加]史密斯著、郭详生译:《全球化与后现代教育学》,北京:教育科学出版社2001年版;(6)[美]小威廉姆·E.多尔著,王红字译:《后现代课程观》,北京:教育科学出版社2001年版;(7)张华、石伟平、马庆发著:《课程流派研究》,第八、九章,济南:山东教育出版社2001年版;(8)熊川武著:《反思性教学》,第三章,上海:华东师范大学出版社2000年版。特别是东北师范大学袁桂林教授的学术报告和他所提供的资料信息,给笔者很大启发和帮助。本章较多参考和采用他们的研究成果和资料信息。此外,2002年8月6日至7日,本章作者李方有机会到东北师范大学参加"课程改革的全球化视野高级研讨班",在会议期间,亲自听取美国著名后现代主义教育理论家派纳教授的学术报告以及中国台湾学者、大陆学者的学术报告,受益匪浅,在此一并致谢。
② 李方主编:《课程与教学基本理论》,广州:广东高等教育出版社2002年版,第423、424页。
③ 参见李方:《后现代主义课程理念浅识》,《现代教育论丛》2003年第4期。

一、课程的基本标准:丰富性、循环性、关联性和严密性

著名后现代主义教育理论家多尔(WillianI E. Doll, Jr.)认为,后现代主义课程有四个基本标准:丰富性、循环性、关联性和严密性。

(一)丰富性

多尔认为,丰富性是指"课程的深度、课程意义的层次、课程的多种可能性和解释"。编写课程大纲,应采用一种一般的、宽松的、多少带有一定的不确定性的方式。课程应具有"适量"的不确定性、异常性、无效性、模糊性、不平衡性、耗散性与生动的经验,课程需要这些干扰因素,以形成生活本身的疑问性。学校里主要的科目有其自身的历史背景、基本概念和最终词汇。因此,他要求每门学科应以自己的方式解释"丰富性"。例如,语文可通过隐喻、神话和记叙的解释来发展其丰富性;数学可通过游戏来发展其丰富性;社会学科可从对社会问题的各种解释来获得"丰富性"。①

(二)循环性

多尔认为,循环性是"一个人在与环境、与他人、与文化进行反思性相互作用过程中产生自我感的方式",这是一种"使思想返回自身的人类能力"。"循环性反思"是后现代主义课程的核心。在循环中反思起积极作用。反思由对话引起,因而对话是循环的必要条件。②

(三)关联性

多尔指出,联系的概念对后现代主义课程在两个方面具有重要意义:教育方面和文化方面。因而关联性包括教育联系和文化联系。教育联系主要指课程结构内在的联系,这种联系通过回归性发展课程的深度。这里,在实践中的反思这一过程很重要,通过这一过程,课程随时间的推移变得越来越丰富。他特别强调课程的过程性、联系的偶然性,并指出,课程应由课堂社区(或称班级"共同体")来创造(或称"自组织"),而不是由课本作者来决定。"文化联系的观念产生于诠释的宇宙学——强调描述和对话是解释的主要工具"。后现代主义还强调文化的两个特性,一是文化的背景性和局部性,因为

---

①② [美]多尔著,王红宇译:《后现代课程观》,北京:教育科学出版社2001年版,第250~261页。

话语的叙述总是处于特定的历史、语言和地点之中的。二是文化的全球性，因为通过对话话语可以不断扩展到全球和生态的网络之中。③ 所以，我们要把课程整合到更广的社会文化背景中去。

（四）严密性

20世纪关于严密性的解释是：学术逻辑、科学观念和教学的精确性。这不符合后现代主义要求。后现代主义认为，严密性包含了解释性和不确定性两个因素。要严密地对待解释。不确定性意味着选择的多样性和系统的开放性，确定性是指每一种观点都有其特定的假设与背景④。

后现代主义关于课程丰富性、循环性、关联性的标准，与其课程创生性、多元性、反思性、对话沟通、阐释发挥等理念是一致的，但他们提出的严密性课程标准不能自圆其说，将"严密性"解释为不确定性或开放性，似为不妥。

二、课程是经验的创生

后现代主义把课程看作师生个体经验创生的过程，儿童的现实经验和可能生活是课程的依据，课程不是由教育行政部门或学校对儿童发展的"规定"，课程是儿童依据自己的经验对课程的再创造。课程是动态的、发展性的。例如，多尔把课程的精神内涵描述为：课程"是生成的，而非预先确定的"；多尔认为，我们以往更多地把课程当作一种文本，而忽视了学生的经历和体验。事实上，课程并不是预先设计的文本，课程的展开过程就是课程的生成过程，也是教师和学生发展的过程。因此，不必制定非常完备、具体的课程文本，而是要给师生留出足够大的空间，使他们在实践中共同创造课程。⑤在后现代主义看来，课程就是师生在教学实践中个体经验的创生。课程应超越"书本世界"，以"生活世界"为学习内容，学生的现实体验是学生学习的起点和基础。这样，后现代主义者对课程的概念的认识，已远远超越了传统上将课程只理解为预先设计的"文本"的狭隘认识。

---

③ 多尔著，王红宇译：《后现代课程观》，北京：教育科学出版社2001年版，第250～261页。
④ 张华、石伟平、马庆发著：《课程流派研究》，济南：山东教育出版社2001年版，第343～346页，第376页。
⑤ 袁桂林学术报告：《后现代主义课程的特征》，东北师范大学，2002年8月7日。

三、课程是复杂的对话

由于后现代主义把课程看做师生个体经验创生的历程,因而将课程从文本扩展到师生的实践活动。师生交往性实践活动很多,但最主要和最本质的交往性实践活动就是教学对话,所以后现代主义将师生的教学对话看作课程。派纳说:"课程是复杂的对话。"①

首先,课程是复杂的。复杂性是针对科学主义课程片面追求课程简单,追求课程的开发、编制、实施、评价的程序化而提出来的。多尔认为,当科学家深入到自然微观领域,越来越发现"自然"具有复杂性,因此,对于课程,也到了接受"复杂性"的时候了。实验表明,简单性寓于复杂性之中,而复杂性又寓于简单性之中,两者是辩证统一的。所以,对课程而言,也不应视为一个线性的程序化过程而展开,而应作为复杂的和创生的、有生命力的相互作用的网络。②

其次,课程是对话,是师生之间的交往与沟通。派纳指出,对于实践中的教师而言,"课程"仅仅意味着学校要求他们去教的内容;对于尚未执教的教师而言,课程只是表示为课程提纲或一系列书籍,以往和当代的课程具有字面上和制度上的含义。然而,课程概念并非仅限于此。"课程是一个高度象征性的概念,课程是格外复杂的对话",在对话中,参与者并没有投入到询问和争论之中,也不会发现"真理",不会证明某一主张,也没有任何结论。对话是开放的、相当个人化的交谈。③ 对话强调的是相互理解和沟通。

后现代主义把课程看作是宽泛的、复杂的,超越过去狭窄的、规范的课程概念,在此基础上,拓宽课程研究视野,重新把握课程的本质和意义。在后现代主义看来,课程不再是文本,也远非某一过程,课程成为一个动词,或一项行动,一次教学实践。这就将课程的概念从静态的、不变的"文本",扩展到动态的、创生的教学活动——师生"对话"。课程的内涵由此而拓宽。

四、课程的主体是信息

既然课程就是"对话",是一种师生之间的交流与沟通,那么,交流与沟通

---

① 派纳学术报告:《什么是课程理论》,东北师范大学,2002 年 8 月 6 日。
② 袁桂林学术报告:《后现代主义课程的特征》,东北师范大学,2002 年 8 月 7 日。
③ 派纳学术报告:《什么是课程理论》,东北师范大学,2002 年 8 月 6 日。

的主要内容是什么？派纳指出，课程的主体是信息而不是知识。后现代时期，知识的本质不再是以往主张的事实、信念、真理性的东西及技能，而是信息。信息反映了知识的本质。信息包括已成形的确定的事实、真理，同样也包括了未成形的动态的、变化的消息。相对于现代主义仅将知识经验看作课程的精神内涵，后现代主义把信息看作课程的主体是进步的。对话是师生个体知识经验的累积和创生，是师生之间的一种信息流动。后现代主义将信息看作课程的主体，在当今信息社会有重要的研究价值。

五、课程要促进学生个体意义的建构

后现代主义认为，在课程实施中，儿童是中心和主体。儿童主动地，积极地开展反思性、创造性实践，构建人生意义。课程是促进学生经过反思性和创造性实践来探索人生意义的活动及其过程。学生的学习应以主动参与、体验、反思、探究和创造为基础，而不是简单地适应和被动接受，教师是儿童学习的指导者与合作者，和学生一样是课程的建构者，教师要善于发挥学生在课程实施中的自主性和能动性，培养学生的意义建构能力。

后现代主义关于课程实施的观点，是针对现代学校教育过分强调知识传输、忽视自我意识教育和意义建构而提出来的。派纳认为，学校教育的失败在于学习者在学习过程中自我意识受到抑制，因而自我在"生活世界"（学校）中被扭曲。他赞同学校教育应以"个人"（学生）为教学的中心，运用学生的想象力，来打破及超越日常生活中认为理所当然的知识，以寻求其真正的意义。他主张意义建构过程中教师应能促成自由而理性的沟通，促成自我意识的觉醒，进而批判和改造外在世界。派纳提出，课程不只是制造知识的学科，它也是学生个体内在经验与外界环境相互作用的经验改造与意义的建构，课程的实施更重要的是关心如何拓展学生内在世界的意义。[①]

后现代主义者格林妮（Maxine Greene）不热衷于对课程的概念、原理、原则加以实证检验，也不把课程当作是教学活动的实践手册或指引。她认为，学校所提供的课程，不局限于使学生获得胜任某项工作的能力。因为，这很容易使学生的才能被固定化，并且只获得"技术理性"，而不是为人处世的智慧。课程最重要的是，能让学生自由表现、诠释和反映自己的生活经验，使他

---

① 袁桂林学术报告：《后现代主义课程的特征》，东北师范大学，2002年8月7日。

们能通过"公共领域"来建造有意义的世界。她很重视语言、文学和艺术等学科,主张以艺术教育的活动激发学习者的想象力和批判意识,来建构其意义的世界和达到人性解放的目的。因为这些学科是刺激自我意识反省和滋长的重要工具,同时依据语言和美感经验,可以与他人(如艺术家、文学家)共享其丰富的意义世界,也就是说,在这个历程中,个体能较自由而更直接地把握到自我,能从事更有意义的创造。①

后现代主义主张超越工具理性的课程,主张发展学生内在自我生活世界,提高自我意识,建构意义的世界,以及主张学生自由表现和人性解放,这无疑有利于学生个性的形成,发展学生的心灵世界。但过分注重学生个体经验、自我意识和个人自由,容易忽视社会方向性指导。特别是在教学"全球化"的今天,课程不能不重视时代背景和社会发展的需要。

六、课程的理论与实践是间接关系

一般认为,理论联系实践是科学研究的基本原则,派纳认为,课程研究已由操作化导向,转向理论化方向,历史上由于工具理性膨胀,导致理论萎缩。近代西方科学,强调理论要导向实践、导向实用,因而失去了"沉思"和批判作用。派纳赞成"理论和实践存在着间接关系"的观点,认为理论的价值不是为实践的有用性而建构,因此,今后课程理论的研究应重视"沉思"的意义,而避免使理论成为实践的"指导手册"。学校应成为有意义的教育"情境"(生活世界),而不是成为制约人们学习的"环境",在此"情境"中,理论和实践才能挂钩,意义与行为才能交融,人的学习才能发挥其创造性和被赋予丰富的意义。②

后现代主义关于理论与实践的间接关系,以及理论的"沉思"意义和批判作用的观点是独到的。但我们认为,课程理论研究脱离课程实践是行不通的。

七、概念重构和理解课程

在后现代主义学者中,派纳是"概念重构"论和"理解课程"论的创始人。

---

① 袁桂林学术报告:《派纳学术思想简介》,东北师范大学,2002年8月7日。
② 袁桂林学术报告:《派纳学术思想简介》,东北师范大学,2002年8月7日。

他认为,概念重构是从微观的意识提升和宏观的文化革命的展开,重新反省和界定课程理论的本质。应超越消极批判阶段,从现象学、精神分析、存在主义等思想中寻找有益的概念架构及方法,同时要对当代历史和文化的发展有敏锐的察觉,拓展我们对教育经验的了解与获取,此外,也要促进我们对课程本质的把握。①

理解课程与以往的课程思想之区别在于,希望人们从历史、政治、文化、科学、艺术、现象学、环境、个人自传、国际化等诸多视角重新认识课程,将课程的哲学体系建立起来。②

后现代主义主张概念重构和理解课程,与其课程的宽泛性和复杂性的理念是一致的。课程的丰富性、联系性、复杂性、不确定内在性是概念重构和理解课程提出的理论基础。

第三节 后现代教学思想

我国新一轮基础教育课程改革的实施,要求在教学理念上实现较大的转换与提升,其中包括吸收后现代教学理念中有益的部分。然而,近十年来我国教育界对后现代课程理念的研究颇多,而对后现代主义教学理念的专题研究则甚少。据笔者研究,后现代主义教育理论家并没有对其教学理念进行专门的、系统的阐述。后现代教学理念散见于后现代主义教育理论家的言论或著作中。本书试图从教学思维、教学范式、教学过程、师生关系、教学方法、评价方式等多视域对后现代教学理念进行剖析。③

一、解构性教学思维

后现代主义的非二元性决定了"世界本原"的消解,认为世界将不存在公认的基础,传统的形式、概念、准则不再被人们理所当然地接受,规律并非不可更改和不以人的意志转移。这表明后现代主义反基础主义、反本质主义的特征④。解构性教学理论反映了后现代主义这一特征。"解构"是后现代主义

---

①② 袁桂林学术报告:《后现代主义课程的特征》,东北师范大学,2002年8月7日。
③ 李方:《后现代教学理念探微》,《教育研究》2004年第4期。
④ 李方安、胡志英:《后现代主义思潮及其对教育的启示》,《青岛教育学院学报》2002年第1期。

的一个重要概念。德里达(J. Derrida)倡导"解构"的用意是主张从多角度看问题的思维方式。埃格莱顿(T. Eagleton)是这样解释"解构"的:"解构……抓住了经典结构主义所倾向于表征的一种典型思维方式,即二元对立的思维方式。这种思维方式喜欢在可接受与不可接受之间、自我与异物之间、真理与谬误之间、意识与无意之间、理智与疯狂之间、中心与边缘之间、表层与深层之间,划定疆界"。所谓"解构"就是消解这种"二元对立"的思维方式①。

在现代教学理念上,设计与机会,层次与无序,这两个二元对立的结构中,"设计"、"层次"是被肯定的术语,"机会"、"无序"常常被否定,但在后现代主义看来,"设计"、"层次"也意味着对学生的限制与强迫。教师要按预先设计的课程与教学计划上课,要按一定的层次和顺序开展教学活动。然而,教学的实际情形并非完全如此。一个优秀的教师常常善于抓住教学的各种时机、灵活多变地进行教学,从不过分强调"设计"和"层次"是被接受的模式②,他们认为,"教学有法(指预先规定或设计好教学程序和方法),但教无定法"。如果过分强调"设计"、"层次",则常常会搞形式主义,导致课堂教学机械化,缺乏应有的生命活力,造成气氛沉闷,影响教学效果。有时抓住机遇,打破教学陈规,从实际出发,灵活多变地教学常常会取得预想不到的好效果,所以,"机会"、"无序"也应该给予肯定。据此分析,"设计与机会"、"层次与无序"这两个结构的二元对立被消解了。史密斯指出,"解构的目的并不仅仅是用一套解释取代另一套解释,而是为了表明任何一个文本中存在着范围极其广泛的解释的可能性,而真正负责任的阅读不应维护某一套独特的解释,相反,应该去维护解释的可能性本身。"③

后现代主义对教学上的二元对立进行"解构"并进行折中的局部的整合,是对现代教学理念的超越。此外,后现代主义反对教学活动规则化和刻板地沿用精确的模式与过程,主张开放、反思、超越、多元化和创造性教学,注重教学逆反思维培养和对事物进行多元化解释,这对发展学生的创新能力有一定价值。但其否定教学工作的客观规律和必要的教学规范是不可取的。

---

① 张华、石伟平、马庆发著:《课程流派研究》,济南:山东教育出版社 2001 年版,第 350 页。
② 顾清红、祝智庭:《教育技术的后现代观》,《电化教育研究》2001 年第 7 期。
③ [加]史密斯著,郭详生译:《全球化与后现代教育学》,北京:教育科学出版社 2001 年版,第 159 页。

二、反思性教学范式

著名后现代主义者多尔认为,教学中的学习和理解来自对话和反思①。反思是指个体认知活动的反向思考,是探索活动中的一种思维方式,它通过回顾历程、总结经验、反复推敲和质疑问难,达到对问题的醒悟、理解和深化。反思性教学也叫反思性实践,源于美国杜威的"反省性思维"。反思性教学由美国舍恩(D. Sthon)提出并定义为:师生一起实现"反省性思维(即探究思维)"的教学②。反思性教学理论主要受批判理论的影响。批判理论的中心思想是反思。正如著名后现代主义教育理论家史密斯所指出,"批判所关心的是,怎样保证没有任何东西,无论是偏见还是先入之见,妨碍思维本身。这类批判的基本姿态是'反向思维',即对万事万物作'反思式思考',目的在于避免思考本身陷入单向思考模式"③。

对教学影响较大的批判理论家哈贝马斯(J. Habermas)的交往理论是反思性教学的重要依据。④ 在哈氏看来,教学活动不仅仅是一种认知过程,而且是师生之间相互沟通和交往过程。反思性教学就建立在这种师生、生生人际互动,精神沟通,以及对话和交往的基础上。

下面是反思性教学的一种表现:① 让学生原原本本地描绘现实生活的具体情形;② 学生针对该画面所提供的人、事、物之间的关系发问;③ 学生根据自己与所描绘的人、事、物之间的关系进行回顾与反思。"这样,学生就能清楚看出这世界原来是一个被解释的世界,而不仅仅是被接受下来的世界。而作为被解释的世界,它可以被解释得五花八门"。这种方法,体现了真正具有批判精神的语言教学心灵的创造性⑤。

后现代主义倡导的艺术批判教学也是反思性教学的重要表现。艺术批判教学要求学生像文学家一样,"揭示其意义,阐明其答案",进行教育鉴赏和

---

① 谢登斌:《多尔后现代主义课程理论分析》,《广西师范大学学报》2001年第4期。
② [日]佐藤学著,钟启泉译:《课程与教师》,北京:教育科学出版社2003年版,第334页。
③ [加]史密斯著,郭详生译:《全球化与后现代教育学》,北京:教育科学出版社2001年版,第160~167页。
④ 熊川武著:《反思性教学》,上海:华东师范大学出版社2000年版,第56页。
⑤ [加]史密斯著,郭详生译:《全球化与后现代教育学》,北京:教育科学出版社2001年版,第193页。

教育批判①。教育鉴赏中包含着反思性。反思总是包含着批判性的。批判的目的是刻画、解释、评价教学。②

反思性教学在国际上十分流行。如美国舍恩倡导在以案例为对象的反思性思考中把握原理;美国的舍因和日本的佐藤还要求教师成为"反思性实践家";20 世纪 80 年代中期"活动过程的反思"和"反思性实践家"的概念得到了教育家和教师的狂热赞赏。③

三、建构性教学过程

建构主义也是一种后现代主义。④ 与传统教学理念相比,建构主义提出了新颖的知识观、学生观、课程观和教学观。⑤ 建构主义认为,学习过程(也是教学过程)既是互动又是建构,于是提出两种互动与建构的类型:一是个体与环境的互动建构;二是个体与自身的互动建构。⑥

(一)从个体与环境的互动建构看,学生是建构的主体

多尔认为,在教学过程中,知识不是人脑对客观事物自身属性或外部环境的机械反映,而是由外部客观刺激和主体认知结构相互作用而不断建构的结果。因而,知识不是静态的结果,而是一种由学习主体主动建构的结果。在教学活动中,学习是学生通过自主活动对知识意义的主动建构过程。所以,学生是知识意义的主动建构者和创造者。

(二)从个体与自身的互动建构看,教学过程的主要任务是"意义的建构"或"不同意义的创生"

后现代主义倡导的意义建构教学过程,是对传统教学过程的批判与超越。传统的教学过程是"传授—接受"。后现代主义以完全不同的视角看待

---

① 这里的"教育"可理解为"教学"。派纳在其学术报告《课程国际化研究》中指出:"我在新机构所建议采用的名字中,没有'教学'这个词,从历史的角度讲这两个概念是密切联系的"。在后现代主义那里,曾用"教育"取代"教学",在不少地方,教育与教学两个词是通用的,没有严格的区分。
② 顾清红、祝智庭:《教育技术的后现代观》,《电化教育研究》2001 年第 7 期。
③ [日]佐藤学著,钟启泉译:《课程与教师》,北京:教育科学出版社 2003 年版,第 36~364 页。
④ [美]莱斯利·P.斯特弗等主编,高文等译:《教育中的建构主义》,上海:华东师范大学出版社 2002 年版,第 5 页。
⑤⑥ [美]莱斯利·P.斯特弗等主编,高文等译:《教育中的建构主义》,上海:华东师范大学出版社 2002 年版,第 307~308 页。

教学过程。后现代主义认为,教学过程的主要任务不是特定信息的传输,而是意义的创生。因此,教学过程应转变为"阐释—理解—建构"。教师和学生在阐释、理解或创作教学文本时对意义进行建构、修改和详细阐述。① 教学过程的重要的任务是将文本的意义解释出来。然而,从学生的角度说,在阅读文本时,由于每位学生的背景、兴趣、需要和理解不同,因而同一段文字,对每一位学生可能产生和建构不同的意义。②

后现代主义建构性教学理论使我们认识到:① 教学过程的本质是以学生为主体的主动建构和意义建构;② 要正确认识教学过程的内在复杂性和不确定性;③ 要注意创新教学;④ 要避开只有一种最好或只有一种正确的思维方法。教与学都不是探求最好的一条途径而是设法寻找达到不同目标的不同途径。所谓最好的教学方法或最好的学习方法实际上是不存在的。⑤ 要注意对教学文本和信息的解释、理解的多样性。每一种教学信号,并非对所有学生和所有教师都同等重要。应重视"不同意义的创生"。

四、"去中心"

后现代主义普遍赞成"去中心"(decentering)的概念。③ 所谓"去中心",就是不主张以学科知识为中心和以教师为中心,反对教师权威、教学控制,并强调教学中师生平等互动关系。

(一)去掉教师在教学中的权威

哈贝马斯认为,个体只有在相互作用的过程中才能达成理解。④ 多尔认为,在教师与学生的反思性关系中,教师不要求学生接受教师的权威;相反,教师要求学生与教师共同参与探究。教师乐于面对学生提出的质疑,并与学生一起共同反思,达到心照不宣的理解⑤。教师与学生的关系是一种绝对平等的关系,所以,要求相互理解,进行平等对话与共同探究。

---

① [美]莱斯利·P.斯特弗等主编,高文等译:《教育中的建构主义》,上海:华东师范大学出版社 2002 年版,第 241 页。
② 顾清红、祝智庭:《教育技术的后现代观》,《电化教育研究》2001 年第 7 期。
③ 袁桂林学术报告:《后现代主义课程的特征》,东北师范大学,2002 年 8 月 7 日。
④ 熊川武著:《反思性教学》,上海:华东师范大学出版社 2000 年版,第 54 页。
⑤ [美]多尔著、王红宇译:《后现代课程观》,北京:教育科学出版社 2001 年版,第 83、227 页。

（二）教师的部分教学作用已由电脑代替

后现代主义者从不同方面去理解教师的作用。有的后现代主义者主要从现代科学技术，特别是计算机技术的发展去探讨教师作用所发生的重要变化。认为现时教师的部分作用已由电脑替代，教师的教学只是教学生使用电脑的方法和能力。"现在，所谓的传播媒介并不完全是由老师在一群沉默的学生面前讲道理，由助教回答指定的问题，并协助探讨实习作业"，因为知识可以转译成计算机语言，因为传统教学与存储相似，所以教学可以由机器来完成，这些机器可以把传统的存储器（图书馆等）作为数据库与学生使用的智能终端连接在一起。① 任学生在终端机前随意取用，"然而，传统的教学法并没有完全失势。学生仍然必须从教师处学习一些东西，不是学内容，而是学习应用终端机的方法"②。

（三）教师在教学中的主要任务是协助学生"转化智慧"

美国后现代主义批判教育学的代表人物吉鲁（H. Giroux）主要是从文化差异及身份、政治差异入手探讨教师的作用。他认为，教师的工作在于"转化智慧"③，教师以他具有知识或是社会行动者的角色，协助学生探讨自己的个人历史，对种族、性别及阶级的自我反省。教师的任务不仅仅是传递知识，而且要协助学生认清各种意识形态、权利与知识之间的关系，以便培养批判能力，最终解放自己。④

（四）教师在教学中的地位是"平等中的首席"

后现代主义反对教师权威和专制，同时也肯定教师的应有作用。多尔指出，教师在教学中的地位是"平等中的首席"。教师无疑是一个领导者，但仅仅是作为学习者团体的一个平等成员。作为"平等中的首席"，教师的作用没有被抛弃，而是得以重新构建。从外在于学生的情景转向与情景共存。权威也转入情景之中，教师是内在于情景的领导者，而不是外在的专制者。⑤

（五）教师是教育生态圈中的"管理员"

后现代主义者关注课堂生态，并从教育生态学的角度剖析教师的地位。

---

① ［法］让·弗朗索瓦·利奥塔尔著，车槿山译：《后现代状态——关于知识的布告》，北京：生活·读书·新知三联书店1997年版，第107页。
② 袁桂林学术报告：《后现代主义课程的特征》，东北师范大学，2002年8月7日。
③ 汪霞：《一种后现代课程观：关注课堂生态》，《全球教育展望》2001年第10期。
④⑤ 袁桂林学术报告：《后现代主义课程的特征》，东北师范大学，2002年8月7日。

认为教师是教育生态圈中的"管理员"。在后现代主义者看来,教育是一个具有文化传递任务的政治活动,它是由知识与权利相互关系网络构成的一种生态圈。在学校教育环境中,教室是一个知识的生态圈,也是一个权利的生态圈,教师是看守这个生态圈的管理员。学生在这个生态圈中接受教师提供的信息,同时在与教师对话的过程中增强其沟通能力及读写能力。①

后现代主义关于教师在教学中的作用、任务和地位的论述,充分反映了民主平等的教学理念。后现代主义对教师在教学中的角色进行了具体分析、评价和定位,颇具新意。

五、对话教学法

美国后现代主义者罗蒂(R. Rorty)提出了"对话理论"。要求对话者平等、开放、富有创造性,具有多元价值观。②派纳、史密斯、多尔等则将对话理论运用于教学实践,使对话成为后现代基本的教学方法。

(一)对话是课程也是教学方法

在后现代主义的动态视野下,对话既是课程也是课程实施过程的教学方法。正如派纳所说:"我宁愿认可各种各样的方法去从事教学,……一种是将课程和教学当成复杂的对话"③。史密斯也将教学看作一种形式的对话。他认为,对话是"一种语言活动或一系列语言惯例,我们可以借助所谓的后现代派运动所提供的语言哲学,帮助我们认识自身的教学活动"④。在后现代主义者看来,教学过程中,人们把认识对象作为解释的文本,通过解释者之间的对话达成对事物的共识,因此,教学就是教师与学生通过不断对话与反思而探索未知领域的过程。

(二)教师和学生都是平等的对话主体

后现代主义者极力倡导教师和学生发展对话关系,在教学过程中持续进行交流。教师和学生围绕具体的问题情境在各自不同的立场上表达自己的思考。教师和学生都是平等的对话主体,"通过对话,学生的老师和老师的学

---

① 袁桂林:《后现代主义课程的特征》,东北师范大学,2002年8月7日。
② 张华、石伟平、马庆发著:《课程流派研究》,山东教育出版社2001年版,第352页。
③ 派纳学术报告:《什么是课程理论》,东北师范大学,2002年8月6日。
④ [加]史密斯著,郭详生译:《全球化与后现代教育学》,北京:教育科学出版社2001年版,第193页。

生之类的概念不存在了,一个新名词产生了,即作为老师的学生或作为学生的老师。在对话过程中,教师的身份持续发生变化,时而作为一个教师,时而作为一个与学生一样聆听教诲的求知者。学生也是如此。他们共同对求知过程负责"①。

对话体现了教师与学生之间的平等的良好的关系。在后现代主义者看来,"沟通"、"理解"、"解释"、"意义"这些词,均扎根于人类经验的对话性、交互主体性和交谈性的本质意义中,铸造出自我与他人之间新型的统一体,是建立友好关系的基础。② 史密斯说:"后现代教学法,承认成人与儿童之间深刻的互联性。""效果好的教学最本质上取决于人与人之间的关系"③。

（三）教学对话的结构

后现代主义探讨对话的结构是从师生语言交流的特征开始的。美国弗兰德斯(N. A. Flanders)认为,课堂教学中的语言互动行为分为教师的发言、学生的发言和沉寂或混乱三类,教师的发言是支配教学沟通的前提。贝拉克(A. Bellack)将教学对话的结构分为三个基本单位,即"诱导(SOL)—应答(RES)—反应(REA)"。梅汉(H. Mehan)以此为依据提出"教师主导—学生应答—教师评价"这一"IRE"的教学对话结构。④

（四）教学对话的要求

多尔认为,对话是指思想和语言的交流,因而对话总是与思想或观念的融合并蒂而生。"在对话中我们希望融合与转变,我们转变了就是超越了自己而接受了不同的观点,当我们经历融合的过程时,所在情境本身变成具有转变性的了。"在对话的情境中,我们不仅要学会表达,而且要学会倾听。在一个真正的对话中,最关键的是"通过转变自己成为另一个自己"而"达成理解"。在教学层面,对话的目的是使教师和学生尊重、理解自己的人性,并以自己的人性为荣,因而就区分了不同个体之间的人性的差异,也就区分了所学习的文本的差异性及文本中所描述的思维方式的差异性,因此我们要鼓励教师尊重学生的人性差异,还要鼓励学生与语言艺术、教学、科学和社会学文

---

① 转引自:《比较教育研究》,1997年第6期。
②③ [加]史密斯著,郭详生译:《全球化与后现代教育学》,北京:教育科学出版社2001年版,第88页。
④ [日]佐藤学著,钟启泉译:《课程与教师》,北京:教育科学出版社2003年版,第339、341、346、349、54、154页。

本及其中的内容进行"对话"。① 在后现代主义者看来,通过教师与学生的对话式教学,教师对文化和信息进行解释,"就像一溪流水,既流过生活,又是生活的源泉"②。"后现代教学法公开地进入游戏世界,借此与青少年跳起对话式舞蹈。"③ 在对话中,教师不仅将新的信息技术当作"工具"加以利用,而且着力于创造性地发挥信息技术的作用。

后现代主义重视双主体平等互动对话中的语言运用、思想观点的融合,达成理解,尊重人性及其个别差异等观点,体现了民主平等、教书育人、尊重学生、因材施教的教学思想。

六、阐释教学法

阐释教学法采用的是阐释学方法。阐释学一词起源于赫尔墨斯(Hermes)。阐释学在古希腊主要指对古典文献的注解和解释的技术④。史密斯在《全球化与后现代教育学》一书中,详细地论述了阐释教学方法。他针对传统教学的"教条—规范","基础主义",以及西方文化的价值危机而提出阐释教学法。他认为,阐释教学法是对过去和现代占主导地位的三种基本教学模式进行重构。这三种模式是传授式、儿童中心式和促进式。传授式"以教师为中心",是传统的、刻板的教学法,自始至终以教师充当主动的知识专家,"文化传统的传递者角色",而学生则为知识的被动接受者,扮演着"老人智慧"之被动、驯服的接受者角色⑤,这种方法的弊端在于:① 不能认识到以课程的形式确定下来的文本和知识并非固定的,而是"构成式"的,在特定的时间、地点应回答特定的问题;② 低估了青少年在建构各自的人生目的和道路方面的创造性活动;③ 师生之间没有真正的沟通与交流。儿童中心式,"自始至终将儿童的各种的需要作为注意的焦点,结果动摇了一切教学权威,使教育工作的文化和政治成分丧失殆尽"⑥。从某种意义上说,是放任自流,使他们无法获得大人身上具有的人生阅历的教益。儿童失去了向导,与纷纭复杂的大千世界隔绝开来。⑦ 促进式是新近提出来的,它强调文化中"技术独

---

① 袁桂林教授学术报告:《后现代主义课程的特征》,东北师范大学,2002年8月7日。
②③ [加]史密斯著,郭详生译:《全球化与后现代教育学》,北京:教育科学出版社2001年版,第89、117、22页。
④ 金生鈜著:《理解与教育》,北京:教育科学出版社2001年版,第31页。
⑤⑥⑦ [加]史密斯著,郭详生译:《全球化与后现代教育学》,北京:教育科学出版社2001年版,第159页,第160~167页,第193页。

尊",教师的地位转变为教育场所中的"干事","只要能够给学生指点互联网上一些好点的网站,组织些课题组,解决'调皮捣蛋'问题,严格按国家有关指令行事就行了,至于其他问题,没谁指望教师有什么作为"①。

阐释教学法与上述模式不同之处是,要求教师担当起文化"讲解人",而不仅仅是传授者、辅助者或干事的角色。因而要求教师必须接受广泛而深刻的教育,从而能从事跨学科、跨文化、跨国界的讲解工作。这是因为一切阐释工作的具体目的是求得民族和社团之间的相互理解。阐释教学法不是"接受"教育,而是带着开放的态度,不断寻求新的途径,将大家带入对真理的日益深入的理解中。阐释教学法强调如下几点:

(1) 教师只作解释不作判断和结论。后现代主义认为,阐释教学法只对事物和现象作解释,不作任何价值判断,由学生自己去理解和体会,教师不作结论,由学生发挥自己的想象力。它打破传统上教条主义的规范,"旨在教会学生怎样阅读,怎样避免刻板地理解文本,怎样辨别这些文本中的意义得以表现出来的方式",教会学生如何将自己的生活经历置于更为全面的文化背景中去解读。因而要求教师具备解释艺术的修养。②

(2) 追求自由。后现代主义的阐释教学法的目的"不在于对事物作另一番解释,而在于追求人的自由"③。教学是教师与学生在"思考"这面旗帜之下进行"聚会"的活动,这"思考"拒绝以某个先在的目的的名义而结束人与人之间的相互作用④。这里,后现代教学理念把"先在目的"看成是制约师生自由讨论的缰绳。

(3) 创造性。在后现代主义看来,阐释是一种创造性活动。阐释学方法的目的还在于创造意义,强调内在的创造性,还注重发展学生的想象力,并提出了阐释学想象力的要求⑤。美国后现代主义者大卫·格里芬(D. Griffin)认为,创造性是人性的基本方面⑥。有的后现代主义者认为,教学应成为一种真正理想的生活经验,然而,如果教学中没有真理的创生,如果课堂不是寻求

---

① [加]史密斯著,郭详生译:《全球化与后现代教育学》,北京:教育科学出版社2001年版,第110、87、88、149页。
②③④⑤ [加]史密斯著,郭详生译:《全球化与后现代教育学》,北京:教育科学出版社2001年版,第89、117、22、150、151页,第112、66、24、127~133页,第120、148页。
⑥ 刘德华:《后现代主义影响下的教育思想与教育研究》,《大理师专学报》1999年第1期。

真理、发现真理、分享真理的首要地方,那么,教学难以称为生活①。派纳指出,教师一定要"在教学上既要有创意,又要因材施教,认真负责,尽自己最大的努力使学生在智力上和社会心理上有所发展"②。

(4) 理解。后现代主义不满足于稳定的、陈述式的基础,而极力寻求人类理解的阐释学基础。阐释学揭示的是人类精神活动中的"理解"③。阐释学最初将自己看作关于理解和解释文本意义的哲学。阐释学的核心是"理解"问题,它通过对作者、文本和读者的意义关系的研究,弄清传统对理解的影响,阐明理解原文意义,以及读者自我理解的互动关系④。多尔认为,在教学中存在一个迷人的想象王国,在那里没有人拥有真理而每个人都有权力要求被理解。⑤ 派纳指出,教学是使学生运用理论知识(越来越多地通过媒体和网络)和大众文化去理解他们自己在社会上,在这个世界上的自我形成过程⑥,"公立学校课程的要点是理解,理解学术知识、社会形态、自我形成过程以及我们乃至其他人和我们的后代所生活的各个历史时期的特征之间的关系。正是理解赋予了关心我们自己后代的道德义务,使我们利用我们的聪明才智、时代的敏锐和勇气去思考和行动"⑦。"学术工作的要点就是理解,使学生反思性地理解课程以及课程实施过程中的政治、社会心理、性别的作用。……学术理解是一种实践形式"⑧。后现代阐释教学法还将游戏描述为理解的基本方式⑨。

后现代主义的阐释教学法是以对话教学为基础的,但并非指教师在课堂上系统讲解。它强调以师生之间的平等互动和沟通为前提,旨在充分发挥学生主体作用,调动学习的主动性、积极性,启迪学生进行意义建构和创生。后现代主义阐释教学法重视教学过程的引导,包括引导学生自己解读教学文本,理解意义。阐释教学法是对传统讲授法和现代讲解法的超越,是教师讲授方式的转型。

---

① [加]史密斯著,郭详生译:《全球化与后现代教育学》,北京:教育科学出版社2001年版,第24页。
② 派纳学术报告:《什么是课程理论》,东北师范大学,2002年8月6日。
③ 金生鈜著:《理解与教育》,教育科学出版社2001年版,第31~58页。
④ 熊川武著:《反思性教学》,华东师范大学出版社2000年版,第71页。
⑤ 谢登斌:《多尔后现代主义课程理论分析》,《广西师范大学学报》2001年第4期。
⑥⑦⑧ 派纳学术报告:《什么是课程理论》,东北师范大学,2002年8月6日。
⑨ [加]史密斯著,郭详生译:《全球化与后现代教育学》,北京:教育科学出版社2001年版,第120页。

七、主体与过程取向教学评价

自泰勒以来,现代教学注重目标取向评价。后现代教学则重视主体取向与过程取向评价。后现代主义认为世界是多元的,每个学习者都是独一无二的个体,教学不能用绝对统一的尺度去衡量学生的学习水平,因而否定"元叙述"[法国利奥塔尔(J. F. Lyotard)将"元叙述"理解为以单一的标准去裁定所有差异,进而统一所有的话语①]。同时,我们的教学不能把学习者视为单纯的知识接受者,而更应看作是知识的探索者和发现者。因此,教学评价不仅要注重结果,更要注重过程和发展。此外,活动是教学发生的基础。基于师生共同活动之上的教学评价对学习者来说不仅是对现时状况的价值判断,而且其功能在于在促进学生充分发挥主体能动性,积极地参与教学活动的基础上,促进下一步教学活动的有效开展。② 同时,后现代主义还强调评价标准的模糊性、动态性,认为这是由教学评价对象的性质决定的。所以,后现代主义主张采用自传式个体评价法和档案袋评价法。

(一)自传式个体评价方法

自传式个体评价法是后现代主体取向评价的重要方法。后现代主义之所以主张采用自传式个体评价法,是因为自传是教学与研究之间的媒介③。这种方法是从文学研究方法中得到启发的。这种方法可分如下四阶段④:① 以传记方式来解析个人经验,即"文本(text)分析";② 放入历史文化和社会的脉络中,来了解和评价自己背后的"知识结构";③ 通过他人对自己的反应来认识和评价自己的认知"角度";④ 别人有关其生活情形、认知结构及心理因素的了解和评价。

(二)档案袋评价法⑤

档案袋评价法是后现代过程取向评价的一种方法。它是针对现代标准化考试的弊端提出来的。派纳在《什么是课程理论》中多次抨击标准化考试

---

① 李臣之:《后现代主义课程理论试探》,《教育科学》1999年第1期。
② 赵明仁、王嘉毅:《促进学生发展的课堂教学评价》,《教育理论与实践》2001年第10期。
③ 派纳学术报告:《什么是课程理论》,东北师范大学,2002年8月6日。
④ 袁桂林学术报告:《后现代主义课程的特征》,东北师范大学,2002年8月7日。
⑤ 档案袋评价法,详见华东师大李冰雁:《质性课程评定的典范:档案袋评定》,参见郭东岐编著:《教师的适应与发展》,北京:首都师范大学出版社2001年版,第30~33页。

的弊端，主张学校必须改革，他说，"可以较少依赖标准化考试，而更多地采用档案袋和其他收集学生作业的方法，并由具有各种不同兴趣的个人，包括家长、社区领导以及教师和其他学生构成的委员会来进行评价"①。鲍里奇（Borich）指出，档案评价的目的是"在一特定学科领域阐明学习者的水平、长时期成绩以及重要成果的成长"②。档案评价的首要工作是建立教学档案。

我国目前重视开发过程评价、发展性评价，以及个人成长记录法、档案袋评价法，显然是受后现代主义教学评价理念的影响所致。然而，我国教育工作者与学生的比例相当悬殊，客观并科学地"建档"相当困难。评价时，学生之间横向比较很难操作，需花大量人力、物力和时间。因此，自传式个体评价法和档案袋评价法目前在我国的可行性还值得进一步探讨。

此外，后现代主义关于教学目标也可以培养"片面发展"的人，即"符合学生自己的特质和他生活中的特殊性的人"的观点，教学内容上的超文本、教学交往、互动、沟通中创生，主张消解教学中教师的"话语霸权"，教学过程中，教师"关注边缘"（吉鲁 Henry Giroux），教学中提高主体间性，充分发挥主体性［法国福柯（M. Foucault）］等教学理念也有一定的参考价值。

第四节　过程教育中的课程与教学论

后现代课程与教学思潮掀起于20世纪80年代，这种思潮有两种理念，一种是解构（或批判）性课程与教学理念，另一种是建设性课程与教学理念。解构性后现代主义受欧洲大陆的后结构主义和批判理论的影响，著名代表人物是法国的福柯、德里达、拉康、利奥塔等人，美国的阿普尔、吉鲁、韦克斯勤、麦克唐纳、车里霍尔姆斯等人的解构性后现代主义观点影响也颇大③。其中，对课程教学影响较大的是福柯和德里达。

建设性后现代主义的著名代表人物是美国的罗蒂、格里芬、多尔等人。罗蒂是新实用主义的代表人物，大卫·格里芬（David Ray Griffin）是建设性

---

① 派纳学术报告：《什么是课程理论》，东北师范大学，2002年8月6日。
② ［美］加里·D.鲍里奇著，易东平译：《有效教学方法》，南京：江苏教育出版社2002年版，第44页。
③ 张华、石伟平、马庆发著：《课程流派研究》，济南：山东教育出版社2001年版，第119页，第349～366页，第263～289页。

后现代主义的代表人物。格里芬等人在《后现代精神》《后现代文化》《超越解构——建设性后现代哲学的奠基者》等著作中,包含着丰富的建设性后现代教育思想①。美国著名的建设性后现代哲学家科布(Cobb, J. B. Jr)和格里芬等人是英国怀特海(A. N. Whlitehad,1861~1947)的过程哲学的继承人,他们认为,怀特海是建设性后现代哲学的鼻祖。因此,怀特海、科布和格里芬的过程教育思想,当属建设性后现代教育思想。

一、过程教育

怀特海的《过程与实在》一书是公认最权威的过程哲学专著。笔者认为,过程哲学是用"过程"的眼光去看待宇宙、看待世界、看待万物的。在过程哲学视野中,现实的万物,包括自然、人和事件,是一定时期的特殊的消逝变化的现象;万物时时刻刻在变化,其客观存在都是"过程",换言之,"过程"即实在。鸡与蛋孰先孰后?在现实世界中,没有抽象的鸡与蛋,只有具体的鸡与蛋。过去的某蛋生成此鸡,此鸡又生出另一个蛋。在过程哲学看来,鸡生成蛋是"过程",蛋生成鸡也是"过程"。鸡或蛋从无到有,从有到无,均为"过程"。万物是具体的、阶段性的、暂时的,"过程"才是万物永恒的存在。中国道家说的"万物生于有,有生于无",佛教所谓"万物皆空",这里的"无"与"空",当可理解为过程哲学的"过程"。过程哲学也称有机体哲学。在机体哲学看来,世界是万物互相联系、整合统一、生生不息的有机体,具有生成性、活动性和变化性,表现为"过程";世界是一个生命共同体。生命并非完全依赖于个体,生命个体之间是相互联系的,个体生命不仅依赖于生命共同体,而且还依赖于生态环境。人与自然(包括植物、动物、空气、水、土地、其他资源)组成了生态系统,形成了个体的生态环境,即生态圈。

过程哲学主张把世界理解为众多的相互依存、相互连续、相互作用的"事件"综合统一体,"事件"是构成世界的基本要素。事件是流动的,流动表现为过程,事件一去不复返。过程存在于"事件"流动之中,也存在于事件之间相互作用所产生的有机体的活动之中。众多相互联系、相互作用的"事件"整合成的活动共同体可看作有机体。有机体分为原始有机体和复杂有机体两种,

---

① 参见温恒福:《建设性后现代教育论》,2012年6月8日哈尔滨师范大学印:《建设性后现代主义与中国教育改革国际学术研讨会论文集》,第416~455页。

例如,如果我们将原子和电子看作原始有机体,那么分子就是由原始有机体所组成的复杂有机体。原始有机体是构成复杂有机体的最小单位,它自身又是一个小的有机体,有机体不是一种质料,而是一种活动的结构,有机体的根本特征是活动。有机体活动有两种方式:一种是振动式的空间活动,另一种是振动式的机体变形。① 有机体活动表现为过程。所以说,世界的本原是"过程","过程"即实在。

怀特海的过程哲学与中国古代老子与孔子的思想有相似之处。怀特海说,"机体哲学似乎更接近于某些印度思想或中国思想的支脉,而不是更接近西亚或欧洲人的思想"②。笔者认为,怀特海所说的"中国思想的支脉",主要是指我国古代道家和儒家的生成思想③。老子是中国生成思想的鼻祖,他认为,"道"是宇宙的本源。老子《道德经》曰:"道生一,一生二,二生三,三生万物","万物并作,吾以观其复;夫物芸芸,各复归其根;归根曰静,是谓复命;复命曰常,知常曰明。"④在老子看来,所有事物的形成和发展都是由"道"生成的。万物生成和发展循环往复,这就是宇宙生成的规律。除老子的生成思想外,还有《庄子·齐物论》中的"道生天地"。《太上老君说常清经》里的"大道无形,生育天地;大道无情,运行日月;大道无名,长养万物"。此外,孔子修订的《周易》中亦有生成思想,如《系辞传》中的"乾知大始,坤作成物"。怀特海受孔子的思想影响,他指出:"必须选择精华。我对包含希腊的色诺芬而遗漏中国的孔夫子的选择表示怀疑。"⑤总之,中国先秦时期的道家和儒家的生成思想是怀特海的过程哲学思想的支脉。

综上所述,过程哲学具有整体性、活动性、生命性和生成性特征。这些就是过程教育的基本特征。

过程教育的思想根源可追溯到柏拉图的自由教育思想和杜威的进步主义教育思想。怀特海的过程教育思想,主要反映在他的教育代表作《教育的目的》(1929年)以及《教育与科学,理性的功能》和《怀特海文录》等著述里。

---

① 资料采自:刘放桐等编著:《新编现代西方哲学》,人民出版社2003年版,第226~230页,有改动。
② 怀特海著,杨富斌译:《过程与实在》,北京:中国城市出版社2004年,第11页。
③ 参见李方、温恒福主编:《过程教育研究在中国》,福州:福建教育出版社2012年版,第111~143页。
④ 据司马迁《史记》,转引自诸葛山人编译《二十五史》,延边人民出版社2005年版,第56页。又见老子:《道德经》(第三十九章、第四十章、第四十二章、第十六章)。
⑤ [英]怀特海著,徐汝舟译:《教育的目的》,北京,三联书店2002年版,第82页。

《教育的目的》一书是他最著名的教育专著,集中反映了他的过程教育理论,其中最精彩的是教育节奏论。世界著名过程哲学家、美国过程研究中心主任科布(John B. Cobb, Jr)(1925～   ),继承了怀特海的过程教育思想,系统地论述过程教育的本质及内涵①;他还通过在美国某些学校的实践②,验证过程教育思想。此外,美国过程研究中心的大卫·格里芬(D. Griffin)和费劳德(Ronald. Phipps)等人对怀特海过程教育思想也有很深入的探索。

基于过程哲学的思维,我们可以这样理解过程教育:教育是一种专门培养人以及传承与创造社会文化的活动过程。在这个过程中,教育者引导受教育者学习、创新人类的历史和社会现实的文化,并注重实践活动经验的积累和文化知识的生成,促使受教育者多方面和谐发展,并富有生命活力、身心健康、生活幸福,能服务社会、善待自然,从而促进人类幸福和人类创造性进化。过程教育最大的特色是凸显教育的生命性和活动性,关注学生学习、创造与和谐发展,关注文化的传承与创生,关注人类福祉和人类社会文明。过程教育的宗旨是把年轻一代培养成健全发展而能主动服务社会、适应自然、创造文化(物质的、精神的)、生活幸福的人,而不是把年轻一代培养成单纯的创造物质财富、服务社会的劳动力或机器人。

二、过程课程论

(一) 关于课程设置

怀特海的综合教育思想是其课程观的重要体现。其综合教育思想甚丰,可从不同视角去概括。王治河、樊美筠概括为③:视学生的身心为一个有机的整体,反对分裂学生身心;克服和超越现代教育中传授知识与启迪智慧的对立、自由与纪律的对立、科技教育和人文教育的对立;视知识为一个有机的整体,反对学科之间画地为牢,反对学校教育与现实脱节、知识与实践的分离。上述三点是怀特海综合课程理念的重要依据④。过程教育倡导博雅教育,培

---

① 参见:John B. Cobb, Jr, Process Education(2005 年 11 月 1 日科布在湛江师范学院的学术报告),下文注释简称"科布:过程教育"。
② 李方、卢建筠:《科布过程教育思想与实践》,湛江师范学院学报,2005(5)。
③ 王治河、樊美筠:《走向一种后现代的有机教育》,载李方、温恒福主编:《过程教育研究在中国》,福州:福建教育出版社 2012 年版,第 50～52 页。
④ [英]怀特海著,徐汝舟译:《教育的目的》,北京:三联书店 2002 年版,第 85、87、88、97 页。

养多才多艺、多方面协调发展的人才,因此主张综合教育课程。

（二）关于课程内容

在学生自我发展的教育目的观下,怀特海对传统课程以知识为中心的课程内容和知识僵化,以及科目太多和科目之间分离的状况进行分析批判,提出以发展智力为中心,精简课程,围绕现实生活安排课程和组织教育内容,实现课程与知识的创新。

1. 以发展智力为中心安排课程

怀特海认为课程的开设与实施要遵循智力发展的节奏与顺序。"课程问题不完全是一系列的科目;因为所有的科目基本上都应该在智力发育的启蒙时期开始。真正重要的顺序是教育应该采用的涉及质量的顺序"。[1] 他指出,所教科目要精确透彻,科目之间协调统一,以利于启发学生智力。教育上有两条戒律,首先是"不可教太多的科目",其次是"所教科目务须透彻"。[2] 使各门学科相互联系、协调统一而不是使各门学科"各自为政"[3],"要根除各科目之间那种致命的分离状况,因为它扼杀了现代课程的生命力"。[4]

2. 围绕现实生活组织教学内容

怀特海强调,要围绕现实生活组织教学内容,"要使知识充满活力,不能使知识僵化,而这是一切教育的核心内容",[5]因此,"教育只有一个主题,那就是五彩缤纷的生活。"[6]"教育所要传授的是对思想的力量、思想的美、思想的条理的一种深刻的认识以及一种特殊的知识,这种知识与知识掌握者的生活有着特别的关系"。[7] 理论性概念应该总是在现实生活中得到重要的应用,"这个理论本身就包含着一个使知识保持活力和防止知识僵化的问题"。[8]

3. 风格是重要的学习内容

怀特海指出,风格是学生最后学到的东西,也是最有用的东西。"风格是

---

[1] [英]怀特海著,徐汝舟译:《教育的目的》,北京:三联书店2002年版,第50页。
[2] [英]怀特海著,徐汝舟译:《教育的目的》,北京:三联书店2002年版,第3页。
[3] 张人杰、王卫东主编:《20世纪教育学名家名著》,广州:广东高等教育出版社2002年版,第89、94页。
[4] [英]怀特海著,徐汝舟译:《教育的目的》,北京:三联书店2002年版,第3页。
[5] [英]怀特海著,徐汝舟译:《教育的目的》,北京:三联书店2002年版,第9页。
[6] [英]怀特海著,徐汝舟译:《教育的目的》,北京:三联书店2002年版,第3页。
[7] [英]怀特海著,徐汝舟译:《教育的目的》,北京:三联书店2002年版,第21页。
[8] 《现代西方资产阶级教育思想流派论著选》,北京:人民教育出版社1980年版,第114页。

智者的最高德性","风格是力的塑造"。① "风格会增加你的力量"、"风格永远是专业化学习的结果"。②

三、过程教学论

（一）教学改革：创新与协调

怀特海过程哲学认为,过程的本质是创新。创新就是超越,即超越过去,创生事物,创造未来。因此,过程哲学视域中的教学是一种超越现代教学理念的创新型教学。首先是对现代教学的批判与超越;其次是在现代教学基础上创新;最后是培养学生的创造能力。

过程教育反对现代教学中的二元对立、多元分割的现象,如,传授知识与发展能力的对立、自由与纪律的对立,科学教育、技术教育与人文教育的分割,各门学科课程之间的分割,各专业领域之间的分割等。过程教育主张消除二元对立,协调多元教学,实现和谐统一。

（二）教学过程：节奏与循环

怀特海说:"说到智力的发展,我要用浪漫阶段、精确阶段和综合运用阶段来描述这一过程。"③这就是著名的教育节奏论。

怀特海把一个人从婴儿到成人的智力发展的全过程分为三个阶段:① 13 或 14 岁以前是浪漫阶段,属于观察事物、开展活动、兴趣盎然、自主猎奇、放纵思维、任意联想、自由畅想、浪漫遐想的阶段;② 14~18 岁是精确阶段,是准确掌握知识细节并领悟原理的阶段,该阶段教育"是一个一分钟一分钟、一小时一小时、一天一天地耐心地掌握细节的过程"④;③ 18~22 岁是综合运用阶段,是摆脱知识细节(这时细节退回潜意识的习惯中)⑤、概括原理,并综合运用知识及原理,解决社会现实问题的阶段。

这三个阶段中最重要的是浪漫阶段,怀特海认为,这三个阶段中,浪漫阶段在智力发展中占主导地位,因为这个阶段能使学生"在知识王国里漫游和

---

① [英]怀特海著,徐汝舟译:《教育的目的》,北京:三联书店 2002 年版,第 22 页。
② [英]怀特海著,徐汝舟译:《教育的目的》,北京:三联书店 2002 年版,第 23 页。
③ 怀特海著,徐汝舟译:《教育的目的》,北京:三联书店 2002 年版,第 32 页。
④ 怀特海著,徐汝舟译:《教育的目的》,北京:三联书店 2002 年版,第 11 页。
⑤ 怀特海著,徐汝舟译:《教育的目的》,北京:三联书店 2002 年版,第 66 页。

激发充满活力的创新"①。

在怀特海看来,智力发展过程是由"自由与纪律的节奏"支配的过程。自由和纪律是教学过程的两个因素。"自由和纪律的节奏"表现为"自由—纪律—自由"的三重循环。教学过程是由"自由—纪律—自由"三重循环所构成的"一种涡式的循环"的过程。怀特海指出,浪漫阶段和综合运用阶段主要特征是自由,精确阶段主要特征是纪律。所以我们认为,教学过程也可以分为"浪漫—精确—综合运用"三个阶段。教学过程是"自由与纪律的节奏",②是"自由—纪律—自由"构成的三重循环。怀特海关于教育过程的三个阶段与三重循环的理论,同样适用于单元教学和课程教学的过程。

(三)教学方法:启迪心智与诱导探索

怀特海的教学艺术归纳起来有三点:其一,启发学生运用知识的艺术。怀特海说:"教育是教人们掌握如何运用知识的艺术,这是一种很难传授的艺术。"③其二,诱导学生的艺术。怀特海认为,教育是一门诱导的艺术,所以,他倡导苏格拉底法,要求教师想方设法诱导学生固有的知识,即回到学生以往的经验情境中去,教会学生运用知识、领悟生活的方法;在诱导的过程中,注意激发学生的兴趣,因为人们在兴趣中学到知识、体验快乐、增进享受,也实现了价值、获得了自由。其三,尊重学生的艺术。尊重学生也是一门艺术,要善于处理好师生关系,善于尊重学生的个别差异。

(四)学习形式:研究性学习与创造性综合学习

过程哲学基于主体生成原理和创造性、整体性思维,要求学生改变传统的接受性、封闭性学习方式,采用研究性学习和创造性综合学习。

1. 研究性学习

怀特海过程哲学视野中的研究性学习的要点是:首先,学习要与解决世界上存在的现实问题紧密地结合起来,拓宽学习的国际视域。应让学生认识到世界上还存在着许多悬而未决的重大问题,从而诱导研究的兴趣和动力。其次,要求学生扎根现实生活,在活动中学习,在实践中积累经验。让学生获得宝贵的人生经验,学到从书上学不到的知识。再次,开展研究活动。在低

---

① 怀特海著,徐汝舟译:《教育的目的》,北京:三联书店2002年版,第41页。
② 怀特海著,徐汝舟译:《教育的目的》,北京:三联书店2002年版,第55页。
③ 怀特海著,徐汝舟译:《教育的目的》,北京:三联书店2002年版,第8页。

年级应结合实际,做一些分析问题和解决问题的小事情,或开展一些象征性的研究活动;到了高年级,特别是大学阶段,可将他们组织起来、就某一个问题进行较深入持久的研究。第四,发现学习和自我发展。怀特海说:"儿童从一开始接受教育起就应该体验发现的乐趣。他必须发现,一般的概念能使他理解他一生中遇到的构成他生活的种种事件。"①他指出,"学生是充满活力的,教育的目的是刺激和指导他们的自我发展"。②

2. 创造性综合学习

解决现实问题需要综合性知识和综合能力。单一学科知识是不足以解决实际问题的。所以,过程教育主张创造性综合学习(CSL)。创造性是指"新发现、新知识与新概念的达成"。③ "综合性思维将具体事物置于与其相关的其他事物的关系或环境中去考虑问题。"④好奇心和创造性需要综合学习去培养、去发展。怀特海将教育比喻为一个王国,好奇心是王后,创造则是国王。好奇心"王后"与创造力"国王"均要求教育"王国"邀请学生个体与团体踏上好奇之旅,去问题丛林中探索,去获取新发现、新认识。学生也像翱翔之鹰,须好奇心引领,须视野开阔,敏锐地感知他们自身活动的空间里的关系与特征,以及活动环境的变化。⑤

(五)学习环境:体内外与校内外

过程教育认为,体内与体外、校内与校外的学习环境,包括社会环境和自然环境,其中,学习活动共同体(如班集体)是首要的学习环境。科布强调学习环境中活动共同体的相互影响作用,认为学生个体的发展是在共同体发展中实现的,共同体的发展,又依仗个体成员的发展。

反思与问题

1. 后现代主义的理念是新颖的、超前的,能拓宽我们审视问题的思路,对创新教育的研究有一定的价值;强调个性化教育、个体的经验历程、反思与理解、意义建构、教育批判与鉴赏、自我意识的提升与人的自主性,这些观点,

---

① 怀特海著,徐汝舟译:《教育的目的》,北京:三联书店2002年版,第3页。
② 张人杰、王卫东主编:《20世纪教育学名家名著》,广州:广东高等教育出版社2002年版,第92页。
③④⑤ [美]费德劳著,刘晓玲译:《创造性综合学习理论及其在中国的实践》,载:李方、温恒福主编:《过程教育研究在中国》,福州:福建教育出版社2012年版。

从人性解放和个人价值的实现上看是有好处的。后现代主义的理解课程与理解教学、"去中心"理念、教学沟通、自由发展等观点，充分体现了教学的民主意识和对学生的尊重，对我们拓展课程与教学改革的思路颇有启发。课程要促进学生个体意义的建构，课程创生论、注重师生互动过程、去中心、反思性教学、解构性教学、建构性教学、对话教学法、阐释教学法、主体与过程教学评价等有许多独到之处，值得参考。其多元化思维路向以及善于批判、反思和超越的思维方式值得借鉴。

但后现代主义的彻底的否定性或大胆的超越也有过于极端和片面性的一面，许多东西目前仅仅是一种理想，有虚无主义和无政府主义的危险，不容易成为现实；不少观点脱离实际，在我国不具有可行性；反对规则化，主张开放性、无序性、随意性、无节制性，实际上是只承认事物只存在着不确定状态，而否定事物也存在着确定性和稳定性的一面，否定事物客观存在的本质和规律。此外，主张"概念重构"，提出超越传统规范的课程的概念过于宽泛，边界模糊，不容易理解和把握。课程即对话、教学即对话，混淆了"课程"与"教学"的界限。

2. 后现代主义某些课程与教学思想的正确性和有效性是否可以实证？
3. 如何理解后现代主义的"信息"、"知识"和"经验"？
4. 如何理解后现代课程与教学思想是在反思和继承现代课程与教学思想的基础上有所超越？
5. 具体说来，后现代课程与教学思想有什么不足之处？
6. 如何理解过程教育的特征？为什么说过程教育是建设性后现代教育？
7. 怀特海的教育节奏论的具体内容及其学科教学价值。
8. 对立与超越：传统教学方法与现代教学方法，现代教学方法与后现代教学方法。

第六章 课程与教学的目标

第一节 课程目标

一、课程目标的认识

课程目标是指课程本身要实现的具体目标和意图。它规定了某一教育阶段的学生通过课程学习后,在发展品德、智力、体质等方面期望实现的程度,它是确定课程内容、教学目标和教学方法的基础。从国家制定的教育目的到实际的课堂教学目标,经历了一系列的转化。课程目标与教育目的、培养目标和教学目标三者之间有密切关系。

教育目的。教育目的是指一定社会培养人的总的要求,是根据不同社会的政治、经济、文化、科学、技术发展的要求和受教育者身心发展的规律确定的。它反映一定社会对受教育者的要求,是教育工作的出发点和最终目标,也是制定教育目标、确定教育内容、选择教育方法、评价教育效果的根本依据。

培养目标。它是各级各类学校对学生培养的具体要求,是根据国家的教育目的和学校的性质及任务,对培养对象提出的特定要求。所以,教育目的与培养目标没有实质性的区别,只是概括性的程度不同。教育目的是整个国家各级各类学校必须遵循的统一的质量要求;培养目标则是某级或某类学校的具体要求,后者是前者的具体化。也就是说,培养目标要根据教育目的来制定,而教育目的又只有通过各级各类学校的培养目标才能实现。培养目标的实现,主要是通过学校所设置的课程而达成的,但培养目标通常不涉及具体的学习领域。因此,为了使课程编制工作切实有效,我们还必须使培养目标具体化,即要确定课程目标。

教学目标。它是课程目标的进一步具体化,是指导、实施和评价教学的基本依据,是师生的学科教学活动中预期达到的教学结果、标准。它具有这样几个特征:① 教学目标具有可操作指标体系;② 教学目标体现学生学习行为及其变化;③ 教学目标具有灵活性,教师可根据教学实际情况进行调整。

二、确定课程目标的依据

一般认为,课程目标由四大部分组成:① 认知类,包括知识的基本概念、原理和规律,理解和思维能力;② 技能类,包括行为、习惯、运动及交际能力;③ 情感类,包括思想、观点和信念,如价值观、审美观等;④ 应用类,包括应用前三类来解决社会和个人生活问题的能力。课程目标究竟如何制定?怎样制定?这是课程论必须回答的问题。

(一)学习者的需要

任何课程设置的最终目标都应是指向学习者的身心发展的,促进学习者身心发展是课程的基本职能。课程目标的确定必须将学习者的需要作为重要的依据之一。学习者的需要是十分复杂的。从个体看,学习者作为完整的人,其需要是多样而丰富的;从群体看,不同学习者具有不同的需要;作为学习者的儿童,其身心发展的需要不仅有个体间的差异性,还具有年龄阶段的差异性,是在动态中变化发展的。儿童身心发展的需要,有些能为儿童本人所意识到,有些则一时意识不到或不能清晰地意识到,这就需要经由教师或其他成人的帮助、引导才能上升为儿童的自觉需要。

(二)社会的需求

在任何一个国家,学校总是社会生活的一部分,学生也是社会群体的一部分,教育作为培养人的活动总是存在于一定的现实社会之中的。学校教育的一个主要任务就是使学生逐渐社会化,课程目标的确定理所当然地要反映社会生活的需要,将社会生活的需求作为制定课程目标的重要依据之一。

将社会生活的需求转化为课程目标是一项复杂的工作,要真正做好这项工作需要注意以下问题:第一,课程目标的确立除应关注对现存社会需求的研究外,还应对未来社会生活的需求进行研究。教育是一项"为一个尚未存在的社会培养新人"的事业,在信息化时代,社会生活的变化是极为迅速的,我们对社会需求的把握也要与时俱进,不能停留于现实生活,而忽视对未来社会生活需求的关注。第二,社会生活的需求是包罗万象的,课程目标除要全面考虑与教育相关的社会生活外,还应当突出重点,把关注的焦点放在当代社会生活中最重要的方面,在确立课程目标时明白哪些才是课程目标需要重点反映的社会需求,形成重点突出、层次分明的需求系列层级,并在课程目标中体现出来。第三,在将社会生活的需求确定为课程目标的过程中,还应注意考察社会生活需求背后所隐藏的深层次问题,要考虑需求究竟是社会哪个阶层的需求?作为课程目标的社会需求应体现社会民主和社会公平。

(三)学科的发展

学科知识及其发展也是确定课程目标的重要依据之一。学科知识内含着自身的逻辑体系,包含着基本概念和基本原理、探究方式、学科的发展趋势、与相关学科的关系等内容。典型的学科知识包括数学、计算机科学、自然科学(如物理学、化学、生物学等)、哲学和社会科学(如语言学、历史学、地理学、经济学、教育学、人类学等)、文学艺术等。

由于学生、社会、学科这三个因素是交互起作用的,对任何单一因素的研究结果都不足以成为课程目标的唯一来源。如果过于强调某一因素,就会走到极端。课程史上出现过的学生中心课程、社会中心课程、学科中心课程就是这类型的例子。

三、课程目标的取向

(一)"普遍性目标"取向

"普遍性目标"取向是指有意识或无意识地依据一定的哲学或政治见解,推演出具有普遍或一般性质的教育宗旨或原则,再将这些宗旨或原则运用于课程领域,使之成为课程领域一般性、规范性的指导方针的课程目标选定方式。这一取向把一般教育宗旨或原则直接作为课程目标,使课程目标与教育的一般宗旨和原则混同起来,往往具有普遍性、模糊性、指令性的特征。可普遍运用于所有教育实践中。

(二)"行为目标"取向

"行为目标"是将具体的、可操作的行为作为课程所要达成的结果的目标陈述方式,它以课程与教学过程结束后学生所发生的行为变化为指向。具有目标精确、具体,可操作性强的特点。"行为目标"取向是随着课程研究领域的独立而出现并逐步发展、完善起来的,主要流行于20世纪初至60年代末、70年代初。

(三)"生成性目标"取向

"生成性目标"取向是对在一定的教育情境中随着教育过程的展开而自然形成的课程目标的描述。

(四)"表现性目标"取向

"表现性目标"是指学生在从事某种活动后所得到的结果,它关注的是学生在活动中表现出来某种程度上首创性的反应的形式,而不是事先规定的结果,旨在培养学生的创造性,强调个性化。"表现性目标"取向产生较晚,主要流行于20世纪80年代以后的课程领域。美国课程学者艾斯纳(Eisner)是这一取向的代表人物。他在自己所从事的艺术教育领域里发现预定行为目标极不适用,从而提出表现性目标作为补充。

四种课程目标取向各有自己的特点和优势。从实质来看,"普遍性目标"取向和"行为目标"取向都推行一种"普遍主义"的价值观,只不过"行为目标"取向借助了科学的手段,而"普遍性目标"是前科学的,是课程目标初期发展阶段的典型表现形式。"生成性目标"取向与"行为目标"取向及"普遍性目标"取向存在本质区别,"生成性目标"取向追求"实践理性",强调学习者与具体情境的交互作用,主张目标与手段的连续、过程与结果的连续,否定预定目标对实际过程和手段的控制,对学习者、教育者在课程与教学中的主动性给出了应有的尊重。"表现性目标"取向是对"行为目标"的根本否定,它比"生成性目标"更进了一步,它追求"解放理性",强调学习者和教育者在课程与教学中的主体精神和创造性表现,它以人的个性解放为根本目的。

四、制定课程目标的原则与环节

课程目标的制定既要受到学生需要、社会生活需求和学科知识发展三方面因素的制约,同时,也受到课程制定者认识水平和工作方式的制约。课程目标的制定应当遵循如下基本原则:

(一)社会需求和学生个体需要相统一原则

个体总是在一定的社会中实现自己的发展的,社会的发展也必须以个体发展为基础。课程目标的制定,要满足社会需求和学生需要,还要充分考虑两者的有机统一。一方面要充分认识到社会是由具有个人需要的成员组成的,承认个体在社会中所承担的社会权利,反对片面地强调个体对适应社会要求,并在此基础上对社会的性质进行分析;另一方面,也要反对只把社会看作是个体的简单集合,反对只承认社会要为个体生存和发展服务,把个体凌驾于社会之上,并在此基础上对学生的需求进行分析。使社会需求与个体需要在课程目标里成为相互依存、相互制约的内在构成,为此,应注重开发社会需求和学生需要方面的分析技术,使两者最大限度地统一起来。

(二)基础性和发展性相统一的原则

树立课程目标的层次性意识,将基础教育课程目标分为基础性目标和发展性目标两个层次。基础性是基础教育的显著特征。课程目标的制定首先应当注重基础性目标。基础性目标旨在使学生在知、情、意、行等方面得到全面的发展,养成学生参与未来社会生活的基本素质,为学生的后继发展奠定基础。基础性目标面向所有学生,是统一和最低限度的,要求全体学生普遍都能达到。发展性目标则从人的可持续发展的战略着眼,以开发学生潜能、促进学生充分发展为宗旨,把培养学生的创新精神和创造能力放在首位,让学生自主、多样、持续地发展,是多元、开放和灵活的,不对全体学生作统一要求。发展性目标注重将变化着的人类社会的新知识和新认识不断地、迅速地融合进来,是对基础性目标的拓展和延伸。

(三)适应性和超越性相统一的原则

课程目标既要适应现实,又要超越现实,将目标的适应和超越两者辩证地结合起来。目标的适应性意味着课程的设置要立足于社会的现实,适应社会现实的需要,建立贴近社会现实的课程系列应成为课程目标的重要内容之一。忽视现实社会生活的需要是我国课程设置长期存在的一个问题,应着力加以解决。但另一方面,现实的发展并不代表未来的发展,未来的发展有赖于对现实的超越。突出目标的超越性,有助于课程把握时代的脉搏,也是课程目标不可或缺的重要方面。就学生层面而言,学生现有的发展水平是其进一步发展的基础和起点,在制定课程目标时,要了解并充分地利用这个基础。同时,又要准确地估量学生的发展可能性,课程目标只有从现实基础与发展潜能两方面反映学生的发展素质,才有可能使学生得到充分的、最大限度的发展。

(四)外显性和过程性相统一的原则

课程目标的表述通常包括内容和行为结果两个维度,这是通用的"行为目标"的表述方式。不过,正如前文已做的分析,行为目标也有自身的不足,不能涵盖所有的教育内容,如人的情意因素、个性品质等隐性或生成性目标都不是这一表述方式所能概括的。因此,课程编制应在目标行为化的基础上,特别关注教育过程中的那些隐性目标和生成性目标(即过程性目标)。实际上,我国对课程的研究起步较晚,长期满足于课程编制的"传统模式",无论是以"行为目标"来详细界定学生的学习结果,还是关注过程性目标促进学生的自主学习和个性发展,都是值得我们进一步推定的方向。

(五)学科特殊功能和课程整体功能相统一的原则

学科的教育功能包括学科的一般教育功能和学科的特殊教育功能两方面。学科的特殊教育功能是其他学科不具备或者较弱的教育功能。它不但表现在对本领域专业人才培养的特殊功用上,还表现在对非本领域专业人才和一般社会成员的特殊培养功用上。只有注意发挥各学科在促进学生发展方面的特殊功能,学科课程才有其存在的价值,课程整体功能也才能实现。课程整体功能是建立在所有课程都能恰当地发挥自己的功能,并且相互配合、相互补充、相互促进、相互协调的整体性之上的。片面地强调个别学科的功能,会影响课程整体的功能,妨碍学生的全面发展。因此,在制定课程目标时,要注意发挥学科特殊功能与课程整体功能的统一。

第二节 教学目标

一、教学目标的认识

教学目标是指教学活动主体预先确定的,在具体教学活动中所要达到的,利用现有技术手段可以测度的教学结果。它表现为对学生学习成果及终结行为的具体描述,或对学生在教学活动结束时其知识和技能等方面的变化的说明。教学目标是教与学双方合作实现的共同目标。对教师来说是教授目标,对学生来说则是学习目标,它表现为教师教学活动所引起的学生终结行为的变化,或者说它着眼于教而落脚于学。教学目标是教学活动预期的结果。这种预期的结果存在于教学实践活动之前,是人们对教学结果主观上的一种期望。教学目标是通过教学活动可以达到的结果。教师可以编制与各种具体教学目标相对应的测试题目,对教学目标的达成程度进行定性或定量的测度,从而客观地测评教学活动的效果。

教学目标与教学目的既有密切的联系又有明显的区别。其联系表现在:教学目标是教学目的的具体化,与教学目的在方向性质上是一致的,相对于教学目的来说,它是具体明确和便于操作的,同时它又是符合学科、班级和学生实际的,所以它体现着教学目的的方向性质。二者都是根据教育目的对教学活动提出的要求,作出的规定。其区别主要有:其一,教学目的是教学的方向目标,具有终极意义,教学目标是教学的达到目标,具有程段意义,一般要经过几个程段教学目标的连续达成,才能实现最终教学目的。其二,教学目的是对教学的总要求,对教学活动起指导作用;教学目标是对教学的具体要求,只对特定范围(如某门学科、某一单元、某一课时等)的教学活动起规范作用。其三,教学目的体现着社会的意志和要求,具有主观性和指令性,在某一历史时期常常是相对稳定的;教学目标则更多地体现教学活动主体的要求,具有客观性和自主性,在具体教学活动中可以根据需要进行调整和变动。

教学目标具有定向、控制、激励、评价功能:定向功能——指明晰的教学目标能够为教师的教以及学生的学指明方向。有了教学目标,课堂上的教与学的方向就明确了,以避免教学中过多的随意性。控制功能——教学过程通过不断的信息反馈,教师和学生可以根据目标来调节教学活动的偏差。激励功能——教学目标确立了,可以调动教师教及学生学的主动性和积极性,并形成持久的动力,以尽力实现教学的目标。评价功能——教学评价以教学目标为依据,明确的教学目标是进行评价的前提。

二、教学目标的陈述

为了克服教学目标陈述的含糊性,心理学家提出了三种新的理论和技术。

(一)行为目标

行为目标是用预期学生学习之后将产生的行为变化来陈述的目标,也就是用可观察和可测量的行为来陈述的目标。1962年心理学家马杰(Mager)提出,为了克服传统教学目标的含糊性,必须取消用描述内部心理状态的术语来陈述目标的方法,代之以用描述行为的术语来陈述目标。马杰提出,一个陈述得好的行为目标应符合三个条件：一是要说明通过教学后学生能做什么，即表述行为；二是要规定学生的行为产生的条件，即表述条件；三是规定符合要求的作业的标准，即表述标准。

所谓表述行为，指用可观察的、具体的行为来表述教学目标，以便教师能了解学生是否已经达到了要求的目标。表述行为的基本方法是，使用一个动宾结构的短语，动词说明学习的类型，宾语说明学习的内容。例如，能比较学习和发展的主要异同，能操作计算机等。加涅(Gagn)则在此基础上，将动词细分为性能动词和行动动词，并将学习内容称为对象。性能动词(capability verb)如辨别、鉴定、分类、证明、生成、陈述等，行动动词(action verb)如比较、说出、借助、解答、综合等。这样，目标的表述就变成由性能动词、行动动词和对象三部分组成。例如，通过比较(行动动词)能辨别(性能动词)汉字"晴"和"睛"(对象)，借助定义对各种家庭进行归类等。

所谓表述条件，指学生在什么情况下表现行为，也就是在评定学习结果时，该在什么情况下进行。例如，要求学生操作计算机，是在教师或说明书的指导下进行操作还是学生独立操作？加涅(Gagn)称之为情境和工具。所谓标准表述，指衡量学习结果的行为的最低要求。对行为标准作出具体要求，使教学目标具有可测量的特点。标准的表述一般与"好到什么程度"、"精确度如何"、"完整性怎样"等问题有关。加涅(Gagn)称之为限制和特殊条件。

例如，关于学习的定义，按传统方法可以这样陈述目标：帮助学生深刻理解学习这一概念。但是怎样证明学生"深刻理解"了呢？"深刻理解"是对学生内在心理状态的描述，不能被观察到。行为目标的提倡者认为，如果要使目标可以被别人观察到，具体而不含糊，就应改用能证明学生表现出"深刻理解的行为"来陈述目标。按照马杰提出的行为目标的三个条件，上述目标改为行为目标，可以这样陈述：提供若干反映学习和非学习的新例子(行为产生的条件)，学生能够识别学习的正例和反例(行为表现)，在五个实例中至少有四个识别正确(合格行为的标准)。这个目标虽未出现"深刻理解"这一术语，但学生必须深刻理解了学习的定义才能表现出目标中规定的行为。这是因为所提供的例子不是学生原先学习过的，而且例子既有正例，也有反例。学生一定要应用已掌握的学习概念才能识别和说明哪些实例属于学习，哪些实例不属于学习。

（二）内部过程与外显行为相结合的目标

行为目标是以行为主义的"刺激—反应"模式为基础的，它要求陈述提供什么条件（刺激）和学生能做什么（反应）。只要对刺激和反应加以具体规定，则陈述的目标也就具体了。但坚持学习的认知观的心理学家认为，学习的实质在于内在心理状态的变化，因此教育的目标不是具体的行为变化，而是内在的能力或品德结构的变化。为此，格伦兰（Gronlund）提出一个折中的方法，即采用描述内在心理过程与外显行为表现相结合的方法来陈述目标。

按照内部心理与外显行为相结合的方法来陈述教学目标，首先应明确陈述记忆、理解、创造、欣赏、热爱、尊重等内在的心理变化，如"培养学生的爱国主义精神"。但是，这些内在的心理变化不能直接进行观察和测量。为了使这些内在变化可以观察和测量，还需列举反映这些内在变化的若干行为样例，如"学完本节课后，学生能写一篇赞美祖国的文章并当众朗读"。如果没有行为样例，我们也就失去了评价教学目标究竟是否达到的依据。据此，对于上述"学习"的目标可以这样陈述：能够理解学习的概念（内部心理描述）；提供有关学习的新的正例和反例，学生能正确加以识别（行为样例）。这样就避免了严格的行为目标只顾及具体行为变化而忽视内在心理变化的缺点，也克服了用传统方法陈述的目标的含糊性。

（三）表现性目标

许多高级的教学目标并不是参加一两次教育活动就能达到的，教师也很难预期一定的教育活动后学生的内在心理将会发生什么变化。如高级认知策略和心智技能的提高，爱国主义情感和健康自我意识的培养，都不是通过一两节课的教育教学就能立竿见影的。为此，艾纳斯（Eisner）提出了表现性目标，以弥补上述两种陈述方法的不足。表现性目标只要求教师明确规定学生必须参加的活动，而不必精确规定每个学生应从这些活动中习得什么。例如，爱国主义教育方面的一个表现性目标可以这样陈述：学生能认真观看学校组织的反映爱国主义的影片，并在小组会上谈自己的观后感。当然，表现性目标只能作为具体的教学目标的补充，教师切不可依赖这样的目标；否则，教学目标的陈述又会回到传统的老路上去。

总之，陈述得好的教学目标必须符合三个基本要求：① 目标应陈述通过一定的学习活动后学生的内在心理状态的变化，如能力提高、态度改善、正确自我观建立等,而不应陈述教师的行为。② 目标应反映学习的类型,如知识、技能、社会规范等。即使在同一学习类型中,也还应反映学生掌握的水平,如知识领域中的目标应反映记忆、理解和运用(包括简单运用和综合运用)三个层次。③ 目标的陈述应力求明确、具体,并可以观察和测量,尽量避免用含糊的和不切实际的语言陈述教学目标。

三、教学目标的分类

(一)布卢姆的教学目标分类

布卢姆等人在行为主义和认知心理学影响基础上,将教育目标分为认知、情感和动作技能三个领域,每一个领域又细分为若干层次。布卢姆遵循的是还原论的分类方法。

1. 认知领域目标分类

认知目标由低到高分为六类:知识、理解、运用、分析、综合、评价。

2. 情感领域的目标分类

(1)接受或注意:指学习者愿意注意特殊的现象或刺激,如课堂活动、参加班级活动、意识到某问题的重要性等。学习结果包括从意识事物的存在的简单注意到选择性注意。这是低级的价值内化水平。

(2)反应:指学习者不仅注意到某种现象,而且主动参与,做出反应,如完成教师布置的作业、参加小组讨论、以愉快的心情阅读。反应包括默然的反应、愿意的反应、满意的反应。

(3)价值评价:指学习者将特殊的对象、现象或行为与一定的价值标准相联系。它包括接受、偏好某种价值标准,为某种价值标准做出奉献。

(4)价值观的组织:指学习者遇到许多价值观念出现的复杂情境时,克服价值观之间的矛盾、冲突,对各种价值观加以比较,接受重要的价值观和价值标准,形成个人的价值观体系。学习的结果可能涉及到某一价值系统的组织。

(5)价值或价值体系的性格化:指学习者通过对价值观体系的组织,逐渐形成个人的品性。即各种价值被置于一个内在和谐的构架之中,它们的层级关系已确定,个人言行受其所确定的价值观体系的支配。

3. 动作技能领域的分类

动作技能教育目标分为七级。

(1) 知觉:指运用感官获得信息,了解与某动作技能有关的知识、性质、功用,以便指导动作。

(2) 准备:指对稳定的活动的准备,包括心理定向、生理定向和情绪准备(愿意活动)。知觉是其先决条件。

(3) 有指导的反应:指能在教师的指导下表现有关的动作行为,包括模仿和尝试错误,例如,能模仿教师的动作进行学习,在教师引导下进行试误练习,直到形成正确的动作等。

(4) 机械动作:指经过一定程度的练习,学习者的反应已形成习惯,能以某种熟练和自信水平完成动作。例如,能正确、迅速地切片制作标本,能迅速准确地打字等。

(5) 复杂的外显反应:指包含复杂动作模式的熟练动作操作。操作的熟练性以准确、迅速、连贯协调和轻松稳定为指标。

(6) 适应:此阶段练就应变能力,学习者休整自己的动作模式以适应特殊的装置或满足具体情境的需要,这是高度发展水平。

(7) 创作:指学习者在学习某种动作技能的过程中形成了一种创新的动作技能的能力。强调以高度发展的技能为基础进行创造。

(二) 加涅的学习结果分类

1. 态度

加涅认为态度是通过学习形成的影响个体行为选择的内部状态。它有三类:许多态度可被看作期望达到的教育目标;一般态度包括对某类活动的积极偏爱;第三类是有关公民身份等。

2. 动作技能

加涅认为动作技能有两个部分:一是动作的程序;二是因练习与反馈逐渐变得精确和连贯的实际肌肉运动。因此,动作技能是一种习得能力,如能写字母、做体操等。

3. 言语信息

这是指学习者通过学习以后,能记忆如事物的名称、符号、时间、定义、对事物的具体描述等具体的事实,能够在需要时将这些事实表述出来。信息在知识体系中是最基本的材料,是进一步学习的先决条件。

4. 智力技能

它是指学习者通过学习获得了使用符号与环境相互作用的能力。例如，使用词语和数字这两种最基本的符号，进行阅读、写作和计算。

5. 认知策略

加涅认为认知策略的学习结果与解决问题学习层次有关，是学习者借以调节他们自己的注意、学习、记忆和思维等内部过程的技能。学习者的认知策略指对其环境中的刺激物予以全部的注意，对学习的事物进行选择和编码，对学习习得进行检索。

（三）巴班斯基的教学目标分类

1. 教养的目标

教养的目标包括"掌握科学知识、形成专业的和一般的学习技能和技巧"。

2. 教育的目标

包括"形成学生的世界观，形成他们的道德的、劳动的、审美的和伦理的观念、观点和信念，形成他们在社会中相应的行为方式和活动方式，形成他们的理想、态度和需要的系统以及进行体格锻炼等，总而言之，就是培养社会主义类型的人所必须具备的个性品质。"

3. 发展的目标

"发展学生思维、意志、认知兴趣和能力的任务是：培养（继续培养、巩固）一般的学习技能技巧（拟订答案提纲、比较、概括、使用书籍、阅读和书写速度、自我检查等）；促进培养学习意志和毅力（通过解答疑难习题、引导学生参加讨论等）；培养学生的情感（通过在课堂上创造惊奇、愉快、妙趣、离奇等情绪体验情境）；培养学生的学习兴趣（指出所学问题对发展科学、技术、生产的意义，指出这些问题对学生的职业定向以及培养爱好的作用，把游戏的情境引入教学等）。

四、教学目标的设计

（一）教学目标设计的基本原则

第一，整体性。教学目标是一个系统，它是由教育目的决定的，包括学校教学目标、学科目标、课程单元目标和课时目标四个层次。

第二，灵活性。教学是一种不断发展着的活动，具有它自己不断变化的目标。在教学活动之前所设计的教学目标只是一种初步的参照，不可能具有全面的、实在的、可靠的意义。

第三，科学性。根据教育目的、学校教学目标和学科目标而设立的课堂教学目标，包括认知、情意和动作技能诸领域的目标。

（二）教学目标设计的步骤与方法

1. 目标分解

教学目标体系是自上而下逐步具体化的，目标分解过程也是不断具体化的过程。这里的教学目标分解，实际上只是将课程教学目标分解成单元教学目标，以便为课时教学目标的设计提供依据。

2. 任务分析

这里的任务分析实际上就是对学习者为了达到单元目标的规定而所需学习的从属知识（技能、能力、态度、情感）以及它们的相互关系进行具体的剖析。

3. 起点确定

教学目标的主体是学生，目标描述的应是学生的行为。因此，制定出合适的教学目标，就要对学习者的能力进行分析，即确定教学的起点。

4. 目标表述

（1）行为目标的表述。设计教学目标时，需要对学习者通过知识和技能的学习后应达到的行为状态做出具体、明确的表述。课程教学目标的表述可以用概括的语言，课时教学目标的表述应该体现出具体化、可操作、可测量的特点。

（2）生成性目标的表述。生成性目标不是由外部事先规定的目标，而是在教育情境之中随着教育过程的展开而自然生成的目标，它关注的是学习活动的过程，而不像行为目标那样重视结果。

（3）表现性目标的表述。表现性目标的表述，不强调学生在从事教育活动后应该展示的行为结果，而在确立学生所经历的情景。

（4）内部过程与外显行为相结合目标的表述。学习的结果不仅使行为产生变化，也使内在心理或情感产生变化。而那些内在的心理变化，如理解、欣赏、热爱、尊重等，不能直接进行观察和测量。为了能间接地测量、观察这些内在心理变化，需要列举反映这些内在变化的行为样品，使这个目标具体化。这就是格朗伦提出的内部过程与外显行为相结合的教学目标表述方法。

第三节　学习目标①

本节主要讨论学习目标的认识,确定学习目标的依据,学习目标的撰写三部分内容,见二维码。

学习目标

第四节　核心素养②

一、核心素养的概念

"核心素养"这个概念舶来于西方,英文词是"Key Competencies"。"Key"在英语中有"关键的"、"必不可少的"等含义。"Competencies"也可以直译为"能力",但从它所包含的内容看,译成"素养"更为恰当。简言之,"核心素养"就是"关键素养"。

"核心素养"最早出现在经济合作与发展组织(OECD,简称"经合组织")和欧盟理事会的研究报告中。经合组织1997年启动了"素养的界定与遴选:理论和概念基础"(Definition and Selection of Competencies: Theoretical and Conceptual Foundations,即De Se Co)研究项目,此时并未在项目名称中直接使用"核心素养"一词,但2003年出版最终研究报告《核心素养促进成功的生活和健全的社会》(Key Competencies for a Successful Life and a Well—Functioning Society)时,则使用了该词。为推进核心素养走进教育实践,2005年经合组织又发布了《核心素养的界定与遴选:行动纲要》(The

---

① 资料来源:吴刚平:《学习目标的多重依据及其关系》,《全球教育展望》2013年第3期;张献伟:《简析学习目标的设计、叙写与呈现》,《教学与管理》2015年第6期等。

② 资料来源:褚宏启:《核心素养的概念与本质》,《华东师范大学学报(教育科学版)》2016年第1期;余文森:《从三维目标走向核心素养》,《华东师范大学学报(教育科学版)》2016年第1期;辛涛:《基于学生核心素养的课程体系建构》,《北京师范大学学报(社会科学版)》2014年第1期;常珊珊、李家清:《课程改革深化背景下的核心素养体系构建》,《课程·教材·教法》2015年第9期;辛涛等:《我国义务教育阶段学生核心素养模型的构建》,《北京师范大学学报(社会科学版)》2013年第1期;周仕德:《我国基础教育学生能力培养目标问题重新审视》,《现代基础教育研究》2015年第4期等。

Definition and Selection of Key Competencies：Executive Summary）,以增强核心素养应用于教育实践的可操作性。

欧盟的核心素养框架受到经合组织研究项目的影响。欧盟的一个研究小组在2002年3月发布的研究报告《知识经济时代的核心素养》中首次使用了"Key Competencies"这一概念,并认为"核心素养代表了一系列知识、技能和态度的集合,它们是可迁移的、多功能的,这些素养是每个人发展自我、融入社会及胜任工作所必需的"。2006年12月,欧洲议会和欧盟理事会通过了关于核心素养的建议案《以核心素养促进终生学习》(Key Competences for Lifelong Learning),标志着8项核心素养最终版本的正式发布。2010年,欧盟理事会与欧盟委员会联合发布的报告《面向变化中的世界的核心素养》(Key Competences for a Changing World)中,"Key Competences"一词竟然出现了381次,真正成为了"关键词"。

在国际上,与"Key Competences"同样火爆的一个词是"21st century skills",有人将之译为"21世纪技能"或者"21世纪能力",从该词所包含的内容看,译为"21世纪素养"比较合适。实际上,英文中的Competences和skills,在描述人的发展的维度时,在词义上没有本质区别,没有必要为此大费口舌而耽误时间。而且在"具体"内容上,核心素养与21世纪素养也是大同小异。21世纪素养的研究始于美国。2002年美国在联邦教育部的领导下,成立了"21世纪素养合作组织",该组织制订了《21世纪素养框架》,2007年该组织发布了《框架》的更新版本。新加坡和日本受美国影响较大,新加坡教育部2010年3月颁布了"21世纪素养",日本国立教育政策研究所于2013年3月发布了题为《培养适应社会变化的素质与能力的教育课程编制的基本原理》的报告,提出了日本的"21世纪能力"。仅从字面上看,"21世纪素养"比"核心素养"更具有时代感,更能反映社会变迁对于人的素质的新要求。

二、核心素养的本质

把握核心素养的本质,需要关注以下几点:

第一,核心素养是"关键素养",不是"全面素养"。

有人认为,"核心素养"一词可有可无,因为核心素养只是素质教育、三维目标、全面发展、综合素质等概念的另外一种表述方式,唯一的不同是,"核心素养"的表述好像更为时髦、更有国际范儿、更能吸引眼球,但本质上是换汤不换药、新瓶装旧酒。把核心素养等同于全面素养,显然是错误的。从词义上看,核心素养必须是"核心"的素养,核心素养之外,还应该有"非核心素养"。否则,所有的素养放在一起,就不是"核心"的素养了。核心素养不是面面俱到的素养"大杂烩",而是全部素养清单中的"关键素养"。从此意义上讲,核心素养是素质教育、三维目标、全面发展、综合素质等中间的"关键少数"素养,是各种素养中的"优先选项",是素质教育、三维目标、全面发展、综合素质等的"聚焦版"。那么,如何聚焦?如何从众多素养中找到"关键的"素养?必须根据人的发展与社会发展的要求来确定核心素养。

第二,核心素养要反映"个体需求",更要反映"社会需要"。

在以人为本的权利时代,核心素养要反映个体发展的需要,为个体过上成功的生活做准备。但是,个人的生存与发展不能脱离具体的社会环境。21世纪对于学生素养发展的要求,与我国古代或者西方古希腊时期大相径庭。个人的核心素养应该适应、促进21世纪的社会变迁与社会进步。从产生背景看,1996年经合组织正式提出了"知识经济"的概念,1997年经合组织开始发起关于核心素养的研究。

显而易见,核心素养的研究是为了应对21世纪特别是知识经济的挑战。经济是基础,经济形态的变革会带动社会其他维度发生相应变革。伴随着两大阵营对垒的解除,伴随着WTO的跨国界影响,伴随着信息技术革命的神速进展,世界在21世纪进入了知识经济、全球化和信息化时代。这种变局为"三千年未有之大变局",核心素养是对这个大变局的应对,因而具有鲜明的时代性和全球化特征。核心素养框架的确定必须具有时代性与前瞻性。从全球范围来看,国际组织、一些国家和地区在核心素养指标的选取上都反映了经济社会发展的最新要求,强调创新与创造力、信息素养、国际视野、沟通与交流、团队合作、社会参与及社会贡献、自我规划与管理等素养,这些指标内容虽不尽相同,但都是为适应21世纪的挑战。从这个意义上看,核心素养是适应个人终生发展和社会发展所需要的"关键素养",只有具备这些素养,学生才能成功地适应社会,在自我实现的同时促进社会的发展。

第三,核心素养是"高级素养",不是"低级素养",甚至也不是"基础素养"。

学生生存与发展,需要多种素养。但是,面对21世纪的挑战,这些素养的重要性并不是平列并重的,需要有优先顺序。这些优先选项是什么呢?创新能力、信息素养、合作能力、社会责任、交流技能等排在前列,这些素养事关个体能否更好应对21世纪的挑战,事关国家发展和民族振兴。

我们的"应试教育"也培养了一些素养,如死记硬背(记忆)的素养、题海战术(应对考试)的素养等,在新的世界大势下,这些素养都是低级素养,没有竞争力。核心素养是高级素养,学生的发展需要这些高级素养,国家参与国际竞争需要这些高级素养。中国的国民素质和学生素质需要更新换代,中国的教育目标需要升级换代,核心素养为更新换代指明了方向。核心素养之所以是"高级素养",还有两个原因:① 核心素养是跨学科的,高于学科知识;② 核心素养是综合性的,是对于知识、能力、态度的综合与超越。核心素养作为"关键少数"的高级素养,甚至也不是基础素养。例如,身体素质对于人的生存与发展至关重要,可以视为基础素养。但因为"太基础"了,国外的核心素养框架中几乎都没有将之列入。另外,传统的"读写算"等基础素养,也未被纳入其中。

第四,核心素养要反映"全球化"的要求,更要体现"本土性"的要求。

我国的核心素养"热",显然是受到了国外的影响。在全球化背景下,各国的学生核心素养的范围会有一定的甚至相当的共性,如对信息素养的要求;但因为国情的差异,特别是各国发展面临的关键问题不同,核心素养的厘定和培育也需要有内容差异和程度差异。

就我国而言,有两个核心素养必须被大力强调。一是创新能力。中国教育最大的短板是所培养的学生创新能力不够,不能满足知识经济时代建设创新型国家的要求,不能适应国际竞争的要求。在一些地区和学校,我们的教育是在培养"会考试的人",而不是"会创造的人"。二是民主素养。中国社会走向全面进步要求加快政治民主化进程,进而要求培养学生的民主素质。就我国而言,在新的国内外形势下,核心素养是对素质教育、三维目标、全面发展、综合素质等的聚焦强化版和升级转型版。核心素养为教育教学改革提供了重点更突出、焦点更集中的教育目标,为转变学生学习方式、教师教学方式、政府和学校的管理方式指明了方向。

三、核心素养的价值定位

其一,核心素养的建立能够指导教师在日常教学当中切实贯彻党和国家的教育方针。

在我国推进新课程改革以来,虽然国家大力倡导新课程理念,但是由于国家宏观教育目标较为抽象,缺乏结构,一线教师难以充分理解并贯彻到教学实践当中。核心素养是我国教育目标的反映,旨在将宏观的教育理念、教育目标结构化细化,进行更系统化的诠释。促进并推动一线教师在教育实践的过程中体现并贯彻党和国家所倡导的教育理念与目标。

其二,核心素养是衡量教育质量,促进教育评价改革的重要依据。

核心素养对学生经过一段时间教育后所需要达到的能力和素养作出了规定,也就是对于教育结果进行了规定。在学生核心素养模型指导下,考察学生是否达到所规定的能力或素养,可以用以检验和评价教学效果和学习结果,同时也可以用以衡量教育质量,优化教育评价模式。

其三,核心素养的制定以促进学生终身学习和适应未来社会发展为导向,能够指引未来基础教育改革的方向。

核心素养并不满足于制定学生已有的学业能力水平,还包括放眼未来,规定学生较高的能力要求。它的着眼点是促进学生更好地适应未来社会和自我的终身发展,所以它的站位更高,不仅对当前基础教育的发展起到指导作用,同时也为未来基础教育改革指引方向。

其四,重视生活品质与生存质量。

核心素养就像是房屋的地基,其稳固程度决定了楼房的高度与坚韧度,而核心素养的培育对人的终身发展具有重要的导向作用,关乎个体的生活品质和生存质量。当前国际上的核心素养体系,除了生存必备的能力之外,还涉及文化意识、环境研究、个体职业发展、生活规划、管理与解决冲突等,这些指标体系涵盖学生的个人品质、文化素养和精神境界,影响着他们与社会、自然的相处和互动方式,也决定着日常生活的品位和品质,真正体现着以人为本的教育思想。

我国从2013年起开始组织全国心理学、教育学专家研制《中国学生发展核心素养》。2016年2月,教育部颁发《中国学生发展核心素养》(征求意见稿)提出了9个方面25个指标的初步方案,目前该方案仍在研讨中。

反思与问题

1. 课程目标、教学目标是最为常见的两类目标,而在实践过程中如何从课程目标转化到教学目标,以及真正实现或达到学习目标,其中存在一系列的因素，需要着力攻克，否则就会使得课程目标和教学目标的仅仅停留在理论表达层面，学习目标的达成则是转化理论目标的最好展示。

2. 核心素养是当前整个国际教育理论非常流行和重视的问题，尽管从美国、英国、澳大利亚、欧盟等框架体系下给出的学生核心素养目标对我们国家研制符合中国国情的学生核心素养具有重要的参考价值，但不能照搬西方的框架模式，从我国目前的研究结果来看，还是翻译介绍西方国家比较多，期待立足现实，结合我国学生情况和未来社会发展对人才的需要素养，深刻反思我国教育过程中存在的问题，然后改进和提出新要素，引领中国教育和实现学生核心素养目标。

3. 如何认识新课程三维目标与核心素养二者之间的关系？

4. 课程目标、教学目标、学习目标与核心素养联系与区别在哪里？

5. 学生发展核心素养提出的依据是什么？当前中国学生发展核心素养有哪些指标？这些指标的研制过程采用了哪些研究方法？如何认识核心素养目标对我国课程与教学的影响？

第七章 课程与教学资源

第一节 课程与教学资源的概念

资源科学的研究对象既包括作为人类生存与发展物质基础的自然资源，又包括与开发和利用自然资源密切相关的人力资源、科技与教育等社会资源。自然资源是指人类可利用的自然生成的物质与能量；社会资源指人类通过自身劳动，在开发利用自然资源的过程中的物质与精神财富。目前，社会资源研究还没有形成独立的学科体系①。教育资源是社会资源学研究的一项重要内容，它又与人力资源、资本资源、科技资源等社会资源有着密切的联系。"教育资源是为教育提供的人力、物力、财力资源的总称。"②课程与教学资源是一类重要的教育资源。

课程与教学资源是指供给课程与教学活动，满足课程与教学活动需要的一切。它包括构成课程与教学内容的来源和保障课程与教学活动进行的设备和材料。

在课程与教学研究中，人们首先关注到的是课程与教学目标、内容的来源问题。杜威在《儿童与课程》中提出了教育过程的三个基本因素：学习者、社会和有组织的学科。博比特受工业分析法的影响，认为"课程发现者首先是对人性和人类事务的分析者"③。他利用活动分析法，把人类经验分成一些主要领域，在他那里，课程与教学的来源是可以分析为若干领域的人类经验。查特斯(W. W. Charters)通过对人类活动的分析，把确定人类活动的基本单位作为课程编制过程的第一步，并据此提出了弥补学生经验缺陷的课程编制模式。波德(Boyd H. Bode)似乎更倾向杜威的课程哲学观，他从三个来源上

---

① 参见孙鸿烈主编：《中国资源科学百科全书·资源科学》，北京：中国大百科全书出版社、石油大学出版社2000年版，第1～5页。
② 孙鸿烈主编：《中国资源科学百科全书》，北京：中国大百科全书出版社、石油大学出版社2000年版，第945～946页。
③ 转引自拉尔夫·泰勒著，施良方译：《课程与教学基本原理》引言，北京：人民教育出版社1994年版，第8页。

考察了课程目标的维度与矛盾:学科专家的视点、实践者的视点和学习者的兴趣。① 泰勒比他们前进了一大步,他提出了课程的三个来源:对学习者本身的研究;对校外当代生活的研究;学科专家对目标的建议。他虽注意到三个来源,但仍将重点放在了分析社会来源——"当代生活需要"。② 坦纳夫妇认为泰勒在课程来源认识上有两点疏忽:一是"忽略了把它们当作有组织的相互联系的来源进行认识的必要";二是"把社会、学习者和有组织的学术知识当作资料的来源时,忽视了它们对教育目标和课程的影响"。③ 坦纳夫妇已经察觉到了泰勒在课程来源的研究上的局限,看到了这三者对课程的制约作用,体现了从课程来源研究到课程资源研究的转向。泰勒为《国际教育百科全书》撰写课程资源(Curriculum Resource)条目,从目标、教学活动、教学活动组织、课程评价等四个方面来表述课程资源,为我们进一步揭示课程与教学资源提供了重要的启示。

从以上对课程与教学资源的历史追踪,我们可以得出如下的认识:① 课程来源是课程与教学资源最主要的部分,在课程与教学研究的先驱者那里甚至是课程与教学资源的全部。② 课程理论研究者大多追随杜威,把教师、学生当作课程与教学资源。这样容易忽略他们所处的文化背景和经验基础。③ 必须加深有关课程与教学资源对课程与教学的制约作用的认识,以利于更明确课程开发的各向度。④ 哲学观和课程与教学资源观有密切的联系。有什么样的哲学观,就有什么样的课程与教学资源观。如,进步主义者把儿童经验看作是选择教育目标的主要资源;要素主义者强调文化遗产是引出教育目标的主要资源。⑤ 要把课程与教学资源当作一个整体来研究,认识到课程与教学资源的各要素是一个不可分割的整体,不能随意割裂为几个部分,所以在运用分析方法时应考虑综合和系统方法。

---

① Daniel Tanner & Laurel N. Tanner, *Curriculum Development*: *Theory into Practice* (2nd ed.), New York: Macmillan Publishing Co. Inc. & London: Collier Macmillan Publishers, 1980, p. 79.
② [美]多尔著,王红宇译:《后现代课程观》,北京:教育科学出版社 2001 年版,第 73 页。
③ Daniel Tanner & Laurel N. Tanner, *Curriculum Development*: *Theory into Practice* (2nd ed.), New York: Macmillan Publishing Co. Inc. & London: Collier Macmillan Publishers, 1980, p. 142.

第二节 课程与教学资源系统

一、课程与教学资源的构成要素

美国课程专家泰勒声称,"任何单一的信息来源都不足以为明智而综合地决定学校目标提供基础"[①]。因此,有必要全面系统地研究课程与教学资源的构成要素,以揭示课程与教学资源系统的结构与功能,探讨课程与教学资源的内涵和组织状态。

任何系统都包含有若干子系统。课程与教学资源系统可以按物质的与非物质的分为两个系统,再将非物质的分为思想资源子系统、知识资源子系统和经验资源子系统;物质的分为人力资源子系统与物力(财力)资源子系统。

课程与教学的思想资源是指一切有可能参与课程与教学活动之中,影响课程与教学活动的各类人员所具有的全部思想观念。它存在于教育系统中的教师、学生、管理者、研究人员和其他工作者的头脑中,是支配他们活动的各种观念。人的思想是最为复杂的,世界上的万事万物无不在人的思考范围之内。现实社会中的人的思想可以分为三类:有关自然界的思想,即对于自然的形成、发展、本质的个体认识;有关社会的思想,即社会价值观、道德观、发展观等;有关人——个体的人和人类的思想,即对人和人类行为的认识、对人的心理发展、对人类语言现象等的观点。

课程与教学的知识资源包括全部人类知识,是一个庞大的系统。它既包括常识,又包括理论知识;既包括描述自然,揭示自然规律的自然知识,又包括描述人类社会,揭示社会运动规律的社会知识。而数学知识可以描述社会的关系,也可以描述自然的关系,还可以描述社会与自然之间的关系;语言知识既涉及生理的、物理的自然现象,也涉及思维的、交往的社会内容。它们不能归入自然知识或者社会知识。因此,课程与教学的知识资源可以分为四大类:语言知识、数学知识、自然知识、社会知识。

---

① R. W. Tyler, *Basic principles of Curriculum and Instruction*, Chicago and London: the University of Chicago Press, 1949, p. 5.

课程与教学的经验资源是指教育系统的教师、管理者、研究者、工作人员和学生所具有的个人经历的总和。他们各自的经验有所不同,但也有一些共同点,他们都有受教育的经验、社会生活经验、学校生活经验。只是各自的经验内容、性质、水平等不一样。教师的经验是起主导作用的课程与教学资源,它支配着课程与教学活动的过程,这是不容否定的现实。不管是持学生主体观的教师,还是持教师主体观的教师,他们的经验都会不自觉地进入他们的教学活动过程中,如教师的教学活动容易受他们所受的教育的影响,他们会唤醒他们自己受教育的经验。学生的经验是课程与教学活动的基础,刚刚跨入学校大门的学生,主要依赖于学前的生活经验,然后,他们在学校中渐渐地形成一整套的学校经验,包括学习经验、与教师交往的经验、学校生活经验、学校社团活动经验等。

现代课程与教学活动不仅有具体形态的物质内容,而且还离不开财力——符号化了的物力的支持。因此,课程与教学的物力资源子系统由物质资源系统和财力资源系统组成。按性质,课程与教学的物质资源又可分为:自然物质资源与人造物质资源两个系统。课程与教学的财力资源系统可按来源分为三部分:国家和各级政府可能用于课程与教学活动的最大财力的指标;各种社会组织(企业、社会团体)提供的课程与教学活动的财力支持;学校及其他教育机构用于课程开发、实施和评价的财力。

课程与教学的人力资源是指组织课程与教学活动所拥有的劳动的总能量。课程与教学的人力资源子系统主要包括:课程与教学的人力资源需求系统、课程与教学的人力资源供给系统、课程与教学的人力资源配置系统、课程与教学的人力资源开发系统。课程与教学活动的人力资源受制于社会经济系统的供求规律,为了保证课程与教学活动所需要的人力资源,必须研究教育系统中的教师、学生、管理者、教育研究人员的人力供给与需求的状况,探索课程与教学的人力资源管理的特点,掌握课程与教学的人力资源的调配方式。

随着信息技术的发展,网络已经进入人们的社会生活,并产生了广泛的影响,成为一种独特的资源。它既需要物资设备的支持,投入大量的资金进行建设,又是一个虚拟的世界。随着网络学校的发展,虚拟学校已经成为现实,网上课程不仅将现实课程虚拟化,而且促进了新的课程形式的产生。这种新的课程主要是通过虚拟现实技术,使人置身于其中,获得的感受不仅以模拟真实为目标,而且正在向着新的专业教学技术发展。网络课程与教学资源具有物质与信息的双重特性,是一种特殊的资源。另外,它是一种发展的资源,具有多种不定性,还不能在现阶段给出完全的描述。但是,它又真真实实地存在于我们的生活中,而且对教育产生正反方面的作用已经非常明显。因此,课程与教学研究又不得不追踪它的发展轨迹。

课程与教学资源的构成要素复杂多样,而且是一个不可分割的整体,根据一定的标准将它划分为几个要素,仅仅是为阐述的方便。

二、课程与教学资源系统的结构与功能

研究课程与教学资源系统一定要研究它的结构和功能。只有通过研究它的结构,才能了解课程与教学资源的各个组成部分是如何联结的,揭示系统的本质特征。只有认识课程与教学资源系统的功能,才能了解课程与教学资源对于课程与教学活动的意义。

(一) 课程与教学资源系统的结构

"结构是指系统内部各个组成要素之间的相对稳定的联系方式、组织秩序及其时空关系的内在表现形式。"[①]任何系统都有自己的结构。课程与教学资源系统的结构是指课程与教学资源系统内部各层次的要素之间的联系、组织状态、时空关系。

课程与教学资源系统是有严密结构的复杂的巨大系统。它的结构可以从以下几个方面探讨:

1. 层次结构

"任何结构内部都可以存在着子结构"[②]。课程与教学资源囊括了宇宙间物质的和非物质的一切,包括多层子结构,处于最上层的实际上就是宇宙和把握宇宙事物的思想观念,即宏观结构。它是必须运用思维、借助于理论才能理解和把握的对象。例如,人们创立了关于宇宙和世界的哲学理论以及各种宗教学说。中观结构是组成宏观结构的部分。它是必须借助于人类所创造的某一领域的理论成果才能认识的对象。人们把它分成许多领域,并依据

---

① 魏宏森、曾国屏著:《系统论——系统科学哲学》,北京:清华大学出版社1995年版,第288页。
② [美]J.W.福雷斯特著,王洪斌译:《系统原理》,北京:清华大学出版社1986年版,第40页。

其内在的规定性,划定了许多学科。微观层次是组成各领域的每一具体的事物和活动,如运输系统的一列火车,人类社会系统的一种交往方式(握手等)。它是人们凭常识就能感知其表现的对象。微观层次的结构并非就是简单的,在表层的背后,这些事物和活动所具有的复杂本质又与宏观、中观层次是贯通着的。因此,离开揭示其本质的理论知识,就难以获得深刻的本质性的认识。

2. 联系方式

在课程与教学资源系统中,思想处于支配地位,它与一切物质世界发生着广泛的联系,能反视人类自身的活动,是课程与教学资源中最为核心的要素。知识资源是课程与教学资源系统中凝结着人类智慧的重要因素,它联系着物力资源和人力资源,也反过来为思想资源的发展提供指导和修正。它既具有认识对象的客观性,又渗透着认识主体的创造性。人力资源不仅是课程与教学的物力资源和知识资源联结的纽带,也是思想资源的源泉和物力资源的认识主体。物力资源作为"被认识的对象是客观存在的,关于它的知识却是认识个体构建出来的"[1],因此,物力资源既是认识的对象,又是其他资源系统的基础和支持系统。

3. 自组织

课程与教学资源系统可以"自己走向有序结构"[2],是一个自组织系统。课程与教学资源系统要素的性质、数目、排列顺序都处在自我运动、自发形成组织结构、自发演化之中。它随人类认识能力的提高、文化的发展、知识的积累、客观物质世界的变化而涨落,并通过涨落使系统实现自身的进化,达到新的平衡状态。系统的不平衡状态是绝对的,尤其是知识资源系统更是无时无刻不在变化之中,因为"人类的全部知识都是不确定的、不准确的和片面性的"[3]。所以,"科学、科学知识总是假设的:它是猜想的知识。科学的方法是批评的方法:寻求和消灭错误并服务于真理的方法"[4]。这样,人类认识的每一次重大突破都会打破课程与教学资源系统原有的平衡,或产生新的内容,

---

[1] 李喜先等著:《科学系统论》,北京:科学出版社1995年版,第179页。
[2] 钱学森等著:《论系统工程》,长沙:湖南科学技术出版社1982年版,第242页。
[3] [英]罗素著,张金言译:《人类的知识——其范围与限度》,北京:商务印书馆1983年版,第606页。
[4] [英]卡尔·波普尔著,范景中、李本正译:《通过知识获得解放》,北京:中国美术学院出版社1996年版,第3页。

更正旧有的理论；或出现新的技术，替代旧有的技术。而新理论新技术的突破或物力资源要素的变化又使认识主体的思想观念发生变化，系统在新的层次上达到新的平衡。

4. 整体性

整体性是系统结构最重要的表现形式。系统的结构是"系统具有整体性的原因"①。课程与教学资源各个层次的子系统之间相互联系、相互制约使得它具有了有机的整体结构。如在某一区域的课程与教学资源系统中，物力资源构成了人们认识的环境空间，制约着知识的积累和思想的内容，而这种思想和知识状况又作用于物力资源。各个层次的子系统（要素）在整体结构中都与其他部分有着特定的联系，而且离开整体就会失去它们作为系统要素的功能。这并不是说，在课程与教学资源系统结构中的各要素所处的地位是无区别的。相反，我们应该看到，在众多的要素中，有的联系是本质的联系，有的则是非本质的联系。知识资源子系统与其他子系统之间的联系，就是整个课程与教学资源系统的关键性结构。

（二）课程与教学资源系统的功能

系统的功能是指"构成系统的要素及其内部结构与外部环境的相互作用所呈现的系统行为功效和能力"②。系统的功能与环境相联系。课程与教学资源系统置于与之相关的环境中时，才表现出对于该环境的功能。"环境一旦发生变化，系统的功能就可能随着发生变化。"③因此，课程与教学资源系统是一个"寻求目标"④，即以特定的人的教育和培养为目标的反馈系统。如果不寻求这类目标，前面所述的囊括了宇宙一切的资源，就不能凸现其对于课程与教学活动的功效，而会因为与其他目标相联系，构成具有其他质的规定性的系统。因此，课程与教学资源系统的功能是对于课程与教学活动而言的。它可以分为两大类，即储备功能和支持功能。所谓储备功能，是指课程与教学资源的物质和观念内容，是人类文化传承的中介。物质世界是人类永

---

① 魏宏森、曾国屏著：《系统论——系统科学哲学》，北京：清华大学出版社1995年版，第289页。
② 李喜先著：《科学系统论》，北京：科学出版社1995年版，第114页。
③ 魏宏森、曾国屏著：《系统论——系统科学哲学》，北京：清华大学出版社1995年版，第291页。
④ ［美］J. W. 福雷斯特著，王洪斌译：《系统原理》，北京：清华大学出版社1986年版，第3页。

恒的认识对象。而人类的认识成果对于年轻一代既是认识对象，又是超越的对象。所谓支持功能，是指课程与教学资源对课程与教学活动的进行具有维护、保障的功效。课程与教学资源可以为课程与教学活动的进行，提供所需要的物质设施、组织、制度和思想观念。这两类功能不是孤立的，而是相互的。一方面，同一种课程与教学资源可以同时具有两种功能；另一方面，它们可以相互交叉，相互包含。

"为主要目的服务的反馈系统可以有许多组成部分，而每一组成部分本身又能组成某些次要目的的反馈系统。"①这些系统的功能具有易变性和灵活性，可以在不同的条件下表现出不同的功能，因此，课程与教学资源系统的功能既是有层次的，又是多侧面的、丰富的。其中，课程与教学资源系统的储备功能，从内容方面可以分解为知识储备、经验储备、物质储备、精神储备、文化储备等功能；从发展方面可以分解为社会发展、个体发展和课程事业本身的发展等功能。课程与教学资源系统的支持功能则包括物质保障、人力保障、组织保障、制度保障和思想观念的支持。这个功能系统是立体的、多维的，我们不能只注重于某一个方面。

（三）课程与教学资源系统的结构与功能的关系

"系统的结构是系统功能的基础，系统的功能依赖于系统的结构。"②课程与教学资源系统的结构决定了组织起来的各要素对于传递人类文化的教育活动的功效。系统结构改变，功能也会随之改变。课程与教学资源系统的结构不平衡，处于不稳定状态，会导致系统功能的强弱转化。在我国近代，整个社会科学知识资源非常缺乏，支持科学教育的人极少，科学教育的思想观念与以儒家思想为核心的社会主流思想不相融洽，科学教育的各项制度未能建立起来，致使支持现代教育的课程与教学资源系统的结构严重失衡。引进现代科学知识资源，制定发展科学教育的各种制度，逐步转变人们的思想观念，正是试图通过改变系统要素来改善课程与教学资源系统的结构。

结构决定功能并不是僵死的、单一的。相同结构的系统可以具有不同的功能，不同结构的系统也可以具有相同的功能。从微观来看，各地、各学校课

---

① ［美］J. W. 福雷斯特著，王洪斌译：《系统原理》，北京：清华大学出版社1986年版，第4页。
② 魏宏森、曾国屏著：《系统论——系统科学哲学》，北京：清华大学出版社1995年版，第292页。

程与教学资源系统可能千差万别,但是它们完全可能蕴藏着同样良好的教育功能。它告诉我们,不能把系统的结构和功能的联结凝固化,不能因为某种课程与教学资源系统具有结构方面的缺陷或差异,而认定某种资源系统在课程开发上将难以作为。我们完全有理由相信农田和实验室虽然在科学知识内容教育上的功能不同,却在培养科学精神上具备同等的功效。

系统的结构与功能具有相对的独立性,可以用功能模拟方法研究系统。即可以不问系统的结构如何,而把被研究的系统视为黑箱,通过输入与输出的比较来追求模型与原型有相同的功能。运用功能模拟方法构建课程与教学资源系统模型,如课程与教学资源系统流程图、数学仿真模型等,可以研究某一课程与教学资源系统输入的改变所产生的效用。

结构与功能相互关系还告诉人们,通过系统的性质可以了解结构,而明白了结构又可以了解系统的功能;结构可以作用于功能,功能也可以作用于结构。我们了解到某课程与教学资源系统结构上的不合理,就可以推测它对于课程与教学活动功效的影响。相反,如果我们对某一课程与教学资源系统提出改善功能的要求,就会迫使系统要素重组,改变结构,从而获得新的功能。

课程与教学资源不是机械地为课程目标服务的资源。它不仅是课程与教学内容的资源,还是产生课程与教学目标,形成课程与教学设计理念的资源。课程与教学资源对课程与教学活动具有自主性、能动性。在自组织过程中,课程与教学资源系统不断自发地产生新的更为复杂的组织和结构。它预示着,我们可以构建一种帮助学生发展自己的创造能力和组织能力的创造性的课程与教学的组织。而"创造性组织要求在固定的练习与无限的可能性之间、在我们寻求终结的需要与探索的欲望之间形成一定的张力"[1]。视野广阔的课程与教学资源系统观正是形成这种张力所必需的。

三、课程与教学资源系统的层面

课程与教学资源系统的分层是比较困难的,主要是因为不同的视角会产生不同的结果,这里仅从我国目前的三级课程管理的政策角度,将课程与教学资源系统分为三个层面:即国家课程与教学资源、地方课程与教学资源、学

---

[1] [美]多尔著,王红宇译:《后现代课程观》,北京:教育科学出版社2000年版,第167页。

校课程与教学资源。

（一）国家课程与教学资源

近代西方国家出于富国强民的目的，通过立法把教育权从教会手中夺过来，实行国家控制，课程与教学逐渐受到国家意志的左右。于是国家开始重视课程与教学资源状况，组织力量调查、研究、筛选和开发课程与教学资源。

所谓国家课程与教学资源，主要是指关系到国家发展、社会进步，影响国家教育发展的课程与教学资源。它主要包括：保证国家组织安全运行和发展的政治思想以及制度化的法律法规；保证培养增强国家竞争实力的人力资源所需要的科学技术知识和创新能力的资源；保证民族文化延续和发展的民族文化的资源。

不同的国家有不同的课程与教学资源状况。它与各国的历史文化传统有关，如近现代科学技术是从欧美的原生型现代化国家发展起来的。对于后起的外生型现代化国家，科学技术这种现代最为重要的课程与教学资源处于贫乏状态。后起国家在现代化的过程中，看到了引进现代西方教育和科学知识的必要性，但往往忽视了现代西方课程与教学资源对课程与教学的支撑作用，更没有来得及考虑开发现代课程与教学资源。由于课程与教学资源涉及社会的方方面面，包容广泛，引进和建设起来困难很大，加上引进的课程往往与本国的现实存在某些不协调，甚至相互排斥，所以，外生型现代化国家的现代课程与教学建设大多经历了引进——失败——改进调整这多次反复的艰难历程。当今世界各国在拥有课程与教学资源上仍然是不平衡的，因此在制定课程政策时应重视这一事实，即便对一些可以共享的课程与教学资源也要重视其在各国的存在状况与差异，因为科学技术课程与教学资源不仅仅指科学技术知识本身，而是包括产生科学知识的文化土壤、历史传统和人民的科学技术素养。当今全球化时代，科学技术知识的传播速度进一步加快，国家课程与教学资源必须处理科学技术国际化与民族文化传播和交融的问题，即做到在逐步丰富本国的科学技术课程与教学资源的同时，处理好与本民族的传统文化资源的关系，突出本土课程与教学资源的时代特征，为面向未来的课程与教学开发准备好充足的资源。

为了强化国家机器，一般首先考虑将国家和政府赖以建立的思想列入课程，因此，国家建立的指导思想是首要的课程与教学资源。如对于美国来说,自由民主精神、人生来是平等的观念等是国家政权赖以存在的思想基础,属于美国国家政治课程与教学资源。我国是社会主义的国家,马列主义、毛泽东思想、邓小平理论等是我国国家课程与教学的思想资源的宝库。关于爱国主义、国家的安全与稳定、国家的发展与未来的知识和阶级理想等资源以法律的形式固定强化下来,不能随意改动,是我国人民必须坚决遵从的。另外,培养有竞争能力的公民所需要的课程与教学资源既是国家生存与发展,也是个体公民发展与生活的基本资源,在任何一个国家都具有同质性。

(二)地方课程与教学资源

地方课程与教学资源,是指国家内部的各地方具有的政治、经济、文化、风俗、组织等方面的独特资源。地方课程与教学资源是强调地方特色和差异的部分。开发地方课程与教学资源,保证地方文化传统的继承和发扬,是在全球化时代继续保护人类文化多元特色的重要途径。

不同地方的现代课程与教学同当地的资源相匹配的程度是不一样的。原生型现代化国家的地方课程与教学资源同现代课程与教学的关系更为直接,它们原本是现代课程与教学的诞生地。地方课程与教学资源是地方课程与教学建设的必要前提。外生型现代化国家的地方课程与教学资源同现代课程与教学似乎是不协调的,它是外加于地方的。各地在政治、经济、文化、风俗习惯、自然环境等方面存在巨大的差异,它们构成各地在课程与教学资源方面的独特性,这同现代课程与教学的工业化模式形成反差和背离。相对于现代性而言,某些传统的课程与教学资源甚至被误解为落后与保守。随着人们对现代性认识的全面加深,地方文化资源成为重新被发现和认识的对象,这必然会影响到地方课程与教学的建设和发展。

(三)学校课程与教学资源

学校是课程与教学活动的舞台,是课程与教学资源最为集中的场所。学校课程与教学资源主要是指教师经验、学生经验、教材、学校设施、教学时间等。① 教师经验包括他们丰富的思想内涵、知识修养、教育教学技术等。这些既要成为课程与教学活动的组成部分,又要成为教师自我反思和评价的对象。② 学生经验主要是指学生的心智发展的经历、知识程度、学习习惯、个性品质等。学生是学校课程与教学活动的主体,学生的经验资源是课程与教学活动的重要基础,任何课程与教学活动都不能离开学生经验资源。③ 教材是重要的课程与教学资源,是学生学习的重要依据,但是它不应该是课程与教学活动的惟一资源。④ 学校设施包括保证课程教学实施的各项必要的设备与条件,如教学场所、图书、仪器等。⑤ 时间资源是指教师与学生进行课程与教学活动所可能利用的时间。它的总量极为有限,是最为宝贵的资源。

第三节　课程与教学资源的利用

课程与教学资源的利用是课程开发主体认识课程与教学资源系统,把课程与教学资源运用于课程开发与教学实践的过程。它浸透了主体的教育观,包括普查→筛选→培植→建设等四个步骤。

一、课程与教学资源的普查

课程与教学资源的藏量是一个国家、地区或学校所拥有的课程与教学资源的数量。它可以用信息拥有量、物力财力总量、人力资源量、民族文化风俗状况等多方面的指标作为衡量的标准。掌握一定范围的课程与教学资源的藏量,有利于获得进行课程开发的必要依据。

探明藏量的最好办法是进行普查,建立课程与教学资源的档案。只有在对课程与教学资源的要素有了比较明白清楚的认识的基础上,才能对课程与教学资源进行普查,正如只有对矿产资源的组成要素有了相当的了解之后,人们才能开始对矿产资源的调查,探明某地某种矿产的藏量和品质。课程与教学资源要素包括:自然物质资源,即阳光、空气、水、动物、植物、土壤、气候等;人造物质资源,即衣被、食品、建筑、交通工具、生产工具、兵器、乐器、体育器材等;人力资源,即教师、学生、课程研制者、学校管理者、社会其他人员;知识资源,即科学知识、人文知识、社会知识、制度知识、情感知识;经验资源,主要是学校教师经验、学生经验等。通过对上述诸种课程与教学资源要素的全面普查,掌握了一定范围内课程与教学资源的藏量,我们才有可能研制出适合于当地需要的课程,学校才有可能有效地组织课程教学。普查可以按国家、地方、学校三个层次来进行。每个层次的普查应该各有侧重点,国家层面的课程与教学资源普查可以将重点放在与国家和社会发展有关的宏观资源,并且特别关注国外课程与教学资源的状况,进行国与国之间的比较分析,为课程与教学资源的引进和输出做好准备。地方层面的课程与教学资源普查应在保证对课程与教学资源基本要素全面核查的基础上,着重关注地方特色的课程与教学资源要素的调查分析。学校层面的课程与教学资源普查应该着重关注与课程实施有关的资源,当然学校仍然必须详细核查本校特色的课程与教学资源,以利于开发校本课程。

二、课程与教学资源的筛选

课程与教学资源的鉴定是指对历史或现实中的各类与课程与教学活动有关的要素进行甄别,初步分析出具有开发价值的资源来。课程与教学资源的鉴定必须确定好鉴定标准,选择鉴定方法与手段。如同文物鉴定使用年代测定法,矿产的鉴定采用化学分析法。

课程与教学资源的筛选是在鉴定的基础之上,依据需要而进行优选,从而确定一个时期内具有开发和利用价值的课程与教学资源。它是在一定的教育哲学思想控制下的活动,受一定的教育思想和办学宗旨的左右。

由于构成课程与教学资源的要素各自具有不同的功能,所以资源的筛选可以根据不同要素的特性和功能分类分层进行。

三、课程与教学资源的培植

所谓课程与教学资源的缺失是指一个国家、地区、学校的课程与教学资源部分或整体上的短少与不足。这不仅表现在课程的条件性资源,也表现在课程的素材性资源。如整体而言我国科学课程的素材性资源就远不如美国,因为我国公民的科学素养水平不如美国,而且我国科学研究的投入和科学知识的产出量也远不如美国,导致我国学校科学课程与教学资源不如美国丰富,影响我国学校科学课程的生存基础,也是制约创新教育的瓶颈。

课程与教学资源的培植是指国家、地区、学校在可能的范围内,对课程与教学资源进行适当的扶持,使课程与教学资源丰富起来,满足课程与教学活动需要。国家可以通过制定政策,用投入资金购买,投入人力开发等方式增加该国的课程与教学资源。地方可以通过营造良好的社区文化环境,培养崇尚知识、尊重人才的社会风气,填补新知识、新观念方面的缺陷等,有意识地培育当地缺少的课程与教学资源。学校了解自己的缺失,重视校园文化建设,培植健康的校园精神,重视教学条件的建设,弥补教师和学生的经验缺陷等,进行学校层面的课程与教学资源建设。

素质教育改革要求素质教育课程,我们必须了解与素质教育相对应的素质教育课程与教学资源状况。在素质教育课程与教学资源严重缺失的情况下,盲目地引进和模仿别国的课程,必然会因为引进的课程内容与本国的课程与教学资源环境不协调而发生矛盾和冲突,达不到预期的效果。因此,我们必须重视素质教育课程与教学资源的建设,营造素质教育课程与教学环境。

四、课程与教学资源的建设

在课程与教学资源贫乏的环境下,课程开发是十分困难的,甚至是难以实现的,因此,课程与教学资源建设显得非常重要。尤其是每当面临课程改革就必然要进行相应的课程与教学资源建设,以使课程与教学活动获得丰富的资源支持。

课程与教学资源的建设可以根据课程与教学资源的各要素的特点来进行:① 课程物质资源(包括自然物质资源和人造物质资源)建设的首要任务是搜集和整理,对其中可利用因素的发现和加工。这要求学校和教师把当地的物质环境纳入课程视野,使草木说话,让大地传情。如一些学校开辟了劳动基地、实践基地,让学生走向社会,投身实践。其次是努力增加财力投入,建设课程条件保障系统,如着力建设校舍、教室、实验室以及实验设备、实验物资;建设课程与教学资源生产经营系统,如教学用品公司、教学软件公司。② 课程与教学的人力资源建设,重点应放在专业发展上。从事课程与教学活动的人力必须是高度专业化的,所以要求社会培养课程与教学活动的专业人员。但是在现代社会人力资源是由市场调节的,课程与教学的人力资源与其他行业的人力资源是处于流动状态的,因此有必要运用市场法则确保课程与教学活动需要的人力资源。③ 课程与教学的知识资源建设,是指创设与某一课程内容相容的知识环境。如要开发科学课程,就可以通过发行科学图书、推广科学的生活方式、使用科学的生产和生活工具、发布科学研究的信息、展示科学研究成果、制定发展科学的政策、倡导尊重科学的社会风气等,使科学课程开发拥有丰富的科学知识资源。

第四节　课程与教学资源的开发

　　课程与教学资源的开发是指在课程发展与教学实践中为实现课程与教学目标而加工、重组课程与教学资源。它是课程与教学活动不可分割的一个组成部分，贯穿于课程与教学的全过程。

　　由于现代国家都非常关心教育事业，积极制定政策干预教育，并根据教育规律，运用行政权力管理教育，课程与教学资源开发正是在国家、地方和学校各级教育行政的管理下进行的，所以课程与教学资源的开发在不同的层次具有不同的特征。研究课程与教学资源的开发不能不考虑它的层次性。从国家管理层面来看，课程与教学资源的开发主要是在制定国家课程目标、教学任务时，认真分析社会所拥有的资源与现实目标和任务之间的关系，因为课程目标与教学任务的确定直接决定课程与教学资源开发的视野，影响课程与教学资源开发的理念与方式。如以素质教育思想为核心的新课程改革增加了培养中华民族的优秀传统、培养学生的创新精神和实践能力、增强学生的科学和人文素养等目标。这不仅给课程与教学资源的开发增添了新的任务，而且对课程与教学资源开发的思想和技术也提出了新的要求。因为同新的课程与教学目标相关的资源的管理和使用和以往不同，具有不同的课程价值观，要求采用不同的人才培养模式，也就对课程与教学资源的开发提出了不同的要求。因此国家层次的课程与教学资源的开发主要是根据课程目标、教学任务和国家课程与教学资源的总体状况制定课程方案，编制国家课程的教材，制定并实施教师培养培训计划等。从地方管理层面来看，课程与教学资源开发主要是根据地方资源的特色，制定具有地方特色的课程发展的总体要求，主要是将地方文化、经济等各类资源用于以育人为目的的课程与教学活动，因此它要紧紧围绕课程目标来重组、建设地方资源。学校是课程与教学资源开发的真正主体。学校最有条件根据学生的具体实际情况进行有针对性的课程与教学资源的开发。学校所进行的课程与教学资源的开发也是完成课程与教学的任务、目标所必需的。因此研究课程与教学资源主要是在学校管理的层面上来进行的，以探讨学校如何利用各种资源分解培养目标与课程目标、制定课程计划、进行教学设计、开展教学活动等。

一、激发教师的积极性,开发学校智力资源

师资是学校最为宝贵的课程与教学资源。如何充分调动教师的积极性,开发以教师为主体的学校智力资源是学校课程与教学发展的最受人关注的问题。各级各类学校都非常重视师资建设,增强学校的师资力量。一个学校的师资力量是由个体的教师组成的,但又不是个体教师的简单相加,而是一个组织、一种集体的力量。它是以教师个体的思想、知识和智慧为基础,以学校组织机构为骨架而构筑起来的集体智慧。因此,学校智力资源的开发要从增强个体教师智力和加强学校组织建设两个方面着手。具体来说,包括:

(一) 人才引进

一所学校的师资总是处于自然流动的过程中,老教师会不断地退休,年轻教师不断被吸收进来。为确保师资的高质量学校要吸引优秀教师,包括引进高水平的中年教师和具有良好基础与广阔发展前景的青年教师。引进人才不仅要从学校完成教学任务所需要的任课教师来考虑,而且要从学校教师的专业、知识水平、能力状况、年龄等整体结构来决策。

(二) 培训培养

大部分学校的主体师资力量是长期稳定不变的,教师在他们的工作岗位上逐步走向成熟,一位优秀教师往往需要一个漫长的培养过程。学校对教师进行的培养培训是开发教师的智力资源服务于学校的教育教学工作。教师培训培养应针对学校课程与教学发展的需要,围绕课程与教学改革和发展的主题来进行,而不是盲目追求教师队伍的高学历、高职称。

(三) 教师组织建设

学校运行的行政系统既是整合教师资源的系统,又是一种具有实际功能的资源。在我国,学校行政以外的教师组织系统还不完备,主要表现为教师专业组织数量很少,规模很小,影响甚微。建设教师组织是改善这种现状的最好措施。第一,要充分发挥学校行政系统在组织教师进行课程与教学活动方面的作用,建设一个高效能的学校行政组织系统。第二,重视学校教师专业协作组织建设,发挥专业协作组织在提高教师专业水平、研究解决课程与教学工作中的问题、参与学校课程与教学改革等方面的重要作用。第三,重视校际教师专业组织的建设,学校不仅要鼓励教师参与教师专业组织的活动,还应努力协助校际教师专业组织的建设,提高专业组织的活动质量。

(四) 学校文化建设

学校文化对于开发学校师资来说具有特殊的意义。一个学校的传统、风气会对学校的成员具有潜移默化的感染力。努力建设一种文明健康、积极向上的学校文化,有助于提高教师的思想水平,增强教师的道德修养,改善教师的业务素质。有利于教师潜力发挥的学校文化建设要求:科学民主的文化价值取向;积极进取的文化心态;敢于创新的文化意识;先进新颖的文化手段;和谐协作的文化环境等。

二、了解学生,开发学生的经验资源

学生是学校课程与教学开发必须认真考虑的对象,课程与教学活动应当以学生的发展为本。这是由学生在课程与教学活动中的特殊地位所决定的。经过多年的研究,人们已经认识到学生既是课程与教学活动的客体,又是课程与教学活动过程中学习的主体,这就要求教师要充分考虑调动学生的积极性、主动性,要把工作做到学生心灵的深处,而不是把学生当作接受知识的容器。学生不是静止的,学生的经验是处于不断地发展和变化之中的。学生的经验不仅是学生知识增长和智力发展的基础,而且本身就是课程与教学所追求的目标。

(一) 热爱学生,尊重学生

学生是课程与教学资源,热爱学生,尊重学生,不是把学生当作工作对象加以爱护,而是应当把学生作为课程与教学的核心组成部分,尊重学生的主体地位。学生不仅是课程计划、教学设计的基本出发点,而且是课程实施、教学活动的真正主体。因此,热爱学生,要求承认学生在课程与教学中的主体地位;尊重学生,要求视课程与教学的过程为学生自己主动建构知识、获得发展的过程。

(二) 了解学生,研究学生

以学生发展为本的课程与教学活动,必然要求深入全面地了解学生、研究学生,要以学生为本,而不是以教材为本。了解学生不是为了控制学生,而是为了当好学生自主探索的帮助者;研究学生不是为了使学生获得更多的知识,而是为了解放学生,让学生充分享受在自主创造中成长的快乐。

（三）解放学生，激发学生

把学生从各种模式和规范的束缚中解放出来，还学生以自主地生动活泼地发展的自由，激发学生的积极性、主动性和创造性。解放学生是实现学生发展的情感目标、能力目标的重要前提，而激发学生是增强学生创造性的必要保证。解放学生不是放任自流，激发学生不是煽动学生的激情，而是要因势利导，使学生探究的本性得到自然的发挥。解放学生要求从课程与教学的目标设计到课程与教学方案的组织实施，以及评价等各个环节都要以学生发展为核心，避免将学生束缚于教材，局限于课堂。激发学生要求课程与教学面向学生的生活实践，从学生活动中寻求课程与教学的主题。

三、以广泛的知识背景为基础，开发学校课程与教学的内容资源

教材是教师教学和学生学习的重要蓝本。由于受应试教育观念的影响，我国中小学形成一种教师教教材、学生束缚于教材的局面。教材是经过严密选编的系统化了的学科知识，但无论多优秀的教材都不可能概括该学科领域最为主要的知识，更不可能彻底反映该学科的全部结构。因此，如果只是局限于教材，教师教学变成教学生学会教材，就会大大降低教学要求，也不可能很好地完成教学任务，实现课程目标。

（一）选择重组知识资源

人类已经积累了非常丰富的知识资源，对于年轻一代来说，这些知识资源都是非常宝贵的，是他们进一步揭示世界奥秘的基础，因此任何一个课程方案和教学设计都要考虑筛选知识。学校筛选知识的权限取决于一个国家的教育政策，随着现代教育的发展，世界各国的学校在知识选择的权限界定方面越来越具体明确，国家通过发行或审定教材、督促检查、考试测评等等手段控制着知识资源的选择权。教育改革要求扩大学校的知识选择权，学校可以根据课程标准（教学大纲）选择知识内容，或者可以根据实际需要选择教材、自编教材。教学过程也是一个对知识进行重组的过程，教师要根据学生的具体情况进行教材处理，使教学知识与教学的经验基础相连接。

知识资源的载体非常丰富，包括教材、图书、杂志、报纸、广播、电视、网络、广告等等，都可以作为学生学习的内容，因此，学校课程与教学资源的开发利用不要只局限在教材上，而应该有一个开发广泛的知识资源的整体计

划,以促进学生发展的需要为旨归重组教材,为学生制订切实可行的读书计划,引导学生接受各种现代传媒,通过各种长期持续的读书活动、传媒节目鉴赏活动等得到知识、情感与道德的全面发展。

(二)认识利用自然资源

自然是人类认识的对象,也是人类赖以存在的环境。人类拥有的宝贵的知识和经验有很大一部分是直接来自于对自然的认识。然而人类对自然的认识并没有完结,也不会停止,学会认识和利用自然是人类一代又一代的永恒主题。学校不是只教给学生现成知识的场所,它还应该是让学生参与认识自然的机构。学校应该创造条件使学生亲密地接触自然,并在探索自然奥秘的过程中,学会认识和利用自然的初步方法,形成与自然和谐相处的初步观念。

(三)熟悉开发社会资源

社会是人类生存的方式,养成社会性是学生发展的重要目标。但是使学生了解社会不只是为了将来能够适应社会、为社会做出贡献,更应该重视学生所生活的现实社会,也就是说学生认识社会不只是通向社会的途径,而是学生社会生活的一个组成部分。学生是社会整体的一个部分,正如社会成员在社会中各自扮演着不同的角色,学生有他特殊的身份。因此,要求学校课程与教学活动走进学生的生活,利用学生的社会生活资源。学生的社会生活资源主要包括游戏、玩具、同辈组织、青年人的时尚等等;与学生有密切联系的社会生活资源主要有家庭、社区、群众组织和政府组织等等。前者是青少年儿童所独有的生活世界,后者则是他们要认识和熟悉的社会组织。只有在学校课程与教学资源开发上使这两个世界相互沟通,才是实现培养学生实践能力的有效途径。

反思与问题

1. 在我国,课程与教学资源的研究是一个全新的课题。它是我国正在进行的新课程改革提出来的。它代表着一种新的课程与教学理念,即不能把教学内容仅仅局限于教材或考试范围,而是要灵活把握课程标准中的课程内容,充分利用各种丰富的自然资源、社会资源与信息资源,实现课程目标。

2. 课程与教学资源的开发利用是检验教师专业发展水平的一项重要指

标。因此,训练识别、筛选、加工课程与教学资源是提升教师专业水平的一项重要内容。

3. 课程与教学资源的开发利用并不是将一切信息不加区分地引入到学校教学中,我们要反对"怎么都行"的后现代主义的某些思想,而应坚持以先进的文化内容作为我们学校的教育内容,培养掌握先进文化知识、具有现代科学与民主精神的一代新人。

4. 课程与教学资源开发的研究在我国还是刚刚提出来,学校和教师还没有形成开发课程与教学资源的习惯,还缺乏相应的能力,因此,课程与教学资源开发水平的提高还需要通过较长时间的努力才能实现。

5. 如何理解课程文化与课程资源的区别?

第八章 课程文化、课程知识和课程研制

第一节 课程文化

课程自身就是一种文化,课程是文化的组成部分,课程与文化的关系是部分与整体的关系。将课程视为文化,是赋予课程一种文化主体地位,使其具有自律性的、内在性的、独特性的文化属性与品质。因而,课程作为文化的命题,是一种本质性的逻辑判断,是从本体意义上对课程进行文化设定。使课程从文化"虚无"状态还原为文化实体状态,并非将课程混同于实然的社会文化现象。

一、课程文化的涵义

课程文化的实质,是学校课程文化最根本、最深层、最终极的规定性。它规定并决定着学校课程文化的性质、属性与特征,关系着人们对课程文化的认识、理解、评价和借鉴。课程文化是一种独特的文化,它虽然有一切文化都具有的特征,但不能简单地、仅仅从纯文化的角度去认识课程文化,而是应该从更广阔的范围内去总结、提炼课程文化的发展成果。

(一)文化的涵义

"文化"一词在西方源于拉丁文"cultura",是指人在改造自然界的实践过程中对土地的耕耘、加工、开发及对植物的种植、栽培等活动。"文化"一词在后来的使用中被人们引申,逐渐出现了转义,成为一个复合的整体,它包括知识、信仰、艺术、道德、法律、习俗和个人作为社会成员所获得的其他能力及习惯,包括各种外显与内隐的行为方式等。

"文化的核心是价值观念。"[①]"广义的文化总括人类的物质生产和精神生产的能力、物质的和精神的全部产品。狭义的文化指精神生产能力和精神产品,包括一切社会意识形态,有时又专指教育、科学、文学、艺术、卫生、体育等

---

① 石中英:《教育学的文化性格》,太原:山西教育出版社1999年版,第82页。

方面的知识设施,以与世界观、政治思想、道德等意识形态相区别。"《苏联小百科辞典》第 5 卷也认为,文化是"人类在其历史的进程中创造和发展起来的各种物质上和精神上有价值的东西的总和"。

1871 年,泰勒把社会科学意义上的"文化"定义为:知识、信仰、道德、法律、习俗以及包括作为社会成员而获得的其他任何能力、习惯的复合体。[①]

文化从纵向划分可以分为三个层面,即:物质层面、制度层面和精神层面。从人的发展、生产和生活三个方面看,文化包括:一是指"个性的形成或个人的培养",二是指与自然相对的"文明化了的人类所进行的一切活动",三是指与贸易、金钱、工业和工作相对的"日常生活中的吟诗、绘画、看戏、看电影之类的娱乐活动"。[②] 从人的类特性看,文化内涵有"文化是创造性的活动过程,是人的特殊活动方式,是变化的发展的人的社会属性,是人通过物质和精神活动的具体形式实现的自我发展和自我再生"。从文化的显现性看,分为内隐文化和外显文化两个方面。内隐文化包括观念、心理等精神要素,外显文化则由物质文化、行为文化、制度文化等组成。

(二) 课程文化

课程文化显然不能是"课程+文化"或"文化+课程",既不是"课程"与"文化"两个词及含义的黏合,也不是这两个词的简单相加。它是一种具有自身质的规定性的文化形态。它包括课程和文化这两个概念内涵的共同本质。那么课程文化到底指什么?关于课程文化的定义主要有如下几种:

其一,课程文化有两方面的涵义:一是课程体现一定的社会群体的文化,二是课程本身的文化特征。前者主要是就课程是文化的载体而言的,后者主要是就课程是一种文化形式而言的。应该说,课程文化是包含着这两个方面内容在内的。[③] 其二,课程文化不是体现在学校中的某个社会群体上,即不是以学校中的某个群体为载体,而是以群体间的关系和活动为载体,教师和学生中任何一个方面的活动及所体现出的文化特征,无不在课程文化上有所体现。课程文化是他们双方面互动的产物。狭义的课程文化主要是指教材文化而言。宽泛定义的课程文化即为学生在学校情境中获得的一切经验的过

[①] 金志远:《课程文化:实质、属性与特征》,《内蒙古师范大学学报》(教育科学版)2005 年第 11 期。
[②] 包景泉、金志远:《定义课程文化》,《语文教学与研究》2005 年第 5 期。
[③] 郑金洲:《教育文化学》,北京:人民教育出版社 2001 年版,第 228 页。

程。其三,课程文化是指按照一定社会对下一代获得社会生存能力的要求,对人类文化的选择、整理和提炼而形成的一种课程观念或课程活动形态。其四,"课程文化,就其本质上讲是一种精神财富,这种精神财富不只表现为课程意识、课程思想、课程价值等内隐的意识形态,而且表现为人类在漫长的进程中所创造的课程制度、课程政策等外显的制度化形态。这样才能构成课程文化的整体内容和结构。""课程文化有三层含义,它包括课程'的'文化,又包括课程'与'文化,还包括实践的课程文化。"①其五,课程和文化都是主体发展的资源,二者的共同点就是发展资源。据此认为,课程文化即为主体发展的文化资源。②

二、课程文化的特征

(一) 课程文化的民族性和传承性

从文化根源看,课程文化具有民族性和传承性。课程文化的民族性是指在不同的民族文化氛围中,必然产生不同特点的课程文化。文化是民族的灵魂,是维系国家统一和民族团结的精神纽带。世界上每个成熟的民族都有属于自己特有的文化形态和文化个性,而这种特有的文化就成为民族亲和力和凝聚力的重要源泉。而课程改革的顺利实施在一定程度上决定其是否与本土文化相适应。课程改革必须扎根于文化传统,实现本土化,否则会成为空中楼阁。"任何课程或知识的发展和创新实际上都必须考虑本土的文化处境。"③不论是本土生长式的课程改革还是移植式的课程改革,都是一种人为事件。在进行课程改革设计时,应充分考虑整个社会的文化倾向。

任何一个国家或者民族的文化都有其传承性的一方面,即在其体系要素中有隶属于历史的长期稳定的东西。课程文化的传承性特征就是指课程文化传统的继承性。在课程改革过程中,不能人为地割裂课程文化的传承性。将文化中那些延续性的、亘古不变的要素看作历史的糟粕而弃之不用。从而使得课程改革脱离了其生存于其中的文化,使自己失去了文化的支撑。因此,作为课程文化,必须担负传承本民族文化,体现本民族文化特性的历史

---

① 包景泉、金志远:《定义课程文化》,《语文教学与研究》2005年第5期。
② 金志远:《课程文化:实质、属性与特征》,《内蒙古师范大学学报》(教育科学版)2005年第11期。
③ 丁钢:《课程改革的文化处境》,《全球教育展望》2004年第1期。

使命。

（二）课程文化的时代性和创新性

从文化发展看，课程文化具有时代性和创新性。人类社会已从工业文明进入一个知识信息时代。文化赖以存在其间的社会环境发生了巨大变化，那么课程文化也同样必须具有不断丰富发展、开拓创新的时代性。课程文化应在民族性的价值取向与时代性的价值取向之间保持适当的张力，既要保持本土民族特色，同时又要具有国际视野，不落后于时代的脚步。同时，创新性是现代教育对人才培养的基本要求，而课程是教育的核心，所以课程文化的创新性是和现代教育的要求相一致的。

（三）课程文化的社会性和实践性

从文化本质看，课程文化要具有社会性和实践性。社会性是指课程文化受到社会文化的影响与制约，社会文化无时无刻不对课程文化发生重要影响。社会意识形态、价值观念、行为准则、文化心理、人际关系、道德规范等，无不影响着课程文化。而实践性是指课程文化不同于一般的文化，不单纯是为了总结或研究，也不是自然形成的，而在于指导实践，用于实践。

（四）课程文化的人本性和自觉性

从文化属性看，课程文化要有人本性和自觉性。人本性是指人是课程文化的主体，是课程文化的首要因素。它是文化的本质和人的本质的统一，人本性特征是课程文化的本质要求。课程文化就是一种主体文化，课程文化的最重要、最直接的功能是对人的价值观、精神、道德等的引导与控制。自觉性是指课程文化在课程主体高度自觉的努力下形成的，是主体自觉的自我意识所构成的文化体系。课程已经由单纯的文化的复制、传递、维持、辩护的工具转变为自在的、自主的、自觉的文化主体，这不仅是由教育本身的根本属性与逻辑所决定的，也是当代教育与学校课程改革的迫切需要。[①]

（五）课程文化的多元性、融合性和系统性

从文化构成看，课程文化要有多元性、融合性和系统性。英国著名课程论专家劳顿从社会学角度对课程的界定是："课程在本质上是社会文化的一

---

① 郝德永：《课程与文化：一个后现代的检视》，北京：科学教育出版社2002年版，第387页。

种选择。"①无论在西方还是在中国,社会文化永远不可能是一元的。课程文化的发展不应是排斥社会文化的多样性的。相反,课程文化的发展应愈来愈体现文化多元并存而相互交融的趋向。各国各民族文化的差异存在正是交流和对话的基础,并由此达到互相渗透、互补互动的可能。因此,课程文化的多元性是形成符合自身需要的课程体系所必需的。另一方面,随着世界市场的形成和发达的交通以及大众传播媒介的普及,不同地区、不同民族的文化都呈现互相开放、互相交流、互相引进、互相吸取的发展趋势。而促进各民族文化融合的手段和途径是多种多样的,如教育、战争、移民、旅游等。但教育是实现各民族文化融合的最积极、最有效的手段。课程文化的系统性是指课程文化是由相互联系、相互作用的隐形要素组成的,是一个具有特定功能的整体。课程文化作为一个系统,按其组成要素的性质可分为结构系统、载体系统、功能系统等。

三、课程文化的功能

课程文化不是一种完全被动的、承受性的社会文化的传承工具,它本身具有一种自律性的、内在性的、独特性的文化属性与品质,课程文化与社会文化不是等同的一个概念,它的持续发展与更新的特点决定了它具有一种超越和引领的功能。②

(一) 文化认同功能

课程改革价值确立以后,要想真正在实施的过程中被认可与接受,必须得到各种利益群体的认同,不然导致的结果就是阳奉阴违。课程改革文化认同有多种形式,一般来讲,认同方式可分为:强制性认同,诱导性认同,自发性认同,理性的、反思性的认同。这些方式表明,为了达到文化认同的目的,可以借助外在的制度与策略,通过妥协、讨价还价和其他各种调解形式来影响和干预参与者的认知,使他们坚定改革信念,实现文化认同。但是,这里有一个前提条件就是课程文化本身具有被接受的可能性。也就说课程文化自身的品性决定了其天然地具有文化认同的功能,课程不仅仅是文化传承的工具,其自身就是一种文化,它通过对浸染于其中的群体价值观念潜移默化的

---

① 刘灿:《刍议课程文化》,《当代教育论坛》2007年第3期。
② 代建军:《论课程文化的重塑》,《山西师大学报》(社科版)2009年第1期。

影响，使文化认同得以自觉地实现。如课程改革中将大量的西方课程理念移植过来，这些概念、术语、理论都是在西方文化与语境中产生的，一旦放在中国的社会文化环境中，必然与中国文化产生激烈碰撞，对于长期浸染于中国文化中的教师和学生，肯定会出现文化不适应现象，进而对新课程改革产生认同危机。如何在中西课程文化之间形成恰当的张力，实现多种文化的有机融合，以保障课程改革的顺利进行，这就需要通过课程文化自觉，在与文化"他者"的对比中，激活自己的传统课程文化精华，合理吸收借鉴西方的课程文化，把一种新的课程文化深深熔铸在课程改革的生命力、创造力和凝聚力之中。[1] 因此当前的课程改革有一个紧迫的任务就是展开本土行动，进行中西文化的对话与交流，在具体实践的过程中，寻求一种文化认同。

（二）革新思维功能

一种新的课程文化的诞生，首先意味着思维方式的变化，自从现代课程产生以后，课程理论研究范型就发生多次转变，从最初博比特、查斯特以及泰勒的技术理性到施瓦布、施滕豪斯的实践理性，直至最近批判理论以及后现代理论所主张的解放理性。每一次转型都在思维方式方面有了较大的革新。具体到中国的课程改革，它在文化方面突破了传统课程研制体制的保守性与封闭性，把综合、自主、探究、合作、开放等理念揉进课程文化的框架之内，因而要求改革决策者和实施者在改革的过程中，要进一步解放思想，转变思维。唯有如此，才能适应课程改革所提出的挑战和要求。

（三）价值导引功能

课程改革不是一种价值无涉的纯技术的社会活动，它是涉及到一个价值判断的过程。课程批判理论要求把课程改革放在更宏观的社会背景之下，通过揭示课程活动与现象背后所隐含的权力与利益的斗争，反映了课程对人的控制与规约。从而旗帜鲜明地告诉人们，在课程改革过程中，绝不能漠视隐藏在课程目标与内容后面的价值导向。在课程改革过程中，必须清楚"谁要改革"、"改革什么"、"改革谁将受益"以及"改革何以可能"等问题，对这些问题的回避，必将导致课程改革的"形式化"与"肤浅化"。因此在课程改革过程中，一定要注重确立相对明晰的课程价值观，那么"什么样的课程价值是最合

---

[1] 张晓东：《课程文化自觉：实现课程改革的文化转向》，《当代教育科学》2004 年第 9 期。

适的"以及"如何保证课程价值的适切性",这就关涉到课程文化的研究与探讨,价值作为课程文化的核心概念,其类型与取向的定位直接与文化有着密切的关系。比如,"西方文化强调个人的自我价值,反映在课程改革价值活动中就体现为对个人存在和发展权利的强调,而东方文化强调群体的和谐、人与自然关系的和谐,反映在课程改革价值活动中就体现为对社会发展和社会秩序的强调。"①课程改革作为对传统课程研制体制的突破与创新,在课程文化方面必然有新的内涵与品质,它在课程价值方面要发挥引导作用,唯有如此课程改革才可能有坚实的基点和明确的方向。

（四）转化行为功能

课程文化是一个抽象的名词,最终是由处于这种文化之中的人的外显或内隐行为来体现的。对于课程文化而言,它不是一个书面的"文本",而是由课程决策者与参与者的互动组成的一个复杂的规则系统,对课程文化的研究实质上就是对参与其中的人的行为模式的研究。课程行为研究对课程变革的开展具有深远的意义,它可以揭示课程变革动因以及演进历程,并为课程变革提供有益的借鉴与启示。如果在改革的过程中,能够明晰人们行为方式的变化规律,在不同阶段采取相应的措施引导行为转化,则可以更有效地消除冲突,加强合作,保证课程改革顺利进行。

四、课程与文化的关系

文化与课程之间的有着千丝万缕的联系。社会文化影响制约课程的内容,文化模式、文化部类、文化生态影响着课程的设计,文化交流、文化变迁导致课程的变革,文化发展水平制约课程的现代化进程,社会文化是课程的丰富资源。课程对文化的选择、协调与提升,对文化的传递和传播也体现了课程对文化的作用。

关于课程与文化关系的理论、文化对课程的制约作用以及课程对文化的影响,内容见二维码。

课程与文化关系

---

① 胡定荣:《课程改革的文化研究》,北京:教育科学出版社2005年版,第127页。

第二节　课程知识

知识是课程的基本来源,没有知识,也就没有课程。"知识制约着课程内容层次及范围的历史流变,决定着课程内容广度与深度的时代进程;知识的类型及其结构制约着课程结构的变迁;方法论意义上知识观是课程思想及其原则的基本依据。"①知识构成课程的问题,不仅仅是知识本身的问题,更主要的是知识观问题。因为知识及其变化对课程的影响最终要经由人对知识的理解方可实现。因此,可以说,每一次课程演变都在一定程度上反映出知识观的变化。虽然不能说,课程变化的直接动因全部来自于知识观,但知识观应该是引起这种变化的重要原因之一。从某种意义上讲,课程知识观是进行课程设计和课程改革的一个重要理论基础。

一、知识的认识

对知识的定义很难做出准确的界定。这种状况就像罗素晚年所体悟到的那样:"知识是一个不能得到精确定义的名词。"②知识历来是哲学认识论的研究对象,在西方有人把认识论称为知识论,在很多场合,知识与认识同义。所以,传统的有关知识的定义多是从哲学的角度提出的。

(一)知识的涵义

在中国,占主导地位的仍是来自哲学认识论的定义,这些定义都是根据哲学认识论中的反映论给出的,强调知识是人对客观世界的主观反映。

《中国大百科全书·教育卷》中对知识的定义是:"所谓知识,就它反映的内容而言,是客观事物的属性与联系的反映,是客观世界的主观映象。就它的反映活动形式而言,有时表现为主体对事物的感知或表象,属于感性知识,有时表现为关于事物的概念或规律,属于理性知识。"③《教育大辞典》中对知识的定义是:"知识属于认识范畴,是人类的认识成果。经验是知识的初级形

---

① 郝德永:《课程研制方法论》,北京:教育科学出版社2000年版,第76~80页。
② 鲍宗豪:《论知识:一个新的认识域》,上海:上海人民出版社1991年版,第140页。
③ 董纯才主编:《中国大百科全书·教育卷》,北京:中国大百科全书出版社1985年版,第525页。

态；系统的科学理论是比较完备的知识形态。"[1]知识是"对事物属性与联系的认识，表现为对事物的知觉、表象、概念、法则等心理形式，可通过书籍和其他人造物独立于个体之外"[2]。

上述观点属于传统知识定义，但随着认识论、心理学研究的进一步发展，随着人与知识的关系的主题由"发现知识"、"占有知识"转向"探寻和构建知识与人的意义关系"。这种传统知识定义越来越受到了较多的质疑和批判。

（二）知识的性质

柏拉图在《泰阿泰德》中，把知识界定为一种确证了的、真实的信念。知识是由信念、真与确证三个要素组成，这是西方传统知识的三元定义。按照这种定义知识首先是真的，但仅仅是真还不足以是知识，你还需要相信它。康德把有关事物的判断分为三个层次，最高一级是知识，它不仅在主观上，而且在客观上是有关事物的真判断。[3] 齐硕姆（Roderick M. Chisholm）认为，真意见必须要有充分证据才会成为知识，确证主要指命题必须有恰当的理由或证据。信念可能会碰巧为真，但知识却不允许有这种偶然性。

扎泽博斯基（Linda Zagzebski）把知识界定为一种"关系"，即人们与现实相接触的一种认识关系。他认为，知识可区分为两类，一是有关事物的直接知识，它是主体通过与实在的对象进行直接的经验接触而产生的认识；另一是有关事物的间接知识，称之为命题知识。它是主体所认识的关于世界的真命题。麦克金（Colin McGinn）认为，知识各种不同的表达方式组成了一个知识家庭，如认识谁（who），认识如何（how），认识某物与他物的区别等。构成知识家庭根本特征的概念是"辨认性知识"，即从与他者的不同中辨别出某物的知识。知识家庭的共同特征可以对知识的异中之同进行说明，建构知识的统一理论，这种知识的统一理论应当以"辨别"概念作为核心。他认为，命题知识，即对某物是什么的认识，不过是从创见物中区别该物的一个特例。[4] 麦克金对知识的分析，吸收了维特根斯坦的"家庭相似性"的论点。

总之，称得起知识的信念，必须满足三个条件：命题 P 为真；S 相信命题 P；S 相信 P 所形成的信念得到了确证。也就是说知识是确证了的真信念，不

---

[1] 明远主编：《教育大辞典·第6卷》，上海：上海人民出版社1992年版，第130页。
[2] 明远主编：《教育大辞典·第1卷》，上海：上海人民出版社1992年版，第144页。
[3] 赵长林：《知识论发展与课程知识观的嬗变》，《教师教育研究》2004年第4期。
[4] 赵长林：《知识论发展与课程知识观的嬗变》，《教师教育研究》2004年第4期。

同观点的分歧在于确证的度,确证方法以及分类。

(三) 课程知识分类

1. 知识论层面的分类

(1) 感性知识与理性知识。这种分类是从认识论的角度出发的。感性知识直接来自于人们的感官,它包括感觉、知觉等,其特点是认识的直接性、不确定性;理性知识来自于人们的理性能力,它包括概念、判断和推理,其特点是认识的概念化、确定性。

(2) 人文知识、社会科学知识和科学知识。这种分类是从知识的学科范畴上进行的,还可以再细分哲学、文学、历史、艺术、科学等学科。人们一般认为,人文知识的客观性、理性程度最弱,科学知识最强,社会科学知识介于二者中间。社会科学知识具有理性与客观性的特征,比如:法律、经济知识,需要一定的逻辑推理,经济活动表现出周期性特征等。

(3) 个人知识与社会知识。这种分类是从知识拥有主体的角度来分的。罗素在其《人类知识》一书中,对个人的知识与社会的知识进行了区分。他认为,社会知识从总量上可以说多于个人知识,也可以说少于个人知识。因为,百科全书式的全部社会知识却不能包含个人的知识部分。他说:"整个社会的知识和单独个人的知识比起来,一方面可以说多,另一方面也可以说少;就整个社会所搜集的知识总量来说,社会的知识包括百科全书的全部内容和学术团体的全部文献,但是关于构成个人生活的特殊色调和纹理的那些温暖而亲切的事物,它却一无所知。"[1]个人知识是自身亲身经验得到的,这种知识不是可以用语言完全能够表达出来的。波兰尼认为,个体知识,特别是个体的判断力,在科学发现中,起了举足轻重的作用。理智的激情、信念、良知、责任心与判断力的协同,自始至终伴随着科学的研究工作,理智的激情通过科学的美感和真理建立起了内在的关联。社会知识则是祛魅的,排除了情感、价值和激情,追求客观、普遍与价值中立。

2. 课程论层面的分类

(1) 费尼克斯的课程知识分类

费尼克斯主要是从发展学生能力的角度来对知识进行分类的。他在《意义的范畴》这本书中指出,普遍教育所关注的不应只是智力的发展,因为它是

---

[1] 罗素:《人类知识》,北京:商务印书馆1985年版,第1~3页。

理解和形成基本意义的过程。他所说的意义有四个维度：一是有关内部经验的维度，包括感受、意识、激励、以及难以明确表达的领域；二是逻辑和法则维度，任何类型的意义都要通过特定的逻辑或结构原理表达出来；三是选择性维度，从理论上说意义是无穷的，因此必须对它们进行选择，选择值得进一步发展和阐释的问题；四是表达维度，所感兴趣的意义要通过符号进行交流，符号是表达意义的中介。根据意义的四个维度，他把知识分为六种类型：符号学，包括普遍语言学、数学、非推论性符号形式；经验论，包括物理学、生物学、心理学、社会科学；美学，包括音乐、视觉艺术、运动艺术、文学；心智研究，包括哲学、心理学、文学和宗教；伦理学，包括道德规范和知识；福音学，包括福音及传道的知识。

（2）赫斯特的课程知识分类

赫斯特认为，在日常用语中，知识的对象是人、地方、物体、理论、技能、感受等。但是在哲学上，知识的对象并不是我们所知道的东西，它们有三种类型：一是"直接的客观知识"，即我们所知道的人、地方、事物；二是"知道是这样的知识"，即我们所知道的事情是怎样的，它们是用某种陈述或假设来表达的；三是"知道是怎样的知识"，即我们知道在何时何地以何种方式做何种事情的知识。最后一种知识不仅需要认知和理解，还要具备一定的能力。赫斯特和彼德斯（Hirst & Peters）将知识分为七种形式：形式逻辑和数学、自然科学、道德认知和判断、美学、哲学、宗教经验以及对已对他人心灵的认知。[①]

二、课程知识观

知识观，从词义上看，"观"在汉语中，是指"对事物的认识或看法"，英文将其译为 viewpoint on/about 或 idea on/about，即"对……的观点"、"对……的看法"。由此可见，知识观不是知识本身，它是关于知识的知识，是伴随着知识的积累、丰富与增长，人们对知识所做的一种认识和反思。也就是说，知识观是人们对知识的基本看法、见解与信念，是人们对知识本质、来源、范围、标准、价值等的种种假设，是人们关于知识问题的总体认识和基本观点。如理性主义知识观、经验主义知识观、逻辑实证主义知识观、实用主义知识观、科学主义知识观等。知识观历经演变，当代出现了后现代主义知

---

① 赵长林：《知识论发展与课程知识观的嬗变》，《教师教育研究》2004 年第 4 期。

识观。

后现代主义是20世纪后半叶在西方社会流行的一种哲学、文化思潮。代表人物是福柯、德里达、利奥塔、费耶阿本德、罗蒂、霍伊、格里芬、杰姆逊等。后现代主义以非中心性、多元性、异质性、开放性、宽容性、无限性、不确定性等特征的无限的思维方式,提出后现代主义知识观。

（一）知识的本质观

第一,知识的情境性。知识的"情境性"是指任何的知识都是存在于一定的时间、空间、理论范式、价值体系、语言符号等文化因素之中,离开了特定的境遇,既不存在任何的知识,也不存在任何的认知主体和认识行为。第二,知识的理解性。知识形成一种主体与客体、主观与客观相互交融的复杂的知识状态;知识具有理解性,是主体与主体之间的理解和合作、沟通和对话。第三,知识的不确定性。所谓"不确定性",是指知识不具有绝对的客观性,而是具有相对的不确定性,依存于知识的掌握者,知者与被知者紧密联系在一起;知识并不总是能够精确地预测和反映即将出现的结果,知识总是处于一种不断生成、不断修正和不断完善的状态之中。第四,知识的开放性。知识系统是开放的,不是封闭的;知识的传播方式是多样化的。

（二）知识的价值观

知识与人的关系发生了变化,人与知识的关系不是机械决定的关系、"占有与被占有"的关系。知识对人的价值发生了转变:第一,重视知识之发展价值,知识价值不仅仅局限于较低层次的功利价值和认知价值,知识的价值更重要的在于它的发展性、精神性价值。知识的发展价值处于知识价值系统中的最高层次,它关注的是情感过程、意志过程和人的个性心理特征。第二,知识都应该是平等的。后现代主义者坚决反对科学主义知识观的"唯科学知识独尊"和"知识霸权"。认为知识的类型是多样的,科学知识只是知识王国中的一种,知识没有等级之别,只有类型之分,每一种知识都应该是平等的。

（三）知识的获得观

知识的获得是一种个体在已有知识的基础上新的知识的主动生成与建构的过程;知识的获得是一个积极对话的过程。在信息社会和知识经济的社会中,知识首先被看作一种信息,教育的功能主要表现在要促进信息的共享和增值。网络为学生提供了一个广阔的学习空间和崭新的学习手段,未来的学生首先要学会的不是记忆和掌握知识,而是要首先学会如何选择、组织、整理知识与信息。

三、课程知识标准

选择和发挥知识的作用,就要重视对知识的选择与加工,通过不同的知识组合的作用,包括把人类在创造文化的过程中所表现的精神和所形成的智慧,展现在学生面前。解决好什么知识最有价值,对谁有价值的问题。

课程知识选择标准应有四个方面:第一,以知识本身的需要作为课程内容选择的出发点和归宿,追求知识结构的完整性、知识内容的逻辑性与系统性,以及知识的融合性和连贯性。第二,体现有利于人类需要解决共同关心的问题的那些知识。如人类的健康成长问题,生产力发展问题、科学技术的发展问题等,这是人类至真至善,最质朴、最原始的生存和发展需求的知识,既是本能使然,也是形成课程内容的原动力。第三,体现各类群体利益共同需要的知识。这些较少政治色彩,较少阶级烙印,虽具有强烈的功利性需求,但却是长期永存的知识。第四,课程知识选择还要解决一个对谁有价值的问题。根据政治的需要来选择课程内容,虽然在价值理念上充满了相对性,在价值取向上带有强烈的集团性,但必须承认这是影响课程内容的价值取向的重要因素。因此,在课程内容选择时,要体现社会主义核心价值体系的知识。

第三节 课程研制

一、课程研制的涵义

课程研制是探讨课程内容、编订课程方案的活动过程。课程研制一词来自英语 curriculum development,又译为"课程编制"、"课程编订"、"课程发展"或"课程研制"。从 20 世纪 50 年代以来,欧美用 curriculum development 一词逐步代替了以前常用的 curriculum making 一词。我国在 20 世纪 20~40 年代常用"课程编制"或"课程编订"。20 世纪 70 年代末以来,在译介外国文献中,对 curriculum making 一词的译名有四种:一是沿用对 curriculum making 一词的旧译,译为"课程编制"或"课程编订";二是照字面通常含义,直译为"课程

课程研制涵义

发展";三是参照日本人的译名,转译为"课程开发";四是按照它的深刻含义,意译为"课程研制"。哪一个名词更为合适呢?

二、课程研制的活动

课程设计和课程组织是课程研制过程的是两个重要步骤,也是课程研制的结果,是课程研制中最富创造性的活动。

(一)课程设计

课程设计是指对课程的组织形式或结构的规划过程。也有人称课程设计为课程规划或课程决策。课程设计有两层含义:一是等于课程规划,是制定课程实施计划的过程;二是课程规划过程的产品。其实质上就是人们根据一定的价值取向,按照一定的课程理念,以特定的方式组织安排课程的各种要素或各种成分,从而形成特殊课程结构的过程及其产物。这一界定内涵包括:第一,课程设计是基于对课程资源的选择和对课程要素的优化组合;第二,课程设计就是对目标和内容或学习经验的选择确定;第三,旨在确定课程的组织形式和组织结构;第四,形成课程设计结果——课程方案。

1. 课程设计的特性

现代课程设计突出以人为本的理念,具有如下六大特性:① 整体性,体现的是为整体的人服务的原则。即把离心的课程变成向心的课程,把课程统一在整体育人这一总体目标上。把整体的人作为对象来设计课程。② 发展性,体现的是为发展的人服务的原则。课程的发展性,是指课程并非简单的知识补给站,而要使人通过学习课程获得最大限度的身心发展。人的身心发展具有顺序性、阶段性、不均衡性、差异性等规律,要按人的发展规律设计课程。③ 活动性,体现的是为活动的人服务的原则。课程要有利于人的发展,必须赋予课程以活动性,这不仅仅涉及活动课程,而且涉及所有课程,这种活动不仅仅是师生开展的外在实践活动,更包括学生自主的思维活动。④ 多样性,体现的是为复杂的人服务的原则。课程设计必须承认人是复杂的对象。这种复杂表现在人的不同的素质倾向、不同的发展速度以及不同的发展水平,因此学校教育及其课程设计要有一定的多样性。⑤ 实在性,体现的是为实在的人服务的原则。即从人的本体出发,从学生的需求、可能、发展规律去设计课程。⑥ 动态性,体现的是为个性化的人服务的原则。目前,国内外中小学课程改革已出现了许多新的趋势，如从强调基本知识、基本技能到强调"双基"与提高学生的发展性学力与创造性学力；强调头等教育与人文教育；课程社会化和生活化的趋势；课程与现代信息技术日趋结合；课程权力下放，实行国家、地方、学校三级管理；课程的个性化、多样化、综合化、法制化趋势等。这些趋势势必在整体上或某些侧面牵动课程设计的走向，改变既成的课程设计思路，成为我们设计课程难得的向导。

2. 课程设计的取向

课程设计的主要取向有学科中心设计、学习者中心设计和问题中心设计。

(1) 学科中心设计

学科中心课程设计的理论假设是：学校教育的目的在于把人类千百年来积累下来的文化科学知识传递给下一代；而这些文化科学知识的精华就包含在学校设置的各门学科里。于是按照专家研究所确定的一门门学科组织起的课程体系被称为学校中心设计。它可以包括科目设计与大范围设计两种。

第一，科目设计

科目设计大概是最古老、最广泛使用的课程组织形式。就其最纯粹的形式来说，科目设计的实质在于其组织的内在性质。科目通常以最有逻辑、最经济、最有用、最真实以及最易消化的形式来阐述知识，以便培养最大限度地掌握知识的人。科目设计的范围，要由需要进入课程的一系列科目所决定，也受每门科目中的内容的制约。

科目设计的优势有：首先，大多数教师（尤其是中学教师）具有专门的师范教育经历，这使他们倾向于科目设计。第二，教科书和其他教学材料一般按科目来组织，因而要学习的材料可清楚地展开。第三，科目设计受到了传统的支持，即父母倾向于支持他们熟悉的课程，因而感到了科目"在学术上忠实可靠"。最后，科目设计的内在性质和组织形式便于管理。

科目设计的缺点有：首先，这一设计的性质倾向于割裂知识，从而割裂了学生的理解力。第二，它脱离现实世界所关心的事件以及发生的事件。第三，它没有恰当考虑学生的需要、兴趣和经验。由于掌握科目是科目设计的中心目的，只有那些其经验和兴趣与呈现的科目相吻合的学生才有利于从这一课程中获得意义。第四，科目设计的目标范围狭窄，并导致了被动的学习。

第二，大范围设计

大范围设计通过把两门以上有关的科目合并成单一的大范围教程,而体现了克服科目课程的破碎形式与框架形式的努力。我国部分地区九年一贯制课程中出现的综合文科、综合理科就是这种设计模式的运用。

大范围设计有两个主要优点。首先,它因为建立在各门科目基础上,就规定要有顺序地、有系统地表述文化遗产。这个优点与科目课程共有之。但是,它也整合了各门科目,使学习者能够看明白科目中各种要素之间的关系。第二个优点是,大范围设计比科目课程更体现了重组科目领域,以此整合课程。

但大范围课程也遭到一些人的质疑,认为它提供的只是各门科目中分散的信息,因而缺乏深度,培植的是肤浅性;没有保证大范围之间的整合性,在某种程度上它是破碎的;最后,大范围设计倾向于强调的目标是内容覆盖面以及信息获得,不大提供机会来实现认知或情感方面的过程目标。

(2) 学习者中心设计

学习者中心设计是以人为中心的哲学思想的产物。主张以儿童的兴趣、动机和需要为中心设计课程。这种课程组织形式也取名为"活动—经验"设计。

活动—经验设计的主要特征有三方面:

第一,课程的结构要由学习者的需要和兴趣来决定。教师的重要任务是:发现学生的兴趣是什么;帮助学生为学习而选择最重要的兴趣。第二,在课程实施中形成课程结构;教师和学生一道确立追求的目标,规定查阅的资料,计划实施的活动,以及安排从事的评定程序,这时课程结构才会形成。这种师生合作计划是活动—经验设计的核心特征。第三,把重点放在所学习问题的解决过程上。学生在追求兴趣的过程中,会碰到某些必须加以克服的困难的障碍。这些困难构成真正的、挑战性的问题。在攻克这些难题,寻找解决它们的办法时,学生实现了课程的主要价值——真实性、意义性、直接性、生动性,以及活动与经验的相关性的学习。

活动—经验设计的优点在于:① 因为学校活动是以学生的需要和兴趣为基础的,动机是内在性的,不需要从外部引起。事实、概念、技能和过程之所以能学会,是因为它们对于学生来说是重要的。② 活动—经验课程注意了学生的个别差异。如果班级小组的兴趣同一个学生自己的兴趣相符的话,该生就可以加入这个班级小组,否则学生可决定从事个人项目。③ 这一设计强调的问题解决活动，为学生提供了他们需要的有效地对付校外生活的技能。

但这一设计也遭到了如下质疑。例如，以学生感觉到的需要和兴趣为基础的课程，不可能保证为生活作充分的准备。该设计总的来说忽视了教育中关键性的社会目标。

（3）问题中心设计

问题中心设计是指把重点放在个人与社会自下而上问题上的设计。它可以分为生活领域设计和核心设计两类。

第一，生活领域设计

生活领域设计最突出的特征在于围绕生活领域重新组织传统的教材。此外，同活动—经验设计一样，它把重点放在学习的问题解决过程上，把学习者的经验和直接情境当作通往基本生活领域的途径。

生活领域设计的优点在于：首先，这一设计以整合的形式呈现教材，把重点放在社会生活的有关范畴上。其次，这一设计是围绕着生活于社会的个人的问题来组织的，它强调学习问题解决过程。第三，内容是被用于解决实际生活问题，而不是为了内容或为了教师而吸收内容。第四，内容是被用于解决学生自己的问题，这一设计就为学生提供了能直接运用于未来生活情境的学习。

生活领域设计的实施会遭到许多困难：① 如何确定实际上什么是基本生活领域的范围和顺序；② 这一设计难以反映文化遗产；③ 需要实施这一设计的课本和其他教学材料不容易弄到；④ 父母和大学并不乐意接受这一设计体现出来的对传统的背离，等等。

第二，核心设计

核心设计课程组织形式的主要特征是，任何所谓核心课程的核心成分，即一般必需的成分，意在给所有学生提供共同学问或普通教育。就是说，要教会所有个人为在社会中有效地发挥作用所需要的共同概念、技能和态度。

按照课程专家们的精细划分，通常核心课程包括如下六种类型的设计：

类型一：单独科目核心。单独科目核心由一系列科目主题行家分别教授的个别必修科目所组成，这也许是最经常碰到的所谓核心设计。实际上，单独科目核心只是学生必修的科目课程的一部分。

类型二：关联核心。即通过表明包括在核心中的两门以上的科目之间的关系,试图以紧凑的形式提供共同知识。有两种相当独特形式的关联核心。第一种,在由科目主题行家分别教授科目的学校,相互关联的不同核心科目的内容被综合起来同时教。例如,当学生在社会研究课学习共产主义时,他们就在英语课阅读马克思和列宁的传记。第二种是称之为"贯穿主题"知识。在这一变体中,保留了科目的基本内容,但是根据广泛的主题、问题或单元来选择和组织。

类型三:融合核心。即以完全整合或"融合"两门以上不同的科目为基础。例如,历史、地理、经济学、社会学、人类学可以整合起来作为"普通科学"来教学。

类型四:活动经验核心。即依据学习者直接感觉到的需要和兴趣来确定普通教育核心部分。跟其他学习者中心设计一样,这种设计避免一切预先计划和形式结构,把终极的课程内容和组织形式建立在学生和教师的课堂计划与决策之上。

类型五:生活领域核心。生活领域核心即"社会功能"核心,是一种预先计划的、必修的普通教育方案,它以产生于社会生活中人类的共同活动的问题为基础。这类设计被普遍认为是可靠的核心设计,因为它① 以问题为中心而不是以科目或学习者为中心;② 基本上预先计划;③ 由整合的必修共同知识所组成;④ 通常在单元授课中也由起指导作用的教师来教,其内容的基本的倾向则是学习者作为自身发展和社会发展参与者的共同需要的、问题和所关心的事。

类型六:社会问题核心。社会问题核心是进步主义运动的产物,类似于生活领域核心。然而,这两种设计之间有着一个关键的区别。生活领域核心设计,以普遍的而且不引起争论的人类活动为基础;而社会问题核心设计,则来源于当代社会生活各层次上困扰人们的关键性且有争论的问题。它们的范围未必是普遍的。

(二)课程组织

所谓课程组织,就是在一定的教育价值观念的指导下,将所选择的各种课程要素妥善地组织成课程结构,使各种课程要素在动态课程结构系统中产生合力，从而更有效地实现课程目标。①

在课程理论发展的历史上，博比特与查斯特最早论述了课程组织问题。博比特在《怎样编制课程》一书中指出："要对为达到教育目标而提供的各种活动、经验和机会加以设计——制定详细计划。"②查斯特在《课程编制》一书中写道："要根据儿童心理特征安排内容，以便用一种适当的教学顺序获得它们。"③这些都是关于课程组织的最初论断。课程组织的核心工作是确立课程组织原则。

课程组织的基本原则大致包括两个维度：垂直组织和水平组织。

1. 垂直组织

垂直组织（vertical organization），是指将各种课程要素按纵向的发展序列组织起来。这是为了迎合两个方面的序列规律而设定的，一是学生身心发展阶段的序列；二是科学知识逻辑演进的序列。体现课程垂直组织的两个基本特征是"连续性"和"顺序性"。所谓"连续性"是指将选出的种种课程要素在不同学习阶段予以重复。这个标准最先由拉尔夫·泰勒提出，它所强调的是课程要素的重复，例如英语课程组织中将第一单元所学习的单词或语法在后面的单元中予以重复。所谓"顺序性"是指将选出的课程要素根据学科的逻辑体系和学习者的身心发展阶段，由浅入深，由简趋繁地组织起来。这一组织标准由泰勒的学生塔巴提出，所强调的是课程要素的拓展和加深。塔巴更强调课程组织实现学科逻辑顺序与学生身心发展心理顺序的统一。

2. 水平组织

水平组织（horizontal organization），是指将各种要素按横向关系组织起来。这种横向的组织形态所体现的是"整合性"特征。所谓整合性，是指针对所选择的各种课程要素，在承认差别的前提下寻找彼此间的内在联系，然后整合为一个有机整体。课程的整合性主要包括三个方面：一是学生经验的整合；二是学科知识的整合；三是社会生活的整合。三者相互兼容，互相联系。

（三）课程研究

课程设计与课程组织的过程也是课程研究的过程。

---

① 李方主编：《课程与教学基本理论》，广州：广东高等教育出版社2002年版，第178～179页。
② 张华著：《课程与教学论》，上海：上海教育出版社2000年版，第231页。
③ 张华著：《课程与教学论》，上海：上海教育出版社2000年版，第231页。

博比特、查特斯率先把科学的思维方法引入课程研究领域，强调实证，从而掀起了课程研究科学化运动。他们以社会需求为立足点，强调课程的社会性价值准则，并依据工业管理的理论确定课程研制程序。受课程研究科学化运动的影响，由美国当代最负盛名课程理论家拉尔夫·泰勒主持了美国课程发展史上著名的"八年研究"计划，其总结性成果全部囊括在《课程与教学的基本原理》一书中，是被公认的标志行为主义心理学原理运用于课程研制过程，开创了实证性课程研究的典范，形成了广泛流传、影响深远的、被称为"泰勒原理"的课程研制思想。泰勒原理所采用的实证分析及行为主义的方法论基础曾一度被视为课程研究科学化的标志。经过20世纪五六十年的课程改革运动失败后，这种只注重课程编制技术的微观研究，忽视课程本质、原则等基本问题的宏观定性研究的课程研制模式，遭到了来自社会各个方面的批评。于是，60年代以后，在课程研究领域掀起了一片反省之声，课程研究的范围及方向开始转移，社会学、文化学、政治学、现象学、解释学等新的研究方法进入课程研究领域。新的研究方法必然导致新的课程研制模式。

自从库恩1962年在《科学革命的结构》一书中广泛运用"范式"这一术语后，教育研究领域就对范式上的分类显示出浓厚的兴趣，而这种兴趣的表露又尤以课程研究领域为先导。

范式是指在课程研究这一领域中所呈现出的不同信念及其所导致的解题方式的差异。

依据范式的统合化指标及"信念"在范式中的决定性意义，对现当代课程原则、模式和方法予以辨析、标类，可以总结出如下三种拒斥互融、线性更迭的课程研制方法论范式。① 以智慧、品德、个性、自我实现的自由、完美发展为旨意；注重理解、交互作用及过程、情境等方法与途径；视人为知识的能动创造者的"人文-解释主义"课程范式。② 以科学知识的理解、掌握及技能形成为本位；强调效率、目标及控制的课程研制技术性原则及策略；注重可靠性的标准及可测的准则；视知识是客观的、价值中立的"科学-实证主义"课程范式。③ 以启发、完善个体的自我意识、社会批评意识为核心，以文化变革为目标；注重课程知识的社会意识形态及权利的价值判断与分析，强调传记式课程及个体体验，反对对课程有计划性、有意图性的限定；视课程知识为改造与重建社会手段的"文化修正主义"课程范式。舒伯特认为，课程研制方法论范式"明显符合库恩对范式的论述"，更接近库恩范式的本意。为此，他划分了三种课程探究方法意义上的范式:实证分析的范式、释义学的范式、批判的范式。而肖特也主要从方法层面对课程探究进行范式分类,提出17种课程研究范式:分析的、演绎的、思辨的、历史的、科学的、人种志的、叙述的、美学的、现象学的、诠释学的、理论的、标准的、批判的、评价的、综合的、讲座的、行动的。

反思与问题

1. 课程文化是当今课程研究领域比较关注的一个问题。美国著名的课程研究学者帕梅拉·博洛廷·约瑟夫在其著作《课程文化》(浙江教育出版社2008年出版中译版本)梳理艾斯纳、施瓦布、阿普尔等美国著名学者的课程观,然后借鉴人类学方法将美国课程的理论和实践归纳为"工作和生存训练"、"承接圣典"、"发展自我和精神"、"建构理解"、"思考民主主义"和"正视主导秩序"六种课程文化,你对这种课程文化分类有什么看法?

2. 什么样的知识能够进入课程之中,是知识选择中非常重要的。新的课程知识观和知识选择标准给我们做出合理选择提供了一个很好的参照。

3. 课程是在继承中不断变革、扬弃和完善的,深深凝聚着时代的文化品性。因此,课程研制要认真考虑多方面的复合因素,要形成一个适合时代发展的课程方案。

4. 课程文化如何引领课程改革发展?

5. 如何理解课程设计、课程组织和课程研究三者的关系?

第九章 课程模式、课程实施和课程领导

第一节 课程模式

一、课程模式的概念

《现代汉词典》在对"模式"的解释中写:模式即"某种事物的标准形式或使人可以照着做的标准样式"①。由此可见,模式不是一般的具体存在形式,而是更具典型意义的、有代表性的存在物。它是从多样的现实存在中概括而来的,是"定格"的结果。

模式还应是"简约的"。美国比较政治学者比尔和哈德格夫曾明确指出:"模式是再现现实的一种理论性的、简化的形式。"②英国的丹尼斯·麦奎尔和瑞典的斯文·温德尔也认为,模式是"用图像形式对某一事物或实体进行的一种有意简化的描述"。

从以上分析可见,课程模式就是典型的、以简约的方式表达的课程范式,这种课程范式具有特定的课程结构和特定的课程功能,与某类特定的教育条件相适应③。

课程模式既是一种结构模式,也是一种功能模式,它一方面规定课程的内容构成并设定其相互关系,同时这种结构的建立又是以特定的功能假设为指向的。

课程模式由哪些要素构成呢?不同的分析方法将导致不同的分析结果。如果将一种课程模式与其他模式进行比较,那么,构成特定课程模式的基本要素有三:① 课程的共同部分,即同级同类学校中所共有的课程;② 课程的

---

① 中国社会科学院语言研究所编:《现代汉语词典》,北京:商务印书馆1992年版,第800页。
② 沃纳丁·赛弗林等:《传播学的起源研究与应用》,福州:福建人民出版社1985年版,第14页。转引自李方主编:《课程与教学基本理论》,广州:广东高等教育出版社2002年版,第210页。
③ 参见李方主编:《课程与教学基本理论》,广州:广东高等教育出版社2002年版,第28页。

不同部分;③ 课程内部特定的课时比例。将课程模式分为"共同部分"、"不同部分"和"特定的课时比例"三部分,能使人们在比较中清楚地看到各种模式的特征。其特点是侧重从结构上分析课程模式的构成要素,反映了课程结构与课程模式的密切联系。

二、课程研制的主要模式

课程研制模式,又叫课程编制模式,或课程规划模式。课程研制模式涉及了课程作为系统所包括的同时态要素和历时态要素,它实质上是课程研制的要素在空间和时间上相对稳定的相互联系和相互作用方式总和的一种主观理性形式,既可以是过去经验的缩影,也可以是现实状况的摹写,还可以是对理想状态的设计。课程研制模式包含两个维度:一个是作为同时态课程要素的课程研制者、学习者、内容和环境之间相对稳定的相互联系和相互作用方式;另一个是作为历时态课程要素的指导理论、目的目标、内容、活动样式、效果和评价之间相对稳定的相互联系和相互作用方式。

(一)目标模式

目标模式是以明确的目标为核心开展课程研制的模式。其代表人物有博比特、泰勒和布卢姆。

博比特在1924年出版的《怎样编制课程》中进一步提出了以目标占据支配地位的课程研制三步骤:① 确定目标;② 选择经验;③ 组织经验。这一主张,成了现代目标模式的雏形。

泰勒原理为目标模式提供了坚实的理论基础和基本结构。泰勒在1949年出版的《课程与教学的基本原理》一书中,提出了课程研制的四个基本问题,并给予了理论化的回答:① 学校应该追求哪些教育目标?② 提供哪些教育经验才能实现这些目标?③ 怎样才能有效地组织这些教育经验?④ 我们怎样才能确定这些目标正在得到实现?从而形成了著名的泰勒原理,建立起了经典的课程研制活动的四个基本环节:① 分析课程资源,确定基本目标;② 选择学习经验;③ 组织学习经验;④ 评价学习结果。[①]

为了使目标分解、实施和评价具有可行性,以布卢姆为首的一批心理学和教育学家,从1956年起陆续出版的《教育目标分类学·认知领域》、《教育

---

① [美]泰勒著、施良方译:《课程与教学的基本原理》,北京:人民教育出版社1994年版。

目标分类学·情感领域》和《教育目标分类学·动作技能领域》，按照"教育的—逻辑的—心理的分类"原则，把教育中应当达到的全部目标分成三个领域，建立了科学的和系统的教育目标分类体系，使得目标模式操作化和现实化了。

（二）过程模式

英国著名教育学者斯腾豪斯在1975年出版的《课程研究与研制导论》中首倡过程模式。他"努力地探讨一种课程设计策略提供的可能性，这样的策略试图达到的是一种课程和教育过程的具体化，这样的具体化是没有事先确定的、以目标为形式呈现的预期结果作为开端的"。① 所以，过程模式是旨在克服目标模式过分强调预期行为结果的缺陷，通过详细分析学科结构，详细说明内容和选择内容，遵循程序原理来进行的课程研制模式。它超越了仅仅关注课程内在要素的局限，揭示并取向于课程教学过程特性。

过程模式的基本内涵有：① 重视贯彻课程活动过程始终的教育宗旨的作用。宗旨是整体性的方向，而不是一个个目标被分割和肢解。② 通过对知识形式和活动价值的分析来确定内容，而不仅仅是依据被分割了的目标来确定内容。这样选择和确定的内容，是能够反映各学科领域内在价值的概念、原则和方法的。③ 提倡程序原理。程序原理，推演自教育宗旨，是在教育过程中对宗旨的始终不渝的追求。它要求教师在课程研制过程中，通过不断地反思，澄清隐含在教学过程中的各种各样的价值，发展自己对教学过程的理解和判断力。④ 评价的重要性。评价的目的不在确定预期目标是否实现，而在于向教师反馈教学过程的各种信息，向学生反馈其学习状况和结果的各种信息。⑤ 主张加强和促进教师发展。过程模式在一定意义上依赖于教师发展，只有教师发展了，知识水平提高了，技能熟练了，能力发展了，才能实施过程模式。

（三）情景模式

英国的劳顿（D. Lawvton）和斯基尔贝克（M. Skilbeck）是情境模式的主要代表人物。情境模式，就是强调通过社会文化情境的分析，着重于进行文化选择，使课程生成于时代文化之中的一种课程研制模式。它反对在脱离社

---

① L. Stenhouse, An Introduction to Curriculum Research and Development, London: Heinemann, 1975, p. 84.

会现实及学校具体氛围与情境的"真空"中研制课程方案，强调课程研究方法的跨学科性质，认为无论是哲学、社会学、还是心理学，它们本身都不能作为课程研制的唯一基础，只有在文化分析的基础上，阐明课程与文化的关系，才能准确地揭示课程的本质，制定出全面、合理的课程研制方案。

劳顿特别关注公共基础文化，强调达成学科间的平衡，提出了一个建立在文化分析基础上的课程研制程序或步骤，具体包括五个阶段：① 哲学层面分析。即通过对人类文化共同特征的哲学分析，确定具有永久性的教育目的及知识的价值及结构。② 社会学层面分析。即通过对特定社会文化的分析以及对社会现实情境的判断，确定教育现实的社会职责、目的及手段。③ 文化的选择。即在对教育目的、职责及知识价值、结构的哲学与社会学分析基础上进行文化要素的选择，确定课程的文化选择背景。④ 心理学理论的运用。当课程的文化选择总体框架确定后，则需要运用诸如发展、学习、教学、动机等方面的心理学理论对课程予以编排、组织，并考虑理想的解题方法。⑤ 课程计划的形成。即按顺序和阶段具体组织课程材料，安排课程进度。

斯基尔贝克进而在对具体的学校情境进行微观层面分析的基础上，构建了学校本位课程研制模式，其中心及焦点在于具体的、单个学校及其教师，并认为校本课程研制（school-based curriculum development）是促进学校获得真正发展的最有效的方式。这种模式由五个具体阶段构成：① 分析情境。分析情境主要是指对制约学校课程的内外因素及其相互作用的分析。② 确定目标。即依据对情境中各种制约课程因素的分析、诊断的结果，确定改变某方面情境的各种决策的课程目标。③ 设计方案。即依据已确定的课程目标选择学习材料、设计教学活动方案，如教学顺序、结构、范围、活动方式、时间表、活动场所等。

（四）自然模式

沃克（D. Walker）的自然模式实质上倾心于对成功的课程研制的自然过程的摹写，追求以自然科学的态度、思维和方法来认识和把握课程研制过程。

沃克的自然模式共有三个要素：① 立场；② 研制；③ 慎思。立场包括概念、理论和目的；概念是关于什么是可教的、可学的和可能的信念；理论则是关于什么是真实的信念；目的是关于什么是教育上希望达到的信念。此外立场也包含对良好教学、良好程序和良好例子的"意象"（image）。立场的作用在于给研制决策提供事实和编辑基础,表达团体课程小组的共同信念,而课程研制者可根据立场的意念,用以形成一系列透过慎思方式解决的特殊研制问题(或挑战)。沃克的"慎思"概念,包含了"形成决策、设计决策点的其他途径选择,考虑不同决策点和其他途径的观点,最后便选择最可靠的其他途径"①。在慎思的阶段里,过程可能会变得混乱和模糊,参与课程研制的人员在这个时候会捍卫其一致的观点(概念、理论、目的),并提出即时冲动而生的意念(意象、程序)。同时,课程研制者可积累慎思的结果作为先例,以便作为日后课程决策的依据,这些先例的聚集便成为沃克所称的"政策",经过慎思过程后,课程规划阶段则集中注意把各种决策实现成为特定的课程或教材。

自然模式比目标模式较具弹性,目标也是需要的,但其重要性则较为次要,只是自然模式的立场中一个成分,而且目标和手段并不截然分开,其两者的信念皆纳入立场之内。自然模式基本上是一个描述性模式,并不具有指定功能。课程制定工作的进程为:① 在起初阶段,该课程计划没有设定目标,而目标只在其余阶段提供引导和参考的作用;② 课程研制工作主要由教授美术的老师和专家主持,而学生、其他科目教师及行外人的参与极少;③ 课程计划的设计以实践推理(practical reason)或慎思为主,通常的工作涉及辨别、形成和陈述问题,思考和表达解决这些问题的方案,以及对不同方案的利弊进行辩论;④ 课程计划所依据的资料并非属于科学化实证性理想的类型,而是经常来自小组成员的普遍经验;⑤ 在课程计划的慎思里,有关社会的资料很少得到采用;⑥ 大部分的慎思论断,没有诉诸任何三个传统的课程决定因素,即学生、学科内容及社会,反而这些论断诉诸计划的操作或推行计划时出现的事件。

(五)实践折衷模式

美国著名学者施瓦布(J. J. Schwab)敏锐地指出,人们以往一味地去寻找课程研制的一般理论,而忽视回答实践中遇到的具体课程问题,已使这一领域误入歧途。他长期致力于课程研制模式与方向的探讨,从对理论的追求,转移至与理论有明显区别的新模式,逐步建立起了课程研制的实践折衷模式。

在实践折衷课程研制模式中,审议实际上贯穿于整个课程探究过程。因

---

① D. Walker, A Naturalistic Model for Curriculum Development, School Review, 80(1).

而,审议被置于尤为突出的位置。审议的质量决定着课程探究的最后效果。所以,施瓦布要求审议必须权衡所有的事实,在课程的各个要素之间取得平衡。在课程方案的选择上,审议须全面考虑各种有效的备选方案,而对每一个备选方案也须从多方面予以审议。在审议主体构成上,施瓦布阐明一种"集体审议"的思想,即由学科专家、教师、学生、校长、心理学家、社会学家、社区代表等人组成课程审议小组,共同评议、确定课程方案,以避免课程方案脱离实践情境,确保其平衡性。

审议是复杂而艰巨的,要同时探讨目的和手段两方面的问题,而且必须将两者视为是相互制约的。审议必须设法识别与目的、手段相关的事实;判断、洞察具体的实践情境;确定迫切需要解决的问题;提出可供选择的解题方案。而后,审议的重点便转向分析、评价这些备选方案,并选择出最恰切的方案,这也是审议的最主要任务和目标。

施瓦布认为课程有四种基本要素,即教师、学习者、学科内容和环境,它们的相互作用具有整体性。

这些要素与实践折衷课程探究原理密切相连,课程研制者要想充分理解具体的课堂情境,以做出恰切的决定,首先应通过与由教师、学习者、学科内容和环境构成的情境相互作用来发展其洞察力。因此,课程的四要素构成了实践的课程探究的具体内容及方法的来源,其全部依据都植根于这四个要素的整体性及互动性课程探究原则中。

实践折衷模式课程探究方法,包括两点:① 实践的艺术,主要有四个方面:第一是对行为方式的规范,第二是问题的发现及诊断,第三是可供选择方案的预先生成,第四则是对方法性质的规范;② 折衷的艺术。施瓦布指出,折衷的艺术重在阐明某一种理论不能单独成为课程研制的基础,不仅如此,课程理论也不能直接用于课程研制方案的确定,理论必须在折衷的基础上才构成课程实践的依据。他提出了三种折衷艺术:一是将理论观点与实际问题进行比较的艺术;二是对各种理论观点剪裁、改形、重组,使其适应实际的情境及问题解决的需要;三是以理论为基础,创造适应实际情境的新的解决问题的方法,形成可供选择的行动方案。

课程模式与课程结构的关系、课程模式的生成方式与过程、课程模式多样化等内容,见二维码。

课程模式

第二节 课程实施

课程实施是一个动态的过程,它要研究一个预期的课程是如何在实际中运用的,课程方案落实的程度,学校和教师在执行课程中是如何进行调适。

一、课程实施的概念

目前,人们对课程实施的看法主要有三种不同的主张,内容见二维码。

课程实施概念

二、课程实施的取向

"课程实施取向是指对课程实施过程本质的不同认识以及支配这种认识的相应的课程价值观"。① 迄今为止,人们普遍认同的课程实施取向有三种:忠实取向(fidelity orientation)、相互调适取向(mutual adaptation orientaltion)和课程创生取向(enactment orientation)。

第一,忠实取向把课程实施过程,看成是忠实地执行课程方案的过程。根据这一取向,预期课程方案的实现程度,就是衡量课程实施成功与否的基本标准。课程方案实现程度高,则课程实施成功;反之,课程方案实现程度低,则课程实施失败。显然,坚持忠实取向将课程实施的本质理解忠实执行,按部就班,不可能对课程方案做出变革。

第二,相互调适取向于 20 世纪 70 年代中期提出,这种取向强调课程方案的使用者与学校情境之间的相互适应,主张根据学校或班级实际情境在课程目标、内容、方法以及组织形式诸方面对课程方案进行调整和改变,它包括两方面的内容:课程计划为适应具体实践情境和学生特点而进行的调整,课程实际情境为适应课程计划而可能发生的改变。持这种取向的课程实施者,容易将课程实施的本质理解为"协调中的变革",认为课程实施不可能只是一个事件,更重要的是个过程,在过程中实施者不可能不对课程方案做出修订,甚至改变,以适合其自身的目的。

---

① 李子健、黄显华:《课程:范式、取向和设计》,香港:香港中文大学出版社 1994 年版,第 314 页。

第三,创生取向则把课程实施过程,看成是师生在具体情境中联合缔造新的教育经验的过程,在创生过程中,设计好的课程方案仅仅是教师和学生进行或实现"创生"的材料或背景,是一种课程资源,借助这种资源,教师和学生的经验不断变化和发展。随着教师和学生的经验的发展,课程本身也在不断地进步。

三、成功的课程实施应具备的条件

具体内容见二维码。

课程实施条件

第三节 课程领导

课程领导作为课程理论与领导理论并行交融的产物,与领导学的发展息息相关。从学科意义上看,领导学萌发于20世纪初期,于80年代成熟为一门独立学科。领导理论诞生至今,已经从最初的领导特质理论、风格理论、权变理论等古典领导理论发展到今天的转化式领导、道德领导、分布式领导、团队领导等现代领导理论。[①] 这些理论逐步在学校组织内得到应用,有效地促进了学校的变革和发展,并日益成为课程领导理论发展的动力。

一、课程领导的概念

"课程领导"(curriculum leadership)的概念最早出现在哥伦比亚大学哈里·帕素(A. Harry Passow)教授1952年完成的名为《以小组为中心的课程领导》的博士论文,但未引起人们的重视,因为当时的人们热衷于课程的科学管理,经常把课程领导与课程管理混用,课程领导也未具有新的时代内涵。20世纪70年代,课程领导才以新的内涵面世,并受到人们的注目。

课程领导是课程工作者要承担起服务的责任以对教育产生强大而有建设性的影响,培养产生新的解决方法的能力,拓宽课程发展的愿景,以适应社会、时代发展,以及知识技术的更新和未来研究工作的需要。

课程领导的基本要素包括:课程的要素和领导的要素,其中课程要素主

---

① 刘永福、李保强:《近二十年西方课程领导理论的进展与根本转向》,《比较教育研究》2013年第8期。

要指课程编制的各个环节,领导要素包括了支持课程编制的团队合作、激励、沟通等。课程要素是领导的目标导向,领导要素是方法、途径和手段,两者有机构成课程领导的基本内涵。

二、课程领导的任务

20世纪80年代初至90年代初这一时期课程领导的发展主要在确立课程领导的任务,并将这些任务加以组织,以发展成为具体的行动方案或指导手册,作为课程领导概念性的指导。这方面的代表性学者有布拉德利(Bradley)、格拉特霍恩(Glatthorm)、哈特菲尔德(Hatfield)、百利(Bailey)、菲尔德令(Fieldling)等。

布拉德利在《课程领导与发展手册》一书中明确指出了课程领导者的六项任务:强调课程发展;提供课程编制所需的资源;提供课程编制的哲学方向;促进课程编制的持续性;联结课程编制理论与实践;设计、实施、评价课程[1]。

格拉特霍恩在《课程领导》一书中也对课程领导的任务进行了详细描述:决定计划,设计实行计划所需的组织结构,确认、分配领导功能,联结地方和学校间的教育和课程目标,开发课程资料库,决定计划实行的优先顺序,组织工作小组实行计划,评价并改进计划,进行必要的组织变革以利课程实施,寻求必要资料支持新课程的实施与修订,提供必要的成员专业成长活动。[2]

哈特菲尔德认为,教师作为同伴课程领导者要达成以下主要目标:改进与评价课程的领导、成员专业发展、实践策略的设计等。同时指出,实施同伴课程领导者的组织要素包括:角色描述、权威和资格;沟通和网络的建立;设备和资源的提供;诱因、奖励和认可的给予;准备程度和技巧的发展;活动和运作程序。[3]

菲尔德令在其编著的《课程领导者手册》中具体指出课程领导者的主要任务包括:第一,建构课程改进计划所需的组织和实质的计划,包含了组织团

---

[1] Bradley, L. H. curriculum leadership and development Handbook [M]. New Jersey: Prentice-Hall, Inc., 1985.
[2] Glatthorm, Allan A. curriculum leadership [M]. Glenvieu, Illinois: scott, foressman and Company, 1987.
[3] Hatfield, R. C. Designing Faculty Curriculum Leader Roles [DB/OL]. http://www.eric.ed.gov,1989-12/2004-11-17.

队的信息、建立改进循环圈、确立课程目标及其所应涵盖的目的之本质、决定教师能决定的课程的比例；第二，执行编制阶段的工作重点：课程的准备、教科书的选用、对编制的评价、支持课程所需的信息管理程序；第三，协助教师发展教室层次的课程计划与实施程序，同时辅以成员的专业发展与团队支持，以及厘清角色、任务和时间表；第四，进行实施导向与结果导向的评价，以促进改进的行为。①

为了实现课程领导的任务，百利提出了有效课程领导者应坚持的十三条原则：以课程模式引导课程领导行动；利用课程管理文件确定和澄清课程；监控过程中所有的利益相关人的方向、角色和责任；开发并使用能与学区指导性文件紧密结合的课程资料；明白课程建构和课程监控的区别，并能运用相应的领导技巧；将课程发展视为持续性的历程；促进教师增权益能；了解课程视导与成员发展间的交互连接；了解课程领导者是训练而来，并非天生；决策过程中必须参考相关研究的结果；不同利益相关人有着不同的课程领导功能；相信自我改进、成员发展与视导可作为改进的工具；扮演激励者角色，寻求共识，而非妥协。②

三、课程领导的理论

课程领导研究已走过四个阶段的演进，经历半个多世纪的探究历程，20世纪90年代呈现一片繁荣局面，出现了有影响的课程领导理论。

（一）分享式课程领导理论

该理论的代表人物有美国的格拉索恩、澳大利亚的迈克珀森（I. Macpherson）、布鲁克（R. Brooker）、埃利奥特（B. Elliott）等。

格拉索恩于1987年即出版了《课程领导》一书，20世纪90年代之后，他对课程领导有了更加清晰的认识，提出了"能动分享式领导"（dynamic shared leadership）理念，并相继出版了《校长的课程领导》（The Principal as CurriculumLeadership，1997）、《课程领导：改进与实施》（Cur-riculum Leadership：Development and Implementation，2006）等著作。

---

① Fieldling, G. Curriculum Leader's Handbook [DB/OL]. http://www.eric.ed.gov, 1990-11/2004-11-18.
② Bailey, Greald D. How to improve Curriculum Leadership Twelve tenets [DB/OL]. http://www.eric.ed.gov,1990-01/2004-11-18.

该理论的内容包括:第一,课程领导包括州、学区、学校和班级四个层次的课程领导及其职能。第二,有效课程领导的根本是学区领导者、学校管理者和教师之间的合作,要求学校教育的利益相关者共同参与课程决策、共同承担责任。第三,建立由区课程咨询委员会、校长、学校领导委员会、课程任务小组、教导团队和课堂教师构成的领导集体,实施能动分享式领导。[1] 第四,重视校长的中介功能和领导能力,将学校领导委员会作为校本决策的中心,负责制订年度整体改进计划,而具体课程任务的执行则由课程任务小组负责完成。第五,课程领导是教学共同体内部的分享行为,需要鼓励每个个体的参与,各利益相关者有获得授权的准备,并有能力组建有效的课程领导共同体[2]。

(二)创造性课程领导理论

该理论的代表人物有美国北卡罗来纳大学教授布鲁贝克,其代表作是1994年公开出版的《创造性课程领导》。后经修改与2004年再版了这部著作,并命名为《创造性课程领导——激励与授权你的学校共同体》。

该理论的内容包括:第一,创造性课程领导,即是领导者在学校组织结构和制度范畴内,以自己的创造性智慧帮助其成员发掘自身潜能,授权组织成员通过创造性想象和自我传递进行过程性课程开发的领导范式。第二,课程划分为内在课程(inner curricu-lum)和外在课程(outer curriculum)两大类。前者是指学习情境中每个个体所共同创造的经验集合,强调自我感知和个体意义;后者则是存在于教科书、课程纲要和学科中的文本课程。第三,创造性课程领导将内在课程视为较为理想的课程变革方式,批判了外在课程过于强调管控的工具理性特征,认为课程领导者不只是具有领导职位的人,而是一个"领导共同体"(leadership community),涵括了情境中参与互动的每个人。第四,重视赋权增能和服务改进是创造性课程领导的显著特征,它主张通过领导共同体的构建以及团体力量的激励来实现课程领导。第五,课程领导的实践策略包括:一是关注个人和组织愿景,并力求实现二者的协调统一;二是

---

[1] Glatthorn, A. A. and Jailall, J. M. The Principal asCurriculum Leader: Shaping What Is Taught and Tested (3rded.). Thousand Oaks, CA: Corwin Press, 2009. 25; 181.

[2] Macpherson, I. and Brooker, R. Positioning Stakeholders inCurriculum Leadership: How Can Teacher Educators Work with Teachers to Discover and Create Their Place?. Asia-Pacific Journal ofTeacher Education, 2000. 28, p. 69-85.

构建学校共同体（包括领导共同体和学习共同体），重视学校组织的历史变迁，营造富有美学特征的组织文化；三是彰显课程领导者的优秀品质，倡导"餐桌礼仪式领导"（tablemanners of leadership）；四是明确教师的创造性课程领导角色，促进教师课程领导力的整体提升[①]。

（三）革新型课程领导理论

该理论的代表人物有美国肯特州立大学教授亨德森、霍索恩（R. D. Hawthorne）、高尼克（R. Gornik），其代表作是《革新型课程领导》（亨德森，1995），又于2000年、2007年出版了《革新型课程领导》的第二版、第三版（亨德森和高尼克合著）。

该理论的内容包括：第一，基于理解的"3S"课程观。所谓"3S"即是由"学科知识"（subject matter）、"民主自我"（democratic self）和"社会学习"（social learning）所构成的三角课程结构。[②] 课程不仅涉及对"学科知识"的理解，还包括对"自我"及"社会"的理解。第二，实现革新型课程领导的理想范式是，问题解决式的课程智慧，它应具有理解性、反思性、生态性和艺术性四大关键特征。第三，"重建学科标准"是课程领导的核心任务和根本挑战。此外，"反思性探究"是联结实践反思与民主化课程的纽带。第四，实现革新型课程领导的策略有：其一，"课程设计"要求凸显学生本位和意义建构，包括达成一致意见、制定基本决策、征求教师建议、寻求持续改进、应对课程冲突等行动方式；其二，"教学革新"倡导建立一种行动反思型的教学模式，重视教师创新能力和批判精神的养成；其三，"评价改进"聚焦"3S"课程目标的实现，倡导运用多元指标实施评价；其四，"组织再造"强调以组织成员的信念和经验为组织架构，通过革新型组织文化的营造来发展课程智慧。

（四）批判型课程领导理论

该理论的代表人物有美国课程学者利迈基、阿普尔（M. Apple）等人，利迈基2011年公开出版了著作《批判型课程领导：进步教育的框架》一书。

该理论的内容包括：第一，"课程领导"涉及相互关联的三个维度：课程理

[①] Brubaker, D. L. Creative Curriculum Leadership: In spiring and Empowering Your School Community(2nd ed.). Thousand Oaks, CA: Corwin Press. 2004. xi, 109.

[②] Henderson, J. G. and Gornik, R. Transformative Cur-riculum Leadership(3rded.). Upper Saddle River, NJ: Merrill Prentice Hall, 2007. p. 11; p. 15.

论(Curriculum Theory)、政治角色(Role of Politics)和领导身份(Leadership Identity),它们都处在社会—文化—政治、社区环境和学校文化所构成的复杂场域中,并深受这些背景因素的影响。第二,课程领导者能够读懂社会文化政治因素对学校教育的影响,并努力创造机会,将学校建设成更适合师生学习和生活的场所。第三,课程领导要求领导者保持批判的头脑,在满足政策要求的同时,引导共同体成员有意识地检视政策背后的基本假设,寻求更加贴近学生生活和教育民主的行动方式。

四、课程领导的模式

课程领导的模式概括起来,主要体现在以下:

其一,CLI(Curriculum Leadership Institute)课程领导模式。在美国堪萨斯州(Kansas)开发的CLI课程领导模式中,非常重视不同层次间学业课程的管理或领导,并注重彼此之间的连贯性。各层次的课程领导组织,如学区的课程协调委员会、学区教育委员会、学科领域委员会都有各自的任务与课程决策和开发的重点。从模式的选定、课程政策的制定、课程任务与愿景的订立,到成员的发展、学科领域课程文件的编制、课程的实施、评价与修订都有具体的做法[①]。

其二,DIME(Development emplementation Maintenance Evaluation)课程领导模式。加拿大的课程领导模式,自20世纪80年代中期以来加拿大萨克其万省教育厅发展了核心课程方案中新课程开发的四个阶段,此四个阶段构成课程开发的DIME(Development emplementation Maintenance Evaluation)模式,即课程领导模式,它强调课程开发中课程领导的角色与任务。发展阶段主要是撰写并试验课程,主要由教师负责;执行阶段主要是将课程传递给学生,学校委员会承担主要责任;维持阶段维持课程不断更新,主要由省教育厅负责;评价阶段正确评价课程实施成效,依"省课程评价方案"来评价新课程。

其三,促进有效教学与学习的课程领导模式。澳大利亚昆士兰科技大学(Queensland University Technology)学者迈克珀森(Macpherson)、布鲁克

---

① Ervay, S. B. & Roace, C. The CLI Model Pathways to school improvement [R]. Emporia, Kansas: The Curriculum Leadership Institute, 2000.

(brooker)、艾利奥特(Elliott)等人在对课程领导进行系列研究的基础上,提出本土化的课程领导理论,为澳大利亚建构了"促进有效教学与学习的课程领导模式"。此模式是基于课程作为一种探究领域的观点来了解课程领导,并采用"从内而外"而非"从上而下"的政策形成、解释与实施的观点来支持教师作为课程领导者,对课程领导提出三项命题:有关教师思考有效教学与学习;有关校内或学习环境内的社会气氛;有关学校的组织结构[①]。

五、学校课程领导

(一)学校课程领导的涵义

学校课程领导是在学校情境下,课程领导者影响教师参与课程发展的过程,通过这一过程,形成教师参与课程变革的动机,提升教师参与变革的能力,促成学校民主、和谐、开放的教学文化,达到促进学校课程发展和提升学生学习成效的目的。学校课程领导包括校长的课程领导和教师的课程领导[②]。学校课程领导主体是指在学校情境中利用权力和影响力实施课程领导,构建民主、合作的学校文化,促进学校课程发展,实现学校课程愿景的团体和个人。

学校课程领导主体系统是一个多层次、多角色的复杂系统[③]。从学校层面来看,学校课程领导主体系统是一个课程领导共同体,成员之间相互合作,从整体层面对学校课程改革进行宏观指导和协调统筹。学校课程领导的具体人员主要指学校管理人员、教师、学生、家长、社区人员、课程专家等,他们或者运用所拥有的制度化权力,或者运用自身的专家型权威,或者两者兼而用之,影响学校的课程改革。

学校课程领导不同于学校课程管理。学校课程管理侧重于对课程事务的安排、执行,侧重于自上而下的监管和监控,较多地考虑管理中的技术因素,是一种分层组织式的管理模式,在这种理念导引下,课程就是一个具有一定秩序的系统,最高管理阶层是这一系统的管理者,学校和教师是忠实的执行者和实施者。

---

① 黄旭钧:《课程领导:理论与实务》,中国台北:心理出版社2003年版。
② 王利:《学校课程领导研究》,西北师范大学学位论文,2007年。
③ 金玉梅:《学校课程领导主体系统探析》,《西南大学学报》(社会科学版)2008年第6期。

课程领导偏重于对课程以及与课程有关的人、财、物方面的决策、指挥、创新,较多地考虑管理中的人文、价值和发展动力因素。它注重和谐环境的塑造和成员间的作用过程,注意发挥上级领导和全体教师的积极性和能动性,建立相互尊重、信任的合作伙伴关系,突出团队精神,强调课程领导不是个人的独权领导,而是专家、教师以及相关人员在平等的基础上共同解决问题、承担责任的过程,体现了民主、合作、互动、和谐、开放、多元和宽容的思想。

(二)学校课程领导的任务

1. 课程规划

课程规划是在学校内部,课程领导者依据国家课程以及地方课程,把校本课程整合到课程体系中,形成具有本校特色的学校课程结构。这个结构不是国家、地方以及校本课程的简单拼凑,而是代表着一个学校的办学理念,代表着学校开发课程的最大潜力与可能,所以这是一个筹划与预见过程,其中涉及课程规划者的教育哲学观、人才观、课程观以及一定的课程编制技术。

2. 课程修正

对于课程的修正其实与课程的实施是一个过程中同时发生的,教师作为日常工作操作层面的一员(从课程设计到评价),会为工作的日渐改善而努力。"教师变为每日三餐过问柴米油盐,并能做出美味菜肴的教师,而不是一年只做一次法国大菜的教师;那种期待学生会发生戏剧化变化的教学转变为不间断地可持续培育学生的教学"。修正的根据是教师在对学生课程表现长期观察的基础上,收集有意义的数据,通过分析和研究的结果对课程做出准确的预测,然后对课程做出定向。

3. 课程评价

对课程的研究主要包括对课程实施的评价和提供判断的数据和信息。评价主要以形成性评价为主,其目的是对课程进行持续不断的改进。持续不断的改进其实是建立在这样一个假设上,即不考虑当前课程的成功之处,认为课程总是有改进空间的。为了进行实效的、持续的改进,学校就必须知道怎样在课程实施的过程中收集可靠的数据和信息,以准确评估课程当前的实施状况。

(三)学校课程领导的策略

1. 培养学校课程领导意识

要有效地唤醒课程领导意识,就要使学校课程领导主体理解学校课程领导的意义。学校课程领导一般具有客观意义和主观意义。所谓客观意义,就是学校课程领导对于学校课程改革与课程发展的意义,对于实现学校课程愿景的价值。而主观意义就是学校课程领导是否能够以及在多大程度上促进学校课程领导主体的工作进展和自身的发展,使他们成为课程改革的真正主体。通过整合学校课程领导的客观意义与主观意义,使学校课程领导主体将学校课程改革所传达的价值信念与个体的价值信念有机融合,提升他们对学校课程改革的认同感,才能有效地激发起他们潜在的课程领导意识。

2. 提升学校课程领导主体素质

培育参与学校课程领导的能力要有效参与课程领导,学校课程领导主体必须具备多方面的能力,包括高尚的职业道德、扎实的专业智能、有效的沟通协调能力、良好的创新能力等。高尚的职业道德能够提升领导者的个人魅力,培育有道德、负责任的学校课程领导主体。扎实的专业智能有助于领导者形成专家型权威,在同辈群体中发挥表率和引导作用。有效的交流沟通能够推动学校课程领导主体和追随者之间持续的交互过程,实现民主合作的领导方式。良好的创新能力能够激发学校课程领导主体的创新意识与创新精神,引领他们积极批判反思,主动参与学校课程改革。

3. 构建学校课程领导共同体

把学校管理人员、教师、学生、课程专家、社区人员和家长等整合起来,形成学校课程领导共同体,群策群力,共同领导学校的课程发展与课程改革。学校课程领导共同体应该是一个开放、民主、合作的团队,其成员共享学校课程领导的权力,承担相应的职责,发挥各自的主体性,通过相互间积极主动的交流与沟通发挥整体的团队效应,从而更加有效地实现学校的课程愿景。

4. 营造参与学校课程领导的氛围

学校正在从一个课程执行机构转变为课程领导机构,成为以民主与合作为特征的课程领导共同体。在这一背景下,"工具型组织"的学校已经不再适宜学校课程发展的需要,而"学习型组织"则更适合学校课程改革的需要,并且能够更好地发挥学校的课程领导作用。对学校来说,学校课程领导主体首先必须建立共同的课程愿景,使学校内部每个成员的发展目标与之相一致;要充分发挥自身的主体性、能动性和创造性,不断激发自身的潜能,超越自我,获得全面的发展;要改变以往被动的、外部强加的思维模式,形成主动的、内部自发的思维模式,形成深厚的课程领导意识和良好的课程改革能力;要通过全员学习、全程学习和终身学习克服自我封闭、防备式的学习方式，养成开放、合作的团队学习方式，实现共同进步；要以开放的心态，从整体角度思考学校的课程与教学事务。

5. 搭建学校课程领导交流平台

① 开展学科组＋年级组活动。学校教师办公采取年级组和科目组两分法，科目组可从纵向方面对学科发展、学科文化建设进行规划、建构。年级组从整个年级发展的总体目标入手，为了学生全面的发展，各学科老师从横向方面进行交流与协调，相互合作。各组组长负责收集意见，协调工作，与课程主任和校长沟通。② 增设课程主任（PSMCD）主要职责包括：协助校长领导与统筹全校课程策划工作；辅助校长策划和统筹校内各项评估政策；领导教师改善教与学的策略和评估工作；推广专业交流文化，并与其他学校联系；负责适量的教学工作。而在实际中，课程主任的角色可能要复杂得多。但重要的一点是：课程主任要拥有为教师发展提供便利的技能和促进交流方面的专业知识，因为在科目内容方面，教师的经验可能要比课程主任丰富得多。③ 成立课程委员会。在这个平台中，课程主任主要是科目组长或各年级组长的倾听者、校长的反馈者及双方的协调人。代表教师利益的科目组长、年级组长是教师意见的反馈者、规划的提交者、课程发展的带头人。校长、课程主任和各位组长在校课程委员会这个平台上讨论、协调，如对发展目标的优次排列、评估策略的制定等。

在对学校发展现状有了一个比较清晰的认识之后，课程主任、各组长和校长就要商讨建立学校课程的发展愿景。对于愿景的规划没有统一模式，每所学校的实际情况不同，发展规划自然不同。最重要的一点是：愿景的规划要始终对学校课程的发展有指明灯作用。校长、课程主任与各组长对愿景的具体化落实进行规划、协调、实施。由于资源和空间有限，不同利益相关者一定会产生矛盾，这时课程主任的作用就突显来了。在系统的变革中，课程主任要就发展的重点与教师沟通交流并予以突出。发展要有重点，以点带面，统一协调，渐次发展。

6. 课程领导从基层做起

不同的学校有不同的实践模式，但植根于"基层的革命"还是倡导的一种模式，从教室和学生开始，从教师开始，从科目组或年级组开始，把分化的问题不断集中，让问题从开始就一目了然，对问题的分析与解决借助于集体的力量,在分工与协作中做出决策。在实践中检验决策,用建构主义的观念不断修正不完善的地方,使实践不断趋于完善。

课程领导一个显著的特征是草根式民主。[①] 这也决定了课程领导的起点是课堂和一线教师,而不是中央或校长。佐藤先生称之为"静悄悄的革命"。他极其深刻地指出:这场"静悄悄的革命是从一个教室里萌生出来的,是根植于下层的民主主义的,以学校和社区为基地而进行的革命,是支持每个学生多元化个性的革命,是促使教师自主性和创造性的革命"。

(四)校长课程领导

1. 校长课程领导的涵义

校长课程领导是指校长对学校课程的设计、发展、实施和评价所进行的一种沟通协调和支持的专业性领导,其目的在于改善学校课程的内涵与运作机制,进而提升教师的教学技能以及学生的学习成效。它不仅包含行政事务和管理技术的运用,同时它也在促成学校课程发展的组织和制度的建立。

校长的课程领导是兼顾一般行政事务和课程事务的综合领导。校长除了要发挥一般的行政领导功能,还需要在课程范畴方面体现领导的功能,校长不但要具备一定的行政领导技巧,还必须具备课程与教学的相关知识,校长可以通过行政领导提供一种沟通平台,作为实施课程领域专业领导的基础。校长必须在重视明确的程序及权威系统的同时,重视多元开放与弹性的作为,凸显学校课程与教学的专业领导,关注公平、平等、开放、民主的学校文化的创建和组织的再造,强调权力的分享和合作的问题解决。

2. 校长课程领导的实质

校长课程领导的实质可以从以下几点来理解:① 提供课程发展实施的有利条件。校长行政领导在于提供课程发展实施的有利条件,例如争取较多的校内外资源、经费,与社会建立良好的互动关系,改善与家长的联系等。在管理技术方面,运用行政沟通、协调和参与决策等方式来促进教师成立学习型组织,化解教学分工的争议,说服教师及家长进行课程与教学的评价工作。② 建立健全的组织或制度,才能使课程发展与实施成为可能,例如健全组织方面:学校"课程发展委员会",课程研究与发展单位的建立,成员的组成及分工合作的机制。③ 遵循课程领导伦理原则。校长的领导不是单一的以"权

---

① 赵同友:《学校课程领导的构建方式与职责》,《现代中小学教育》2006年第12期。

力凌驾"(power over)教师的姿态出现,而提出"权力穿透"(power through)以及"权力共享"(power with)的概念,前者使全体教师对组织目标的达成能相互配合并激励教师参与的决心,而后者是让教师充分参与,并与校长全面协作努力达成目标,亦即是"增权赋能"(empowerment)的过程。就校长与教师的关系而言,若要使教师在课程与教学方面"增权赋能",那不应该是由上而下的"加持"或"灌顶",领导者反而应该是触发教师的"意识觉醒",进而反思批判与实践。④ 校长课程领导不同于教学课程领导。教学领导是指为优化教学系统,实现教学目标,通过规划教学发展远景、进行教学管理和评价、提供教学支持系统和发展学校文化等领导行为,促进教师专业成长,提升教师的教学品质和学生的学习成效的动态过程。课程领导与教学领导的关系:课程领导和教学领导是彼此相关但却不同的两个概念,二者的关系非常密切,教学领导不能孤立于课程之外,课程领导也不能自立于教学之外,在学校实践中二者是密不可分的,可以通过教学表现来理解和丰富课程的内容,也可以在进行教学领导的时候,关注课程的因素。

3. 校长课程领导的角色

理想的"课程领导"的研究和实践离不开对"学校领导"向度的研究和对领导者特征的分析。国内外学者基于教育组织理论对"学校领导"之"向度"的研究,值得关注。

国外的校长课程领导角色理论和国内的校长课程领导角色理论,见二维码。

校长课程领导角色理论

4. 校长课程领导的任务

校长课程领导的任务主要体现在:① 学校发展远景规划和学校课程的管理与设置。学校发展远景是学校师生对本校发展的共同愿望和设想,而课程的管理和设置则是实现这一发展前景的具体步骤。学校发展远景的规划主要依赖于校长的办学理念和教育哲学。② 鼓励教师主导的专业发展。教师的专业发展实际上是课程改革成败的关键所在,而课程的改革和发展也为教师的专业发展提供了有利的机会。校长必须确立新的学校观,积极引导并支持"教师主导的专业发展";必须从关注教师的工作效果,转变到关注教师的专业成长,把学校办成"教师发展学校",担负起培训教师的责任;让教师能集"实施者—研究者—专业者"于一身,愿意与同事进行专业对话与经验分享,共同探讨学校教育的实施与改进。学校和教师不再是其他教育改革机构的目标或对象；相反，学校是提供专业的教育服务场所，而教师则是研究与改进教育活动的主角。③ 课程资源的统筹与运用。"课程资源是指形成课程的要素来源以及实施课程的必要而直接的条件。校长需要密切联系政府、企业、社会、家长，充分利用学校现有的资源，努力提高学生的学习水平。要加强与校外机构的交流和合作，积极利用校外的课程资源（如校外图书馆、博物馆、网络资源等），同时也要注重提高教师开发和利用课程资源的积极性及能力。④ 发展性评价体系的建立与实施。校长必须熟知新课程倡导的发展性课程评价的基本特点，掌握发展性课程评价的基本内容和新课程评价的改革重点，积极参与学校评价改革的实践问题研究，建立有利于提高学校教育质量，促进学校不断发展的评价体系。一是课程的整体设计，即新课程下的课堂教学是否体现了课程改革目标，是否合理安排、落实必修和选修课程，是否保证课程模块的整体性、基础性；二是教师的行为，即教师是否具有课程意识和课程能力，是否改善了自身的教学行为，是否关注学生的差异性等，要打破以"学生学业成绩"论教师工作业绩的传统做法，建立促进教师不断提高的评价指标体系；三是学生的学习行为、状态，不仅关注学生的学业成就，更要注重学生的学习态度、创新精神和分析解决问题的能力。⑤ 塑造优质的学校文化，加强学校成员的协同合作。校长应力争创建一种新生、优质的文化，提倡开放的教育理念，帮助教师寻求适合自己和适合学生的教学方式，相信教师有能力针对自己的实践情境进行反思和改进。校长应该致力于营造民主、开放和合作的氛围，鼓励教师参与课程设计和决策，通过多种集体活动，促进教师间的交流与沟通，建立教师的学习共同体，与全校教师一起努力，共同发现问题和解决问题。

（五）教师课程领导

1. 教师课程领导的涵义

教师课程领导是以教师作为教师课程发展的领导者，教师领导是学校共同体发展的内在要求，它的提出就是要改变学校原有的领导方式，为教师赋权增能，使学校共同体成员都承担起领导的责任，发挥领导的作用，为教师的专业发展搭建平台。

教师领导是以个体发展、合作式团队发展、组织发展为目的的一个过程，通过这个过程，教师个体或集体通过影响包括校长在内的组织成员从而提高教学实践能力,其终极目的就是提高学生的学习水平和成就,它反映教师通过在组织中建立关系,打破壁垒,整合资源而为提高教学质量做出的努力。

教师领导的领导主体是教师,或有教师背景的专业领导者或既是教师又是领导者,它排除了非教师人员的领导,是属于教师的专业领导。在具体的领导实践中,教师领导者既可凭借正式职位的行政权威也可以凭专业权威实施领导,领导途径是多元化的,就其任务而言,早先的研究认为包括指导青年教师、教师职业发展、参与学校管理等三个方面。随着教师领导研究的逐步深入,教师领导的领域被大大扩展了,其任务也愈加全面和丰富,有研究指出可以从建立美好的愿景和共同信念、促进组织学习和发展组织工作、进行合作管理、参与学校和地方课程工作、促进同伴的专业发展、参与学校发展和变革、参与社区和学生家长工作、指导准教师教育和培育成功的学校文化等方面考虑。①

教师的课程领导主要是发挥教师参与学校课程发展的积极性,为教师的专业成长与成熟创造条件和机会,使得教师在参与学校改进的过程中,通过实践促进专业发展。教师的课程领导对于其自身的专业发展、提升学生学习质量,提高课程实施水平和学校整体课程的发展都具有重要的意义。需要指出的是,学校的民主程度、组织气氛、教师文化以及教师间的沟通与合作对教师的课程领导具有重要的影响。如果学校的民主化程度较高,组织气氛良好,沟通渠道通畅,同事间经常沟通并能合作完成工作,教师对学校工作的热情往往比较高,同事间的交往也更为频繁和融洽,教师参与学校课程与教学事务的程度也会更高。因此,从某种程度上说,学校的民主程度、组织气氛和教师文化也能反映出学校中教师的课程领导情况,是衡量教师课程领导的标准之一。

2. 教师课程领导角色

我国有学者论述了学校课程领导者可能扮演的八项角色:理念的追寻及实践者、系统的建置及营运者、知能的建构及散布者、成员的领航及合作者、创意的推动及支持者、资源的整合及经营者、人际的沟通及协调者和成效的回馈及监督者。②

整合各种教师课程领导角色理论,具体阐述见二维码。

教师课程领导角色

---

① 金建生:《论教师领导》,《西北师大学报》(社会科学版)2007年第3期。
② 高新建:《学校课程领导者的任务与角色探析》,《台北市立师范学院学报》2002年第33期。

3. 教师课程领导的任务

(1) 通过各种途径,自觉生成鲜明的课程意识

首先,加强自主学习,积极参与培训,切实转变课程观,适应新课程,确立整合的、生成性的、实践性的课程观。其次,通过个人日常生活与行为的哲学反思,通过与他人的对话,通过叙述与分享自己的实务经验与生活故事,来提升教师的课程批判意识。如"正在课程改革实验区兴起的'教师讲自己的教育故事'等活动,就是教师开展的一种自我反思活动",[1]也是课程批判意识的一种生成方式。再者,运用新课程理念到教学实践,多维度地考察现行教材、学校与社区资源,以此为基础挖掘或开发校内外各种课程资源(文本的或非文本的)。

(2) 在实施与开发课程过程中,引领其他教师成为课程开发与创造者

教师课程领导者寻找机会发现与其他教师间的专业共识,利用专业技能,委任一个工作给其他教师,并鼓励、带领、陪伴教师参与学校的课程实施与开发工作。在实施与开发过程中,了解教师的需求,安排相应的课程开发与专业成长活动,与教师教学经验相结合,改进教学实务,从中提供咨询与指导,引导教师独立开展课程发展事务。

(3) 实施有效教学与发展性学习评价,引导学生自主学习

教师进行基于课程标准的教学,用教材教,实施有效的课堂教学,创设丰富的教学情境,创建安全的、支持性的、挑战性的学习环境,激发学生的学习动机,培养学生的学习兴趣,设计多样的教学活动,提供实践、实验与讨论等机会,协助学生认识自己,提升学生主动解决问题的能力,鼓励学生自我发现。在课外,教师可以帮助学生确定适当的学习目标,指导学生形成良好的学习习惯,掌握学习策略,为学生的学习服务。开展发展性学习评价,通过知道、观测、解释学生的学习来评价学生的学习行为,以评价促进学习,让学习来修订评价,使学生在接受评价的过程中获得发展。

(4) 开展实质性工作,协助同侪教师更好地处理课程事务,促进教师专业发展

教师课程领导者作为其他教师的教学良师,应示范教学,深入课堂观察同侪教师的教学,提供反馈,组织讨论,协助解决教学问题。作为其他教师的

---

[1] 郭元祥:《教师课程意识及其生成》,《教育研究》2003 年第 6 期。

心灵伙伴,与其交流、对话,协助解决或处理出现的问题、冲突及危机。作为知识管理者,通过博客或网络信息平台向其他教师提供自己知识管理的具体做法,如教育日志、个人知识档案袋等,协助同侪教师做好个人的知识管理。此外,还应与同伴(主要指与自己同属一个学科且经历相当的同事)结成伙伴关系,学习并彼此分享新的知识,分享彼此经验,来改进教学,促进自身的专业发展。

(5) 与其他教师一起创造学习共同体

要营造学习、合作与相互信任的共同体氛围,教师课程领导者要与其他教师保持良好的互动关系,为其他教师提供各种机会,营造良好的物理与心理环境,让教师有安全感,提供实质的协助,使各项课程与教学的行动得以持续。与其他教师共建一个微型的学习共同体,共享问题的解决、支持与决策,共同为学生的终身发展着想。教师课程领导者同其他教师交流与对话,了解班级内学生学习情况,讨论教学如何改革,并和其他教师共同设计不同的评价内容和评价方式,以真实了解并改善学生的学习,提高学生的学习效能。

反思与问题

1. 在20世纪里,人们对课程理论进行了构建。其中,建立课程模式作为理论建设工作过程中必不可少的一个方面,引起了人们极大的关注。但课程理论界对课程模式存在着不同的理解。① 在课程模式内涵上,《教育大辞典》将课程模式理解为课程类型。而郭晓明在《关于课程模式的理论探讨》一文中认为:课程模式就是"范式"。② 在课程模式外延上,相当一部分人都将课程模式理解为课程研制的模式。这些尚存的歧见,还有待于进一步讨论。③ 课程目标的确定和选择完全根据社会的需要,并从对成人活动的分析入手,实施课程所包括的活动严格按照目标设计。那么,这里的问题是,社会能否作为决定课程的唯一力量呢?④ 课程模式如果通过课程审议方式为教师、学生、家长、社区代表等人提供了发表自己观点的场所,但由于个人背景不同,如何要求所有成员在体验到并理解的基础上来解决问题呢?

2. 何谓课程实施?归纳起来,主要有两种观点影响较大:一是认为课程实施问题就是研究一个课程方案的执行情况。对课程实施的研究重点就是考察课程方案中所设计内容的落实程度。这种观点是将课程方案看作固定的、不可变更的,实施就是一个执行的过程。作为课程执行者的学校和教师,应当很好地理解和运用课程，忠实地执行课程方案中规定的项目。而实施的效果如何，决定于课程执行者对课程方案的理解水平和落实程度。二是作为一个动态的过程而存在的。因此，课程实施问题不只是研究课程方案的落实程度，还要研究学校和教师在执行一个具体课程的过程中，是否按照实际的情况对课程进行了调适以及影响课程改革程度的因素。

3. 课程实施问题的研究始于20世纪60年代未70年代初，直接起因是对"学科结构运动"的反思，人们逐渐将研究重点从课程计划的制定转移到课程实施上来。关于课程实施究竟是什么的问题，归结起来主要有两种观点。① 课程实施是课程方案付诸实践的过程。这种比较具有代表性且为人们所普遍接受的观点，虽然指出了课程方案与课程实施的差异和区别，强调"做"的过程。但将课程方案付诸实践理解为课程实施，能否反映课程实施的全部本质呢？② 课程实施就是教学。坚持"大课程论"的学者，趋向于课程实施就是教学。这一观点的确能够解决课程与教学分离的困境，有助于教育过程的展开。但是课程实施与教学能划等号吗？

4. 如何做到课程实施从忠实取向、相互调适取向到课程创生取向实现？

5. 谈谈你对国家课程领导和学校课程领导的认识。

6. 校长课程领导力和教师课程领导力的具体表现是什么？你认为在我国影响教师课程领导力有哪些因素？

第十章 教学过程、教学原则和教学方略

第一节 教学过程

一、教学过程的概念

所谓教学过程,是指教学活动的启动、发展、变化和结束在时间上连续展开的程序结构和师生互动的过程。

在教学实际中,教学过程概念的含义又有广窄的不同,从时间上看,可以把它分为四种过程:一是学生从进小学到大学毕业的教学过程;二是一门课程从开始到结束的教学过程;三是一门课程中的一章或一个单元的教学过程;四是一节课的教学过程。从内容上看,可分为德、智、体、美、劳五育的教学过程。从学科上看,有语文、数学、外语、物理、化学、生物等学科的教学过程。

教学过程本质和要素

教学过程的本质和要素,见二维码。

二、教学过程的规律

教学规律是指对教学过程的方向、性质和效果具有决定作用的稳定作用的必然的内在本质联系。人们可从不同的视角去考察教学过程的规律[①],这里仅从教师与学生这两个基本要素之间的关系去揭示教学过程的内在客观规律。

(一)教与学相互影响

教与学,教师与学生,这是贯穿在整个教学过程中的最基本的一种关系。教与学各以对方的存在为自身存在的前提,两者相互依存、相互作用、相互促进。其中教师是主导者,学生则是主动者。

---

① 关于教学过程规律的不同论述,详见李方主编:《课程与教学基本理论》,广州:广东高等教育出版社 2002 年版,第 184~189 页。

教与学相互影响的规律有两个侧面，共同构成一个有机的统一体，即主导与主动的统一。

1. 教师起主导作用

所谓教师的主导作用，是指教师在教学过程中处于领导者、组织者和教育者的地位，他遵循学校的培养目标和学生身心发展的规律与特点，对学生施加影响，促进其全面发展。教师常常引导、启发、帮助和激励学生主动积极地学习。

教师在教学中起主导作用有其必然性。从教师和学生的素质差异来说，教师受过专门的教育和训练，"闻道在先"，"术业有专攻"，是知之较多者，在知识、能力、经验、思想观念和个性发展方面，都比学生更丰富、更成熟。而学生则是成长中的青少年，身心发展极不稳定，具有很大的可塑性，即可能向好的方面发展，也可能向坏的方面发展，同时知识、能力、经验都很有限，是知之较少者；思想、个性、人生观等都不够成熟，独立的思考、判断的能力正在形成之中，这些都需要教师去启发和培养。这就决定了教师在教学过程中必然要承担组织和领导的责任，由他去计划、组织、指导和评价教学活动，指引其方向，掌握其进度。如果不是让教师，而是让正处在成长、发展中的学生承担这样的责任，那显然是荒谬的。

2. 教师的教以学生的主动学习为基础

首先，学生是认识的主体。要把人类积累的认识成果和经验转化为学生的精神财富，要把知识转化为学生的智力、能力和思想观点，必须通过学生自己的认识和实践才能实现，这是任何人都无法包办代替的。辩证唯物论告诉我们"任何事物的发展变化，都是内外因相互作用的结果，外因是条件、内因是根据，外因通过内因而起作用。学生对教师所施予的影响，并不是消极被动地接受，而是能动地去思考和抉择，主动积极地做出反应；他们可能采取完全肯定和接受的态度，也可能采取批判和扬弃的态度，还可能采取完全否定和鄙弃的态度。

其次，学生的学是教师教的出发点和归宿。教师教的行为，目的是引起学生学的行为。教师教的过程，也是为学生的学服务的过程。学生的学习情况和学习效果是检验教师教的主要依据。不仅如此，教师的教只有依赖于学生的学，依赖于学生的积极配合，才能够产生预期的效果。所以教师是否发挥了主导作用恰恰表现在学生是否具有学习的主动性和积极性上。教师主导作用发挥得越好,学生学习的主动性、积极性、独立性和创造性也就越强。没有学生的积极配合,教师的主导作用必然落空。

(二)教学与发展相互作用

这里所说的发展具有三个方面的含义。一是指身体方面的发展,包括身体的健康与各部分的功能;二是指认知、技能方面的发展,包括知识、智力、能力和技能技巧等;三是指非认知技能心理因素的发展,包括情感、兴趣、态度、意志、性格等。以上三个方面的发展都和教学有着紧密的联系。进行教学活动,一方面受一定发展水平的制约,另一方面又对发展产生极大的影响。以下就从这两个方面来论述教学与发展的关系:

1. 教学受制约于学生的发展水平

小学入学年龄一般为 6~7 岁。这就是说,进行小学教育要以儿童身心发展达到一定水平为条件。没有这些条件,就没有进行小学教育的基础。对于各级教育来说,也是如此。这是因为人的身心发展具有阶段性和连续性、加速期和关键期。这些特点是就一般而言,即就人在不同时期的发展共性而言。人的发展除共性外还有个性,也就是常说的个性差异。不管是就身心发展的共性或是个性来说,都要求教学工作必须与之适应。否则,教学将是寡效的或无效的,甚至还会阻碍学生的身心发展。

2. 教学与发展可以相互促进

前面说的教学受制约于学生的发展水平,这只是问题的一个方面。问题的另一个非常重要的方面是,教学还可以积极地促进学生身心各个方面的发展。维果茨基关于"最近发展区"的理论,赞科夫关于教学与发展长期的、大规模的实验与总结性论述,以及许多生理学家对于人的大脑所具有的巨大潜力的论证,都雄辩地告诉我们:教学工作如果处理得当,对于人的一般发展,即前述的三个方面的发展是可以产生巨大的推动作用。

三、教学过程的环节

教学过程的环节,是教学活动的展开、变化、发展在时间连续性上所需要经历的基本阶段。

古今中外,由于历史传统、文化背景、哲学与心理学基础和实践基础存在各种差异,所以国内外教育家们,提出了丰富多彩的关于教学过程环节的不同观点和主张。

现代学者对教学过程环节的认识也有不同的见解,一般认为教学过程应该包括六个基本环节:激发学习动机—感知教学材料—理解教学材料—巩固知识经验—运用知识经验—测评教学效果。

在教学过程中,每一个环节都是相对独立的,各自发挥着独特的作用,同时环节之间又是彼此关联,相互衔接的。

1. 激发学习动机

所谓学习动机,是推动个体进行学习活动,维持已引起的学习活动,并引导学习行为朝向一定的学习目标的一种内部心理状态。教学活动主要是学生的学习活动,而这种学习活动,总是在一定的思想、情感和愿望的影响下,在学习动机的支配下进行的。学习动机是引发学生学习行为的重要力量。心理学研究表明,学习动机与学习活动可以相互激发、相互加强。一方面学习动机可以通过学习活动逐步地引发和形成,另一方面,学习动机一旦形成,它就会自始至终,贯穿于某一学习活动的全过程。学生的学习动机即可以由内驱力所激起,也可以由外部刺激引起。

2. 感知教学材料

书本知识一般以抽象的理性知识为主,具体表现为概念、定理、公式、原理等。学生要理解这些抽象的理性知识,必须以一定的感性知识为支撑。感知教学材料,就是对教学材料进行初步的把握,将教学材料承载的抽象有知识与直观、生动的形象结合起来,形成关于客观事物的正确表象,从而有利于学生对抽象知识的理解。

学生获得感性知识的途径和形式是多方面的。一是直接感知。通过参观见习、实验实习等对相关对象进行直接的感知,获得大量的感性认识和直接经验为理解抽象的书本知识创造条件。二是间接感知。通过直观教具的使用、利用生动形象的语言描述、引导学生回忆、使记忆表象重现等办法可以帮助学生用所获得的感性知识来理解抽象的知识。

3. 理解教学材料

理解教学材料就是要领会书本上的理性知识,从而达到对客观事物本质及规律的认识。理解教学材料是在学生获得感性知识的基础上,在教师的指导下,经过学生自己的思维加工而实现的,思维是认识活动的核心要素。理解教学材料阶段的重要任务,就是启发学生,引导学生开展积极的思维活动。

4. 巩固知识经验

巩固知识经验就是指学生把所学的知识经验牢固地保存在记忆中。学生以学习书本知识、接受间接经验为主，如果不及时地巩固强化，就会产生遗忘，不利于对后续知识经验的学习理解，也难以做到学以致用。因此，巩固知识是教学过程中的一个重要环节。

5. 运用知识经验

将所学知识经验运用于实践，是帮助学生加深对书本知识的理解、形成分析问题和解决问题能力的关键环节，尤其是在培养学生的独立性和创造性方面，有着重要的作用。

在教学过程中，教师引导学生运用知识的形式，是多种多样的，有练习作业、实验、实习、生产劳动、社会实践等。其中，练习作业是最经常的一种运用知识经验的形式。

6. 教学效果测评

教学效果检查、测量和评价，是保证教学过程良性循环，争取理想教学重要环节。系统科学的反馈原理表明，任何系统只用通过信息反馈，才可能实现有效地控制，从而在到预期的目的。

教学效果的测评包括检查、测量与评价两个方面。教学效果的检查和测量是对教学过程及其结果进行事实信息的收集和判断，而教学效果的评价是对教学过程及其结果的价值判断，前者是后者的基础和前提。一般可以通过观察、提问、家庭访问、查检书面作业、单元测验和考试卷等方式，还可以采用专门的测量方法，来了解学生掌握知识、智力水平、学习态度等方面的情况，获得有关的反馈信息，及时调控教学过程。教师还应注意引导学生学会自我检查与测量和自我评价，促使学生自觉调控学习过程，强化学习动机，增强学习能力。

第二节　教学原则

所谓教学原则，是根据一定的教学目的任务，遵循教学过程的规律而制定的对教学的基本要求，是指导教学活动的一般原理。教学原则是前人长期从事教学活动的经验的总结。它来自教学实践，又指导教学实践。教学原则是教学规律的反映，它本身没有阶级性。但是，由于教学原则是根据人们对教学规律的认识而制定出来的,因此,它就受到人们认识的制约,人们在制定、解释、运用教学原则时,无不受到一定阶级思想的影响,服从于一定的教育目的。

本书倡导综合运用如下教学原则。

一、启发创造原则

启发创造原则,是指教师在教学中要最大限度地调动学生学习的积极性和自觉性,激发他们的创造性思维,从而使学生在融会贯通地掌握知识的同时,充分发展自己的创造能力。启发创造原则应贯穿于教学过程的始终,贯穿于教学过程的各个基本阶段。它不仅在文化科学知识教学方面有重要意义,而且在思想品德及其他非认知因素的教育方面也有积极作用。

贯彻启发创造原则有以下要求:

(1) 激发学生的学习动机,树立创新意识。

(2) 全面规划教学任务,培养思维能力。

(3) 创设问题情境,引导学生积极思考。

二、最优化原则

教学最优化原则,是指教学过程中,对教学效果起制约作用的各种因素,实行综合控制,进行最优的教学,取得最优的教学效果。教学最优化有两个标准,一个是效果标准,即每个学生于一定时期内,在知识、技能、思想和发展方面达到的水平;另一个是时间标准,即师生遵守学校有关规定的课堂教学和家庭作业的时间定额。

贯彻教学最优化原则有以下要求:

(1) 综合地规划教学任务。

(2) 全面地考虑教学中的各个因素。

(3) 善于选择最佳的教学方案。

(4) 教和学的活动要紧密配合。

三、师生协同原则

师生协同原则,是指教学活动中,教师充分发挥主导作用的同时,还要充分调动学生学习的主动性和积极性,使教学过程完全处于师生协同活动、相互促进的状态之中。它的实质就是要处理好教师与学生、教与学的关系。

师生协同原则,是教学过程中教与学相互影响与作用规律的反映。教学是教师的教和学生的学相互作用的活动过程。在这个过程中,教师的活动与学生的活动必须朝着一个共同的方向,互相配合,协调一致才可望获得好的教学效果,完成教学任务。

贯彻师生协同原则有以下要求：

（1）树立正确的学生观,建立新型的师生关系。
（2）教给学生学习方法,提高学生主动参与教学活动的积极性。
（3）生动活泼地进行教学,创设民主、和谐的课堂气氛。
（4）进行平等的对话,促进师生间的交往。

四、因材施教原则

因材施教原则,是要求教师在教学中要从学生实际出发,根据不同对象的具体情况,采取不同的方法,进行不同的教育,使每个学生都能在各自原有的基础上得到充分发展。

贯彻因材施教原则有以下一些要求：

（1）深入细致地研究和了解学生。
（2）针对学生个性特点,采取不同的具体措施。
（3）正确对待学生的个别差异。
（4）把因材施教与统一要求结合起来。

五、循序性原则

循序性原则,是指教学工作要结合学科的逻辑结构和受教育者的身心发展情况,有次序、有步骤地进行,使受教育者能够有效地掌握系统的知识。

贯彻循序性原则有以下要求：

（1）把握好教学内容的序。
（2）抓好教学过程的序。
（3）抓好学生学习的序。

六、积累与巩固原则

积累与巩固原则,是指教学应使学生在理解的基础上,获得广博、深厚和牢固的基础知识和基本技能，形成良好的个性品质，并进而使他们对知识、技能的掌握达到熟练和运用自如的程度。从学生掌握知识的特点来看，学生主要是学习间接经验。学生掌握知识在于把这些间接经验变成自己的经验。这不仅要求学生领会教师所传授的知识，同时也要求把领会的知识在头脑中巩固下来，积累起来。从学生学习的需要来看，科学知识的系统性很强，新知识的学习需要以已学的旧知识为基础。如果离开学生对知识的巩固和积累，学习过程将无法进行。从学生实践的需要来看，学生巩固和积累知识的目的是为了在未来的生活中应用。所以，学生学习到的知识、技能一定要很熟练。这样，才能在未来的生活中具有高度的适应性，知识也能随时地、自如地运用。

贯彻积累与巩固原则有以下要求：
(1) 理解是积累与巩固的基础。
(2) 帮助学生掌握和使用科学积累与巩固的方法。
(3) 多给学生练习和运用知识的机会。

七、反馈调节原则

反馈调节原则，是指教学过程中，教师与学生从教与学的活动中及时获得反馈信息，以便了解教与学的情况，调节和控制教学活动，提高教学效率。教学系统中的信息回路有三条，即一条主信息回路，两条副信息回路。

教学过程中，教师既输出知识信息，又输出控制信息。一方面教师从信息源吸收知识信息，经过思维加工后再向学生输出教学信息；另一方面，为了调控学生的学习活动，教师又要输出指令性控制信息。这两种信息往往交织在一起。学生对这些信息所作出的反应，通过回答问题、解习题、完成实验操作、呈示学习结果等外显的形式反馈给教师。这是主信息回路。主信息回路所提供的信息是教师控制教学过程的主要信息，它较为系统地反映了教学进行的情况。

两条副信息回路，一条是教师的自我反馈，另一条是学生的自我反馈。教师通过这种自我反馈来检查自己语言是否准确，推理是否严密，讲授进度是否适当，板书是否清楚等，从而修正教学设计，调整教学进程。学生也主动地接收信息，主动地进行自我反馈。这种反馈，一方面通过教师对学生学习方法和学习结果的评价，另一方面通过学生自我意识、自我检查和自我评价来获得。学生的自我反馈有助于学生实现自控,使学习效果得到进一步的强化。

贯彻反馈调节原则有以下要求:

(1) 教师要善于通过多种渠道,及时地获得学生学习中的各种反馈信息。① 课堂教学中的反馈信息。② 课余课间的反馈信息。③ 课外作业中的反馈信息。④ 各种测验和考试中的反馈信息。

(2) 教师对获得的反馈信息要及时评价,并对教学活动作出恰当调节。

(3) 培养学生自我反馈调节能力,提高学生学习的主动性。

八、整体性原则

整体性原则包括两方面含义。一是指教学所承担的任务具有整体性。二是指教学活动本身具有整体性。教学是由一系列教学要素构成的一个完整系统。

教学中贯彻整体性原则有以下要求:

(1) 科学性与人文性的统一。

(2) 思想性与艺术性的统一。

(3) 身心发展的统一。

(4) 传授知识与发展智能及培养非认知因素相统一。

第三节　教学方略

一、教学设计

教学设计的概念、教学设计过程的基本要素、教学设计的层次和教学设计的类型四部分,内容见二维码。

教学设计

二、教学模式

(一) 教学模式的概念

教学模式就是正确反映教学客观规律,有效指导教学实践的教学行为范型。教学模式与教学方法是既相关联又有区别的两个概念。教学方法包括综合性方法和具体方法,已定型的(即相对稳定的活动范式)方法和常变化的方法。教学模式属于综合性的相对定"型"的那些教学方法。[①] 所以,同一种教学活动方式(如发现式教学),有时人们说它是教学方法,有时人们又说它是教学模式。

教学模式主要由以下几个因素组合而成:

(1) 理论。任何教学模式都是在某一教学理论指导下提出来的,体现了一定的价值取向。

(2) 目标。教学模式的目标,就是要完成主题所规定的任务。以知识、能力、态度等不同侧重方面为核心目标的不同教学模式,会对学生的学习结果产生不同的实质性影响。

(3) 程序。教学模式的程序是指完成目标的步骤和过程。任何教学模式都有自己一套独特的操作程序和步骤。

(4) 师生组合和互动。教学是教师的教和学生的学相互统一的活动。在这种活动中,教师和学生分别占据一定的地位,扮演不同的角色,产生相互作用。不同的教学模式,就教师和学生的不同地位和作用而言,具有不同的师生组合和互动方式。

(5) 活动系统。教学模式规定完成特定目标的一系列途径、手段和方法。

(6) 条件。教学模式的条件是指完成一定的教学目标,使教学模式发挥效用所需要的辅助性支持。任何教学模式都有其特定的条件,只有在这些条件得到满足时,教学模式才能发挥其效用。条件包括多方面的内容,有对教师和学生的要求,有对教学材料、教学媒体和教学时空的要求等。

(二) 教学模式的特性和功能

1. 教学模式的特性

随着理论研究的深入和教学实践的发展,出现了多种多样的教学模式。尽管教学模式呈现出了多样性和层次上的差异,不同的教学模式仍然具有一些共同的特性。

(1) 操作性。一方面教学模式总是从某种特定的角度、立场和维度来提示教学的规律,比较接近教学实际而易被教师理解和运用,因而具有操作性;

---

① 李方主编:《课程与教学基本理论》,广州:广东高等教育出版社2002年版,第213页。

另一方面,教学模式的建立不是为了空洞的思辨,而是为了让教师去把握和运用,因此它必须有一套操作的程序和系统。

(2) 发展性。教学模式不是固定不变的,而是发展变化的。这并不是否定一个教学模式提出和建立起来后,具有相对的稳定性。但是,作为一个系统,教学模式不再是封闭的,而是可以根据教学的实际情况,加以灵活的调整,使模式中的诸因素优化地发挥其结构功能。教学模式的诸因素要不断吸取新思想和新技术而不断得以改进,使之日趋完善,符合时代的需求。

(3) 整体性。教学模式不只是表现和反映教学过程的一个方面或本质上的一点,而是提示了教学过程中诸因素之间的动态联系,从全局上把握教学过程的始末。

(4) 简约性。教学模式的结构和操作体系,多以精练的语言、象征的图形和明确的符号来概括和表达教学过程。教学模式不是特定教学过程中的具体经验,在其形成过程中,只反映核心与本质,这就使教学模式摆脱了具体经验所具有的局限,既能使那些零乱纷繁的实际经验理论化,又能在人们头脑中形成一个比抽象理论更具体的,更简明的框架。

2. 教学模式的功能

教学模式既有实践方面的功能,又有理论方面的功能。

第一,教学模式在教学原理运用于教学实践的过程中起着转化作用,可以用来指导实践。教学模式对实践的指导作用具体表现在,它包括了达到某一教学目标的条件和实施的程序及方法等,使抽象的理论具有了可操作性,可供教师在设计和组织具体的教学活动时进行参考;教学模式对教学活动和过程中的诸因素及其联系和作用进行了系统的建构,使教师对教学过程有一个整体的、清晰的认识和把握;教学模式还能帮助教师预见预期的教学效果。

第二,教学模式在实际教学经验提升为教学理论的过程中起着转化作用。教学模式不仅可以从理论演绎而来,而且也可以来自于实践。它不仅能对教学实践中的教学活动方式进行优选、概括和加工,而且在形成时就包含有一定的预测和设计。可以说,教学模式来自于实践,但又高于实践。对具体的教学经验加以逐步的概括和系统的整理,便可以通过教学模式的形式而上升到理论。

(三) 教学模式的运用

教师在具体运用教学模式时,需要注意以下几点:

第一,要具有符合现代教学理念的正确教学指导思想。指导思想是教学模式的灵魂,教学模式的运用能否取得预期的效果,关键在于是否把握了模式背后的教学理念和指导思想,否则无论采用什么样的新模式,只能是盲目的模仿和机械的套用。

第二,优化组合,变通运用。首先,实际教学过程是具体而复杂的,教学内容是多样而丰富的,教学要达到的目标也是多方面的,企图在教学过程中采用单一的教学模式来组织教学,完成教学任务是不现实的,也是不可能的。因此,在教学过程中,应选择和交替运用多种教学模式,并使它们有效地配合,共同达到预期的教学目标。其次,教学模式虽然有着相对固定的程序和阶段,但它们的划分并不是绝对的,教师在实际运用中往往需要灵活掌握,变通使用。在课堂教学中,不同性质的目标和内容经常相互交叉,加上时间的限制,很难将一个教学模式完整地应用。因此,教师变换教学模式时,不仅要考虑到与某一教学模式相应的教学过程的相对独立性和完整性,考虑教学模式的整体性,而且要从教学的实际需要出发,吸取其他教学模式中有利于达到教学目标的某些方面。采用模式只是达到教学目标的手段,模式本身不是目的。

第三,要有所发展和创新。教学模式给教学实践提供了范例,本身又有一套实施的操作程序,因此具有可模仿性和可操作性。但是,教师不能盲目照搬和机械套用。实践中具体的教学活动在教学目标、内容性质和学生特点等方面都存在着差异,教学模式对教学活动只能做大体的规划。在运用教学模式时,其实是在原有模式基础上针对具体实践的一次超越,一次创造。教师要能做到有模式但不为模式所限,遵模式但不为模式所拘;模仿中求创造,运用中谋发展。

当代教学模式的发展趋势和类型,见二维码内容。

教学模式趋势和类型

三、教学策略

(一)教学策略的概念

顾明远主编的《教育大辞典》指出,教学策略是指"建立在一定理论基础之上,为实现某种教学目标而制定的教学实施总体方案。包括合理选择和组织各种方法、材料,确定师生行为程序等内容"。

教学策略具有三个基本特征：首先，可操作性。教学策略不是抽象的教学原则，也不是在某种教学思想指导下建立起来的教学模式，而是可供教师和学生在教学中参照执行或操作的方案，有着明确具体的内容。其次，灵活性。教学策略根据不同的教学目标和任务，并参照学生的初始状态，选择最适宜的教学内容、教学媒体、教学组织形式、教学方法并将其组合起来，保证教学过程的有效进行，以便实现特定的教学目标，完成特定的教学任务。再次，综合性。选择或制订教学策略必须对教学内容、媒体、组织形式、方法、步骤和技术等要素加以综合考虑。

教学策略具有动态的教学活动维度和静态的内容构成维度。在动态的教学活动过程维度上，它指教师为提高教学效率而有意识地选择筹划的教学方式方法与灵活处理的过程。

教学策略不是固定不变的，必须因地制宜，因人而异。由于具体的教学情境是复杂的，计划实施过程之中行动的变化和方法的灵活选择是必然的，因此，教学策略具有很大的创造性特征。

策略性行为对于方法的施行是在明确的教学目标和教育理念支配和监控之下完成的，这就使方法带上了计谋的色彩。策略行为不是对方法的盲目操作，如果没有对方法实施意图的明确意识，即使对方法的具体操作掌握得再娴熟精致，也仅仅是对教学程序的机械运行。

教学策略性行为是在教学过程中的有效行动。要能够达到这样的境地，教学策略应该有其自身的抽象，即教学策略是对有效教学方式的概括和推理。教学策略往往以教学原则和教学行动方式的形式对具体的教学方法、技能进行抽取，并且以这种形态反映和保持在教师的头脑中。

教学策略静态的内容构成维度是动态的教学活动过程维度的反映，或者说，教学策略内容的构成产生于对教学策略动态构成的认识。教学策略在内容构成上具有三个层次：第一层次指影响教学处理的教育理念和价值观倾向；第二层次是对达到特定目标的教学方式的一般性规则的认识；第三层是具体的教学手段和方法。

（二）教学策略分类

1. 理论性教学策略分类

人们根据不同的理论依据，建构起了已经广泛应用的六种教学策略：①

认知发展策略。建立在皮亚杰的研究基础之上。运用原则为：儿童从实践中获得知识；教育活动以儿童为中心；教学须是个别化的；社会交往起重要作用。教师以开发者、诊断者、认识冲突的创设者和促进者，社会交往的推动者等身份发挥作用。② 概念形成策略。源于布鲁纳等人的理论研究。包括选择性策略和接受性策略两种。实施步骤：呈现实例；确认概念，强化练习；发展思维技巧。③ 先行组织策略。源于奥苏伯尔的意义学习理论。实施步骤：准备预备性材料；设想学习进程；呈现预备性材料和新材料；从预备性材料中抽象出新信息；运用活动强化。④ 行为练习策略。行为练习策略又称"直接教学"。特点是建立一系列模式化的教师行为。实施步骤：明确课程的目的、环节和内容；呈现新信息；控制练习时间，通过语言提示使学生掌握和运用新技能、新结构；个别指导；提供机会使学生独立练习。⑤ 随机管理策略。随机管理策略是系统地控制强化刺激，使之在特定时候强化所期望的行为反应。多用于技能学习和其他复杂行为的学习中。⑥ 自我管理策略。自我管理策略是教给学生改变行为方式的方法，主要步骤为：教给学生改变行为的原则和技巧，教给学生自我估计的步骤；制定自我管理，自我决断、自我指导计划；实施和修改自我管理计划；避免不良的随机行为。方法包括示范、督促、强化和指导。

2. 因素性教学策略分类

概括起来可分为四类：① 综合型教学策略。综合型教学策略是直接从教学的目标、任务出发，综合地展开的教学策略。综合型策略是内容、形式、方法三种类型策略的综合，更多地以教学经验基础。② 内容型教学策略。教学过程中如何有效地提供学习内容是教学策略的核心内容。内容型策略有强调知识结构和追求知识发生过程两个类别，也就是结构化策略和问题化策略。强调知识结构的策略，主张抓住知识的主要部分，削枝强干，构建简明的知识体系。结构化的策略在教材的排列方面还可细分为直线式、分支平行式、螺旋式和综合式等。直线式是按照教学内容的内在逻辑顺序，将其划分成几个相互密切联系的阶段或步骤，教学活动是一个一个阶段由浅入深地进行。分支平行式是把教学内容分为若干个平行的单元，针对这些平等单元分别采用相应的教学方法的媒体，逐一开展教学活动，最后进行总结。螺旋式是根据不同年龄阶段学生的特点，分阶段设计教材，螺旋式地扩展和加深。综合式则是上述几个方式的综合。至于问题化的策略，近年来，美国、英国、日本有不少人提出了"问题解决作为学校教育的中心"这一观点。③ 方法型教学策略。方法型策略是以教学方法和技术为中心的策略，它包含着各种各样的方法、技术、程序和模式。长期停留在"教无定法，各有各法"的认识水准上是不够的，应逐步做出科学的分类，也就是通过试验性的比较和分析，提示所有方法的共同要素和每一种方法各自具有的特点，建立起方法型策略的体系。④ 形式型教学策略。形式型策略就是以教学组织形式为中心的策略。鉴于班级授课在大多国家仍为教学的基本组织形式，因此现代研究在弥补集体教学不足这一点上十分活跃。以学生为中心的个别化教学策略，是一条理想的出路。以学生为中心的个别化教学策略，就是为适应学生个人学习方式而提供高度灵活的学习系统。在这个策略中，教师和学校起支持和辅助的作用，而不是决定的作用。实施这种策略，最重要的是要考虑学生个人的实际需要，有效地利用多种教学资源，让学生个个都积极投入学习，通过自主努力，分别去达到各自的、有区别的目标。

（三）学习策略

"学习策略是指学习者在学习活动中有效学习的程序、规则、方法、技巧及调控方式。它既可是内隐的规则系统，也可是外显的操作程序与步骤。"①

全面理解学习策略的基本涵义，应把握以下几点：① 学习策略有明确的目的定向，其目的就是学习效率，直接为学生的学习服务的，同时又是教学策略的依据。② 学习策略的范畴包含所有有利于促进学习的程序、规则、方法、技巧及调控方式等。③ 学习策略既有内隐、外显之分，又有水平层次之别。学习策略既可能是外显的程序步骤，也可能是内隐的思维方式。同是复述策略，有可能是简单地按次序复述，也可能是选择陌生的或重点内容复述。④ 学习策略是衡量个体学习能力的重要尺度，是制约学习效果的重要因素之一，因此是会不会学的重要标志。

四、教学方法

教学方法就是为了达成一定的教学目标，教师组织学生进行专门内容的学习活动所采用的方式、手段；它包含了教师的教法、学生的学法、教与学互动方法。教法，是教师为完成教学任务所采用的方式、手段；学法，是学习者

---

① 郝德永：《范式与课程研制方法论探究》，《课程·教材·教法》1999年第7期。

在一定条件下获得知识、形成技能、发展能力和发展个性过程中使用的方式；教与学互动方法，是指在教学过程教师为了完成教学任务所采用的工作方式和学生在教师指导下的学习方式的辩证统一。

（一）具体教学方法

教学方法包括综合性方法和具体方法两类。综合性的教学方法如：自学辅导教学法、八字教学法、六课型单元教学法、学导式教学法、尝试指导和效果回授教学法、六步教学法、协作教学法、任务型教学法、掌握学习教学法、发现教学法、探究教学法、活动教学法、暗示教学法、网络教学法等等。具体教学方法主要有：讲授法、谈话法或对话法、读书指导法、练习法、演示法、实验法、实习作业法、讨论法、研究性学习法等。已基本定型（即相对稳定的活动方式）的综合性教学方法也可称为教学模式，此不赘。下面简述较常用的具体教学方法。

1. 讲授法

它是教师通过语言系统连贯地向学生传授知识和发展能力的方法。分为讲述、讲解和讲演三种，使用要求有：讲授内容要有科学性、系统性和连续性，注意启发学生，讲究语言艺术。

2. 谈话法又称问答法或对话法

它是教师按一定的教学要求向学生提出问题，要求学生回答，并通过问答的形式来引导学生获取或巩固知识和发展能力的方法。分为复习谈话和启发谈话两种，使用要求是：要准备好问题和谈话计划，要善于提问，善于启发诱导学生，要做好归纳小结。

3. 读书指导法

它是教师指导学生通过阅读教科书、参考书以获取知识或巩固知识和发展能力的方法。包括指导学生预习、复习、阅读参考书、自学教材等，使用要求是：提出明确的目标、要求和思考题，教给学生读书的方法，加强辅导，适当组织学生交流读书心得。

4. 练习法

它是学生在教师指导下运用知识去反复完成一定的操作以形成技能技巧和发展能力的方法。分为各种口头练习、书面练习、实际操作练习、模仿性练习、独立性练习、创造性练习。使用时要求提高练习的自觉性，循序渐进、逐步提高、严格要求。

5. 演示法

它是教师通过展示实物、直观教具或实验,使学生获得知识或巩固知识和发展能力的方法。使用时要求做好演示前的准备,要使学生明确演示的目的、要求与过程,讲究演示前的准备,要使学生明确演示的目的、要求与过程,讲究演示的方法。

6. 实验法

它是在教师指导下运用一定的仪器设备,进行独立作业,观察事物和过程的发生和变化,探求事物的规律,以获得知识技能和发展能力的方法。可以分为感知性实验和验证性实验两种。使用要求是:做好实验前的准备,使学生明确实验的目的、要求和做法,注意实验过程中的指导,做好实验小结。

7. 实习作业法

它是学生在教师指导下进行一定的实际活动以培养学生实际操作能力的方法。使用要求是:做好实习作业的准备,做好实习作业的动员,做好实习作业过程中的指导,做好实习作业的总结。

8. 讨论法

它是学生在教师指导下为解决某个问题而进行探讨、辨明是非真伪以获取知识和发展能力的方法。使用要求包括:讨论问要有吸引力,善于在讨论中对学生启发引导,做好讨论小结。

9. 研究性学习法

它是在教师指导下学生通过独立地探索、创造性地解决问题,以获取知识和发展能力的方法。使用时要求正确选定研究课题,提供必要的条件,让学生独立思考与探索,循序渐进。

(二)学习方式的转变

学习方式的转变是当前我国教学方法改革的重要方面,也是我国基础教育课程改革的显著特征之一。建立和形成旨在充分调动、发挥学生主体性的多样化的学习方式,促进学生在教师指导下主动地、富有个性地学习,是新课程实施的核心任务。转变学习方式对改革原有被动、依赖、单一、陈旧的学习方式,推进素质教育,具有特别重要的意义。

学习方式一般分为两类。一是接受学习,一是发现学习。在接受学习中,学习内容是以定论的形式直接呈现出来的,学生是知识的接受者。它重学会,重在接受、积累知识,以提高解决当前问题的能力,是一种适应性学习。在发现学习中,学习内容是以问题形式间接呈现出来的,学生是知识的发现者。它重在会学,重在掌握方法,主动探求知识,目的在于发现新知识、新信息以及提出问题,是一种创新性学习。两种学习方式都有其存在的价值,彼此也是相辅相成的关系。

传统的学习方式过分突出和强调接受与掌握,冷落和忽视发现与探究,把学习建立在人的客观性、受动性、依赖性的一面上,从而导致在实践中使学生学习书本知识变成了纯粹被动地接受、记忆的过程。学围绕教转,你讲,我听;你问,我答;你写,我抄;你给,我收。学被代替了,学生是被教会,不是学会,更不用说会学了。学生只能跟着教师学,复制教师讲授的内容。先教后学,教了再学,教多少、学多少、怎么教、怎么学,不教不学。学无条件服从于教,学的独立性、独立品格丧失了。结果造成了学生掌握知识却不思考知识、诘问知识、评判知识、创新知识。学习就是简单背诵现成的东西,包括现成的结论、现成的讲解、现成的说明、现成的论证。这种学习窒息人的思维和智力,排斥学生的思考和探究,扼杀学生的智慧和个性,摧残人的学习兴趣和热情。它不仅不能促进学生发展,反而成为学生发展的阻力。

现代的学习方式十分重视发现学习,它以弘扬人的主体性为宗旨,强调培养创新精神和实践能力。新课程要实现学习观的根本变革,把学习方式变成人的主体性、能动性、独立性不断生成、张扬、发展、提升的过程。学习不是一种异己的外在的控制力量,而是一种发自内在的精神解放运动。注重培养学生的批判意识和怀疑精神,鼓励学生对书本的质疑和对教师的超越,赞赏学生独特性和富有个性化的理解和表达,把学习过程中的发现、探究、研究等认识活动突显出来,使学习过程更多地成为学生发现问题、提出问题、分析问题、解决问题的过程。强调发现学习、探究学习、研究性学习,引导学生积极从事实验活动和实践活动,培养学生乐于动手、勤于实践的意识和习惯,切实提高学生的动手能力、实践能力。

与其相对应的教学方式是师生互教互学,彼此形成一个真正的"学习共同体"。在这个共同体中,学生的教师和教师的学生被学生式教师和教师式学生所取代,教师不再仅仅去教,而且也通过对话被教,学生在被教的同时,也同时在教。对教学而言,意味着人人参与,意味着平等话,意味着合作性意义建构。对学生而言,交往意味着主体性凸显、个性的表现、创造性的解放。

由上可见,这里倡导的学习方式,具有以下几个本质特征:

1. 主体性

学生是学习的主体。每个学生都有自己的感官、自己的头脑、自己的性格、自己的意愿、自己的知识和思想基础、自己的行动规律。这是别人不能代替,也不能改变的。学生只有自己读书,自己感受事物,自己观察、分析、思考,才能真正明白事理。这就是要求教学必须承认并充分体现其主体的地位和作用。主体性是全面发展的人的根本特征,因此,整个教学过程要诚心诚意地把学生当作主人,给学生充分的尊重,使学生在学习中拥有更多的自主抉择权。

2. 主动性

要转变学生学习中的要我学为我要学。要我学是基于外在的诱因和强制,我要学则基于学生对学习的一种内在的需要。需要是人感到某种欠缺并力求满足的心理状态。如果学生把学习跟自己的生活、生命、成长、发展有机联系起来,学生的学习才是真的自我学习。当学生意识到自己学习的责任,把学习责任真正地从教师身上转移到自己身上,学生自觉、主动地担负起学习的责任时,学生的学习才是一种真正有意义的学习。

3. 独立性

独立性是学生在学习中表现的我能学。在学习过程中,每个学生都有相当强的潜在的和显在的独立学习能力,同时也都有一种独立的要求,都有一种表现自己独立学习能力的欲望,整个学习过程也就一个争取独立和日益独立的过程。忽视、压制学生的独立要求,低估、漠视学生的独立学习能力,都会导致学生学习独立性的不断丧失。我们要充分尊重学生的独立性,积极鼓励学生独立学习并创造各种机会让学生独立学习,从而让学生发挥自己的独立性,培养独立学习的能力。需要说明的是,在基础教育阶段,学生学习的独立性还应看作是一种动态发展的观点,整个教学过程是一个"从教到学"的转化过程,也即从依赖到独立的过程。在这个过程中,教师的作用不断转化为学生的独立学习能力,随着学生独立学习能力的由弱到强、由小到大的增长和提高,教师的作用在量上也就发生了相反的变化,最后是学生基本甚至完全的独立学习。

4. 独立性

每个人由于遗传素质、社会环境、家庭条件和生活经历不同,而形成了个人独特的心理世界,他们在兴趣、爱好、动机、需要、气质、性格、智能和特长等方面各不相同。独特性是个性的本质特征。独特性也意味着差异性,不仅要认识到学生的差异,而且要尊重学生的差异。每个学生的学习方式本质上都是其独特个性的体现。实际上,有效的学习方式都是个性化的,都有不同的思考方式、学习需要、学习优势、学习风格。学习方式客观上存在着个体差异,不同的学生在学习同一内容时,实际具备的认知基础和情感准备以及学习能力倾向不同,决定了不同的学生对同样的内容和任务的学习速度和掌握它所需要的时间及所需的帮助不同。应努力实现学生学习的个体化和教师指导的针对性。

5. 体验性

知识的学习不只是属于认知、理性范畴,也属于情感、生理和人格等领域。学习过程不仅是学生知识增长的过程,同时也是学生身心发展、人格健全、道德养成的过程。学习过程应该成为学生一种愉悦的情绪生活和积极的情感体验。学生在学习活动中,要通过用自己的眼看,用自己的耳听,用自己的口说,用自己的手做,用自己的脑想,用自己的身心去亲自经历、参与、操作、考察、探究,用自己的心灵去亲自感悟。这不仅是理解知识的需要,更是激发学生生命活力,促进学生生命成长的需要。学生的个人知识、直接经验、生活世界、"儿童文化"、"童心"、"童趣"等都是学习可供利用的资源,使学生在学习活动中,充分发现自己,意识到自己的存在,体验到自己作为人的一种尊严感和幸福感,体验到生活的快乐、成功的欢乐,体验到对己、对人、对社会的责任感。

6. 问题性

心理学研究表明,思维始于问题,没有问题就没有思维。现代教学论也指出,学习产生的根本原因不是感知,而是问题。没有问题也就难以诱发和激起求知欲,学生也不会去深入思考。所以强调问题在学习中的重要性。要通过问题来学习,问题是学习的动力、起点和贯穿学习过程的主线,同时,又要通过学习过程来生成问题,把学习过程看成是发现问题、提出问题、分析问题和解决问题的过程。问题性的关键是问题意识的培养和形成。问题意识是指问题成为学生感知和思维的对象,从而生成心理上必须解决的求知状态。问题意识会激发学生强烈的学习愿望,积极主动地投入学习,强烈的问题意识会激发学生认识的冲动性和思维的活跃性,激发学生勇于探索、创造和追求真理的科学精神。总之,问题意识是学生学习的重要心理因素。

五、教师备课上课方法[①]

备课、上课、课外作业批改、课外辅导以及学业成绩的评定,是教师教学工作的基本环节。其中,备课是基础环节,上课是中心环节。教师如何做好这些工作,有许多方法需要探讨。这里仅谈谈教师备课和上课的方法。

(一)教师备课的方法

1. 教师了解学生的方法

学生是教学的对象,了解学生,是因材施教的前提,因而是备课和上课的基础性工作。了解学生的内容有:① 学生姓名、性别、年龄、身体状况;② 学生的个性特点、兴趣爱好,思想状况;③ 学生的生活经历、活动范围;④ 学生的学习态度、习惯、能力、方法、效果和要求;⑤ 学生的知识、技能状况、智力水平;⑥ 班风、学风、组织纪律情况;⑦ 对任课教师的适应性、期望及评价;⑧ 学生对上一轮教学的反馈信息。

了解学生的途径和方法是很多的,主要有:① 通过与班主任和其他任课教师交流;② 通过与学生干部座谈或个别交谈了解情况;③ 通过与学生一起活动或观察学生的各种活动了解情况;④ 通过批改作业和练习以及查阅学生的一些学习材料了解情况;⑤ 通过调查问卷了解情况;⑥ 通过测验和考试了解情况。

2. 教师研究教学文本和处理教学内容的方法

这里说的教学文本是指课程标准、教学用书和参考书,主要是课程标准和教学用书。

课程标准是开展学科教学工作的指导性文件。要准确完整地掌握课程标准的内容,包括学科的性质、地位、课程目标、教学理念和教学法上的要求、学科内容体系结构、重点难点、关键、教学时间和进度安排等。无论学期备课、单元备课还是课时备课,都应重视对课程标准的研究。另外,除了深入钻

---

① 李方:《教学方法》,原载扈中平主编《现代教育理论》,北京:高等教育出版社 2000 年版,第 314~321 页。

研自己所教学科当前的课程标准外,必要时还要了解前一两个年级和后一两个年级的相同学科的课程标准,以便教学中相互照应和配合。

教学用书是教学的基本依据。钻研教学用书一般要过"懂、透、化"三个阶段。懂,就是要对书的内容,包括概念、原理、公式、结论、字、词、句、插图、表格、练习、引文、注释、附录等都要清楚、明白。透,就是要透彻理解教学内容的基本要点、基本结构、内在逻辑、知识背景等。化,就是要对教学内容的理解达到举一反三、左右逢源并能运用自如的程度,使其与教师已有的知识、智慧、思想、情感化为一体。对教学用书掌握的这三个阶段,并不是教师在一次备课中就能完成的,需要经过长期的努力和知识、智慧与思想的积累。在每一次备课中,教师也必须朝懂、透、化的方向尽力而为。

钻研教学内容要抓住重点、难点、和关键。"重点"是最基本最重要的核心内容。具体包括:基本概念、基本理论、基本技能;能够吸引学生注意力,诱导智力卷入的内容;对学生有较大应用价值和实际意义的内容。"难点"是指教与学中最困难的内容。学的难点包括:特别抽象概括的内容;文字深奥、寓意深刻的内容;学生缺乏感性认识的生僻的内容。学习难点因学生而异,与学生的知识基础、生活经验、兴趣爱好、智力水平诸因素相关。教的难点包括:非教师专长而且缺乏参考资料的内容;干干巴巴,枯燥乏味难以讲解得生动有趣的内容。教的难点也因教师而异,与教师的知识经验、能力水平、素质专长相关。"关键"是指对学生知识的掌握和智能的发展起突破性作用的内容。知识是一环扣一环的,在知识的链条中最关紧要的一环就是关键点,抓住知识和问题的关键环节,可使学生认识上发生顿悟,豁然开朗。

对教学内容进行处理时要注意:① 修补错漏。若发现教学书存在错漏之处,应及时修正和补充,必要时还可适当反映一些新成果、新信息,以拓展学生思路和视野。② 重组语言文字。要将书本上抽象概括的文字转换成通俗易懂和更具启发性的口语方言。③ 确定详略。要结合学生的实际情况,确定详备与略备的知识点。例如,对比较抽象的内容,对新名词概念,对深奥的原理,对牵涉到其他没有学过的学科内容,以及重点、难点、应作详备;对于一些非重点、难点、关键内容,对学生较为熟悉的内容,对教材阐述较详细明白的内容,可作略备。此外,还可根据情况对教学内容作必要的调整。④ 显性内容与隐性内容相结合。显性内容是指教材中的内容,隐性内容是指实际生活中与教学有关的素材。应重视搜索隐性内容,以丰富显性内容。

查阅教学参考资料是钻研教材的重要环节。教学参考资料的作用在于① 帮助教师对教学内容的理解,明确教学思路;② 解答疑难问题;③ 拓宽教学视野,启发教师运用教学方法;④ 扩大教师的知识面。

3. 教师编写教案的方法

教师备课在认真了解学生和钻研教材(俗称"吃透两头")的基础上,要写出学期教学计划、单元(课题)教学计划和课时教案,重点是写好教案。教师必须掌握编写教案的基本方法。

常见的教案有讲义式、提纲式和综合式三种。讲义式教案需要把讲的内容和课堂教学的活动全部编写出来。一节课内容的行文一般在3 000~5 000字之间。其优点是内容详细,教师可边看边讲,能较好地控制教学过程和掌握教学进度,不会担心说错话和出现"冷场"。缺点是,容易使教师照本宣科,受讲稿束缚,影响临场发挥。新教师的口头表达能力较差,可多用讲义式教案。提纲式教案是以纲要的形式将知识点、方法等按一定的顺序编写出来,内容集中、简练,一目了然。优点是重点突出,便于以讲为主,避免出现读讲稿的现象,教师有时可根据学生的课堂反馈信息灵活发挥。主要问题是教师难以把握进度,发挥也难以把握分寸,需要较高的教学水平和丰富的教学经验。综合式教案有两种情况:一是在一份教案里,某些部分是讲义式,某些部分则是纲要式;二是一堂课准备两份教案,一分是详细讲稿,一份是从讲稿中抽取出来的提纲。在讲授提纲中,一般包括板书设计。上课时两份教案可根据需要选择使用。

教案的内容格式一般可分为两部分,一是一般情况,二是教学内容和教法过程。一般情况部分包括:上课班级、学科和课题名称、上课日期、教学目的、重点难点、课型、教学方法、教具等。教学内容和教法进程部分包括:该课时的教学内容和采用的具体方法手段(含现代教学技术)措施,以及进度的安排,它是教案的正文、重点。

编写教案时还要对板书作一定设计。板书无固定格式,一般包括基本部分和辅助部分。基本部分包括大标题和内容要点,辅助部分主要包括相关的名词术语、生字生词、数字等。可以在教案正文旁另行组织板书系统,也可以在正文中把需板书的内容标明,还可与正文分开,专门用纸设计板书。板书设计要有概括性,提纲挈领、简明、醒目;有系统性,能提示知识的逻辑关系;有条理性、序列性,层次分明;突出重点、主次分明,点明关键;形式多样,书写位置安排合理。

编写教案时还要考虑教学方法。教学方法的选择和运用受如下因素的制约:① 教学任务;② 学科性质和内容特点;③ 学生的年龄特征、知识和智力水平;④ 教师自身素质;⑤ 教学条件和环境。

(二)教师上课的方法

教师上课的方法表现在课堂教学的各个方面。这里仅引入、讲解、提问、结束和教学机智几个方面作一简单介绍。

1. 引入

引入是一节课的启动点和连接键。引入方法很多,较常用的有:① 审题解题引入。即从解释课文标题和概念内涵引入新课,或通过介绍作者生平、时代背景从而引入新课。② 提问引入。即结合教学内容向学生提出有关问题,请学生回答或引导学生思考,从而引入新课。③ 故事引入。即结合教学内容通过给学生讲述生动有趣的故事,从而引入新课。④ 复习引入。即通过复习旧知识,承上启下,引入新课。⑤ 演示引入。即借助直观演示并加以讲解,自然地引入新课。⑥ 联系实际引入。即结合教学内容,联系社会和学生的实际引入新课。⑦ 评价引入。即通过评价、议论某些观点、事件、人物,从而引入新课。⑧ 名句引入。即以名人格言、警句、诗词、典故等为序,引入新课。

2. 讲解

讲解是指教师向学生说明、解释或论证原理、概念、公式,使学生获得知识。使用要求有:讲解内容要有科学性、系统性和连续性,注意启发学生,讲究语言艺术。

3. 提问

上课提问的方法大致有六类:① 回忆提问。即教师对已学过的知识向学生提问,以了解学生掌握知识的情况;② 理解提问。即向学生提出较深层次的问题,以了解学生对新学知识的领会情况,同时也加深学生对知识的理解。③ 运用提问。要求学生用自己的语言对所学知识进行表述,或运用所学的知识去解决某些问题。④ 分析提问。即要求学生对事件、现象、概念、问题进行分解,找出各部分的本质属性及彼此之间的关系。⑤ 综合提问。即要求学生把分析过的对象的各个部分、各属性联合成一个统一的整体。⑥

评价提问。即要求学生对一定的教学内容进行评价,包括判断是非,发表自己的观点、见解、体会和感想。上述六类提问方法是根据布卢姆对认知领域的六种分类而提出来的。

上课提问要注意两个关键性问题:一是把握提问时机。提问的良好时机大致有:在"愤"、"悱"之时,在强调重点、攻克难点时,在检查知识时,在学生注意力分散时,在学生疲乏、气氛沉闷时,在需要学生对问题作进一步深入探索时。二是讲究提问方法。提问方法多种多样,主要有:① 诱导法。问题提出后,加以必要的提示,以启发回答;如果学生还不能正确回答,则再提供有关信息加以提示,力求学生能正确回答为止。② 变换法。把一个大家熟知的问题,变换角度或提法提出来,以考察学生的应变能力。③ 追问法。当学生回答问题后,进一步设疑、质疑、追问、反诘,层层递进,追问到底。④ 反问法。当学生不能回答问题时,教师紧扣学生的难处,从正反两方面向学生反问,以启发学生对原先问题的理解。

4. 结束

上课结束的方法主要有总结式、点睛式、含蓄式、疑问式和鼓励式。

5. 教学机智

教学机智在课堂教学中是必不可少的,主要指上课的灵活性、创造性,以及随机应变地处理各种突发情况的巧妙性。包括诸如处理教学疑难和失误的机智、集中学生注意的机智、把握课堂反馈信息的机智、处理突发事件的机智和调控情绪与教态的机智等。

(1) 处理教学疑难和失误的机智

处理教学疑难和失误常用的方法有:① 趁热加工法。如课堂上发现自己讲课有错漏时,立即加以改正和补充,而不是蒙混遮掩。② 冷却处理法。如课堂上发生教学疑难,可给予暂时冻结,留待下课后再安排时间处理,而不是不懂装懂。③ 回避转移法。如课堂上学生提出意想不到的问题时,而这些问题教师又不便回答,可采用回避的办法,把话题转移到别的问题上,以便摆脱困境。④ 随机调整法。如课堂上由于某种原因打乱了原定的教学程序,教师可因势利导,灵活机动地对原计划进行适当调整。⑤ 坦诚交底法。如课堂上学生提出一个教师一时回答不了的问题,教师可坦诚相告,或允诺以后解答,或当场向学生请教。

(2) 集中学生注意的机智

怎样有效地集中学生的注意，在一定程度上反映了老师上课的技能。在上课过程中，有的学生提不起精神、注意力分散，或打瞌睡，或开小差，或做小动作，或看别的书。对于这些注意力不集中的现象，教师可突然终止讲话肃然默立，以提醒学生；可用亲切的手势，示意学生集中注意；可"幽"上一"默"，振奋学生的精神；可插入提问，引起学生紧张；可以目光调节，暗示学生集中注意。

（3）把握课堂反馈信息的机智

把握课堂反馈信息的意义，在于及时了解学生对教学的反应，以便对教学作出适时的调整。学生的情况特别是心理状态是复杂的，既有表露的可测的一面，也有不表露的难测的一面，因而预先确定的教学安排或多或少地会存在着不适合学生情况的一面。所以，教师必须具备随机地调整教学的应变能力，以适应上课过程中出现的新情况新问题。

上课时，要随时通过反馈信息了解教学的效果。学生在课堂上对教师教学的反应是很微妙的，有时透过学生的一声笑语、一声叹息、一个表情、一个眼神、一个动作，便可推测出学生对教师教学的反应。敏感度高的教师，学生的反馈信息一旦出现，就会立即捕捉到并作出相应的反应。要准确地把握学生各种反馈信息，特别是准确地观察学生的各种神态变化，揣测学生内在心理状态，需要经过长期的积累和磨炼。

（4）处理偶发事件的机智

课堂偶发事件是指课堂上偶然发生或突然发生的意外事件。例如学生突然发问；学生对教师的提问拒答；学生突然病了；学生有意对教师发难；学生之间出现纠纷；来自外界的干扰使课堂出现骚乱等等，五花八门，不可预测。处理课堂偶发事件既体现教师的课堂教学机智，也体现教师驾驭课堂的技能。上课过程中，一旦发生意外事件，需要冷静对待，当机立断，采取恰当措施，机智地处理。常见的方法有：① 以静制动。如上课时出现学生哄闹、骚动，教师不可恼羞成怒，可以突然停止讲课，以静制动。② 暗示改正。如教师收作业时，发现第三组学生秩序混乱，不一定去直接批评第三组，而是说："第一、二组同学交作业时纪律较好"，从而暗示第三组的学生改正。③ 因势利导。如某一意外事件的出现已经激发了学生的好奇心，教师要想让学生重新注意原定的教学内容已十分困难，这时，可以转而发掘事件中的积极因素，抓住偶发的教育机运，因势利导地开展"计划外"的教学活动。

处理课堂偶发事件没有固定的模式,应根据实际情况,具体情况具体处理。

反思与问题

1. 对于"教学过程本质论"存在争议,但无论是我国还是西方教育研究者都无一例外地聚焦教学过程最关键的因素——学生,只有以学生为本的教学过程才能真正带来学生学习有效和课堂教学成功。

2. 对教学过程的不同观点,其重要分歧之一在于是否考虑非认知心理结构变化,以及"情感、意志、性格和整个个性"的相对独立意义。把整个教学过程归结为认识过程,从教学的现状来说,更多的是只注意了让学生认识到,而比较忽视让学生感受到、体验到。这是不是教学的严重缺陷呢?其二是怎样理解教学过程中"实践"一词?学生有没有实践?他的实践包括什么内容?学生学了一条几何定理之后再运用这个定理去证明其他几何命题,是实践活动还是认识活动?

3. 自20世纪80年代以来,我国教育界也十分重视对教学模式的研究,取得了可喜的成果。一是对国外教学模式理论的引介达400多个;二是对国外若干著名教学模式的述评;三是我国学者对教学模式的理论研究,四是我国教育界对新的教学模式的创用;五是关于教学模式的发展趋势的研究。但也存在不少问题,有待深入研究。① 对教学模式的定位问题。有人将其定位于理论层面,有人将其定位于操作层面,也有人将其定位于理论与实践的中间层面。② 教学模式与教学方法、教学策略之间的关系问题。③ 目前人们所关注的是一般性教学模式的研究,很少探讨学科教学模式。而任何一种教学模式都源于实践上的学科教学,所以出现了教学模式研究严重脱离学科教学实际的现象。④ 人们对教学模式内涵的界定比较模糊,缺乏科学的客观依据。

4. 教学方略是一项涉及多种因素的综合性的研究。它涵括了对象的分析、目标的设定、内容的选择与组织、方法策略的决定、媒体的制作与作用、评价标准的编制等。在完成这些任务的过程中,我们如何解决必然碰到的一系列二元对立的问题呢?诸如:规范与弹性、综合与分化、预定与创生、有序与无序、系统与随机、保守与急进等。

5. 任何国家的教学方略都有其世界性的一面,但重要的是国家性、社区性、乡土性的一面。因此,探索教学方略的新视角涉及如下重要问题:① 学科内容的文化碰撞问题。必须把各学科的形成过程放在民族传统文化与西方近代文化的碰撞上加以考察。② 学科内容的国际化和乡土化统一问题。不少课程缺乏本土文化和本地的教育实践经验,而仅仅是广泛吸取外国的文化和科技成果。

6. 以往的"教案"之名改为今天广为流传的"教学设计",你认为原因是什么?

7. 联系中小学教学实际谈谈教师如何贯彻教学原则,以及怎么备课、说课、上课和评课。

第十一章　网络课程与网络教学

第一节　网络课程

随着现代信息技术的不断发展,基于网络的教学已经成为一种新型的教学方式。在国内外,诸如基于网络的远程教学、远程学习和 E-learning 等网络教学方式方兴未艾。它已经成为推动教育信息化建设、深化教育改革和构建终身学习体系的有效途径之一。在网络教学的实施过程中,网络课程是支撑网络教学的重要资源基础,它在网络教学中起着十分重要的作用。

一、网络课程的基本概念

网络课程,是指通过网络表现的某门课程的教学内容及实施的教学活动的总和。它包括两个组成部分:一是按一定的教学目标、教学策略组织起来的教学内容;二是在一定的网络支撑环境下开展的教学活动。

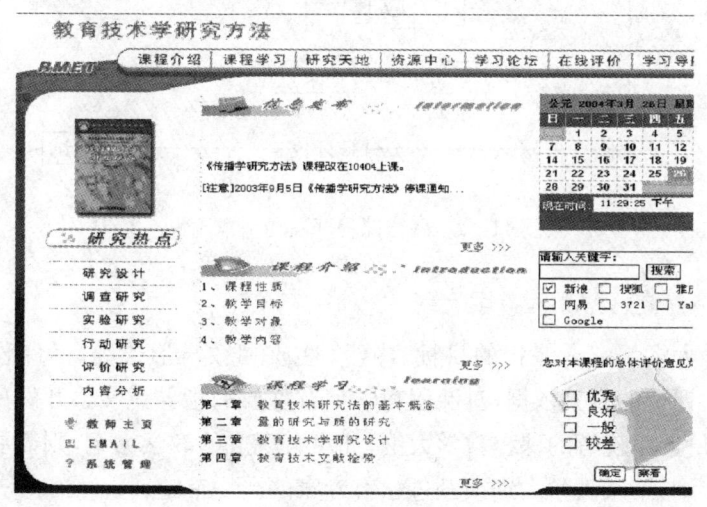

图 11-1　教育技术学研究方法网络课程

网络课程凭借网络教学的优势,具备不受时空限制、教学对象广泛、教学资源丰富、学习情境多样、学习方式灵活、交互性强、学生主动性强和教学内容更新快等特点。

网络课程一般由教学内容系统、学生档案系统、诊断评价系统、学习资源库系统、协商交流系统、学习工具系统、学习导航系统以及开放学习环境等部分构成,它强调承载和提供丰富的教学内容,更强调基于学习资源的教学活动的设计和实施。如图11-1所示,《教育技术学研究方法》就是一个典型的网络课程。

二、网络课程的设计与开发

近10年来,高等教育的网络课程的研究更加引起人们的关注。网络课程的设计与开发成为网络学院(大学)的重大课题。网络课程开发的基本过程包括确定课程教学大纲、教学设计、总体设计与原型实现、脚本编写、准备素材、开发课程、评价修改等环节。网络课程开发的基本课程如图11-2所示。

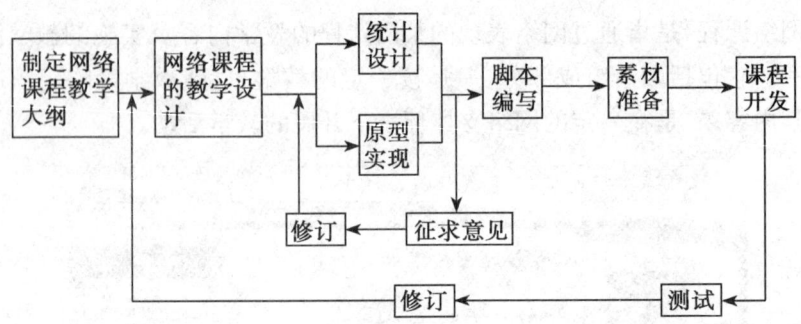

图11-2 网络课程开发的基本流程

(一)确定网络课程教学大纲

教学大纲规定了课程的目标、内容、性质和教学形式等,是课程教学设计、实施、评价的直接依据,对课程教学具有重要的指导意义。开发网络课程时,应尽量选用现行的课程教学大纲,如没有现成的教学大纲,则需要编制新的教学大纲,新编教学大纲须经过学科专家的严格审定。

(二)网络课程的教学设计

网络课程的教学设计包含三大部分的内容:一是在分析教学对象的基础

上,依据教学大纲的要求,设计教学内容和具体的教学目标;二是根据教学内容、教学目标,设计网络课程的主要教学策略;三是进行学习评价的设计。

(三) 总体设计与原型实现

网络课程的总体设计包括系统结构设计、内容组织方式设计、内容表现形式设计、学习活动的设计、学习情境的设计、交互界面设计和导航策略的设计。在总体设计的基础上,可以先选择具有典型代表性的一个章节或学习单元进行原型的实现,通过实现出来的原型广泛征求教师、学生的意见,根据反馈意见修改总体设计,以求达到设计的最优化目的。

(四) 编写脚本

脚本是网络课程设计思想的具体表现,也是沟通网络课程设计人员和开发人员的桥梁和工具。网络课程的脚本一般以"卡"或"屏幕"的方式来加以描述,其具体内容主要包括:卡的名称、序号、教学内容、呈现方式、交互方式和导航方式。脚本详细且具体地描述了它们的内容以及它们之间的关系。

(五) 准备素材

根据脚本的要求,准备网络课程开发中所需要的各种媒体素材,包括文本、图形图像、动画、音频和视频等。这些媒体素材可以通过多种方式得到,其中网上收集、通过素材库收集和创作是最常用的方法。

(六) 开发网络课程

根据脚本的要求和建议,参考网络课程的原型,利用一定的开发语言或工具(Visual C++、JAVA、FrontPage、Dream weaver、Flash 等)编辑集成整个网络课程。这部分工作往往由专业开发人员来完成。

(七) 评价与修改

开发完成的网络课程经过发布后供教师和学生试用,在试用过程中注意收集他们的反馈意见,并根据这些反馈意见对网络课程进行修订。

三、网络课程的评价

如何评价网络课程的优劣,是目前教育界人士关注的一个焦点,而目前国内还没有比较权威的网络课程评价标准。国家教育部于 2000 年 2 月发布了《现代远程教育工程教育资源开发标准(征求意见稿)》,这一标准没有专门提出网络课程的评价标准,只对网络学习资源、网络课件和网络课程提出了一些比较基本的要求,而无法形成系统的测试指标用于对网络课程的质量进行考察。2001年6月,国家教育部教技司为推动我国现代远程教育标准化的研究工作,专门成立了隶属于国家信息技术标准化技术委员会之下的现代远程教育标准化委员会,已开始进行标准化的制定工作,其中将包含网络课程评价标准这一重要内容。相信这一标准的出台,将对我国网络教育发展起到极大的推动作用。

对网络课程进行评价时要根据系统论的观点,从整体出发,即考察课程各个部分的关联情况和综合性能,不能因为某一方面特别突出而以偏概全。对于不同的课程模块可能对学习者影响的程度不同,可设置合理的权重,以强调该模块的重要性。完整的评价标准应从三类用户(即学生、教师、管理员)的角度出发,对以下六个方面考察:

(1) 网络传输系统:包括传输效率、学习材料的传输质量、响应与反馈的延迟。

(2) 教学系统:包括一门课程完整的教学内容、激发学习动机的机制、支持不同学习策略的教学活动。

(3) 交互系统:包括教师和学生以及学生之间的各种形式的同步、异步交互。

(4) 教师/学生支持系统:包括在线疑难解答、丰富的学习资源、系统使用指南、技术支持等。

(5) 评价系统:包括对学生在这门课程中的考试与作业的评价、对学习过程参与度的评价、对教师的评价、对课程系统的评价。

网络课程评价指标体系包括评价指标、评价标准和指标权重等三项,表11.1是一个关于《网络课程评价(认证)标准》的案例。

表11.1 《网络课程评价(认证)标准》的案例

一级指标	二级指标	三级指标	选项要求	分值	备注说明
教学设计	*课程定位	有明确的学习对象和基本要求说明	M	2	声明课件的使用对象以及所需的基础知识
	*学习动机激励	能运用多种策略激发学习动机	O	3	在课件中使用多种与学习内容相关的教学策略,有效地引起和维持学习者的注意和兴趣

续表

一级指标	二级指标	三级指标	选项要求	分值	备注说明
	学习目标	有明确的学习目标或教学基本要求	M	2	课件中有明确的学习目标或教学基本要求陈述(体现到章节)
	*学习向导	有必要的自学建议或指导	O	2	为自学者提供学习方法或内容的建议、帮助
	*组织结构	课件的知识组织结构符合本门课程的内在逻辑体系和学生的认知规律	O	2	组织结构是指根据学科知识体系所做的学习内容安排
	*教学交互	1. 有超链接设计	M	2	利用超链接技术体现知识点及相关内容之间的联系,而不只是翻屏或翻页
		2. 人与人交互活动设计	E	4	课件中利用网络特性,设计有效的师生交互和生生交互的学习活动;包括专题讨论、网上协作、网上练习等
	练习设计	1. 提供练习	M	2	提供练习或测试(至少到章/讲)
		2. 练习方式多样化	O	3	在题型、内容和方法上做到形式多样,题量充足
	*学习评价	提供及时的评价与反馈	M	2	学习评价包括作业评价、在线练习反馈等,评价应该是及时、有效和可靠的
	*实践	课程设计中提供知识运用的社会实践活动	E	4	学习者借助工具或真实工具的代替物,能够将知识灵活应用在模拟情境或现实生活中
教学内容	科学性	教学内容正确,无科学性错误,模拟仿真准确	M	2	
	*引用说明	说明网络课件所使用素材或资料的来源	M	2	有网络课件中所使用的内容材料或素材的版权问题的声明,举证材料中对版权的承诺由项目负责人签名,加盖公章

续表

一级指标	二级指标	三级指标	选项要求	分值	备注说明
	内容规范	文字、符号、单位和公式符合国家标准	M	2	标准包括国家关于出版物的标准、学科专业标准等
	知识覆盖面	教学内容覆盖教学基本要求	M	2	知识点覆盖面达到了课程定位的要求
	*知识点讲解	疑、难、关键知识点的讲解透彻	O	5	根据知识点讲解的数量和透彻程度来评分
	*先进性	教学内容体现学科前沿	E	2	引进或融入先进教学内容的程度
	开放性和可扩充性	教师可对教学内容进行调整和组合	E	4	根据不同教学需要，教师可以对课件内容进行调整与组合，方便新增或删除内容，并重新打包
	支持教学的资源	1. 提供与知识点相关的丰富的资源链接	O	3	课件中提供与学习内容相关的丰富资源，充分体现网络资源的共享性
		2. 资源表现形式多样	O	2	
		3. 提供课件中自带资源的检索	O	2	
可用性	导航	导航清晰、明确	M	2	通过导航，学习者能清楚了解知识内容结构以及功能模块
	链接	链接准确、无死链	M	2	课件需要通过链接测试，如计算机程序测试或抽样测试
	程序响应	响应及时有效	M	2	课件程序对学习者操作要作出正确的反应，且响应时间可接受
	定位	学习内容定位	O	3	学习者能迅速查找到知识点在知识体系中的位置及与其他知识点的关系
	*学习记录	学习过程记录及定位	E	4	课件提供学习过程跟踪记录的机制，学习者可以从前一次退出的地方开始新的学习
	帮助	1. 联机帮助及时有效	O	2	
		2. 联机帮助易读、易懂	O	2	

续表

一级指标	二级指标	三级指标	选项要求	分值	备注说明
技术性	*插件	带有课件运行时所需的且现行浏览器中不支持的附加插件	M	2	课件在本地运行过程中遇到需要下载插件时,能提供自动下载
	*可控性	学习者可以控制多媒体信息的呈现	O	2	注释
	可靠性	1. 安装/卸载方法简便易用	O	3	意外中断包括系统环境因素、人为因素(误操作和恶意破坏)和程序自身因素
		2. 课件运行出现意外中断,重新开始课件能正常运行	M	2	
	兼容性	课件可以跨平台使用	O	1	
	安全性	学习者不能随意删除或添加数据	M	2	和教师重新调整组合内容的关系
	规范性	课件中的资源达到《现代远程教育资源建设技术规范》	M	2	至少应满足现行最新标准的要求
信息呈现	*媒体选择有效性	1. 各种媒体表现与学科专业内容有机结合	O	2	
		2. 各种媒体使用协调	O	2	
	界面设计	1. 页面的长度适中	M	2	一般不能超过3屏
		2. 页面元素布局合理	O	6	全局导航元素个数在3~7个,全局导航元素指总是出现在课件的主窗口中的导航标识,如回首页、向前翻页、向后翻页和帮助等
		3. 按统一的风格设计页面			
		4. 色彩协调			
		5. 教学内容、层次表现分明			
		6. 全局导航设计合理			

续表

一级指标	二级指标	三级指标	选项要求	分值	备注说明
文档资料	技术文档资料	有相关技术文档资料	M	2	有完整的技术文档材料，包括技术实现方式、运行环境和具体用户使用手册
	*学习辅导材料	提供学习的辅助材料	O	2	课件所附教学指南、习题参考答案、重点解析等

第二节 网络教学概述

随着计算机多媒体技术和网络技术的迅猛发展，网络的应用越来越多地渗透到了政治、生产、生活、教育和军事等广大领域，迅速地改变了我们的生产方式、生活方式和学习方式。在教育教学领域，网络技术的应用极大地扩大了教育教学规模，提高了教育教学质量。

一、网络教学的含义

在对网络教学的理解上，人们尚未达成一致的认识。总结起来，人们对网络教学含义的界定有以下两个基本层面：

（一）网络教学的广义界定

从广义的层面上来看，网络教学是指在教与学的过程中运用了网络技术的一切教学活动。首先，网络教学是一种教学活动；其次，这种教学活动与传统的教学活动又有所区别，它是指网络技术支持下开展的教学活动。基于这种认识，网络技术既支持教师的教的活动，又支持学生的学的活动，网络教学包括基于网络环境、资源的教的活动和学的活动。

（二）网络教学的狭义界定

从狭义的层面上来看，网络教学是指将网络技术作为构成新型学习生态环境的有机因素，充分体现学习者的主体地位，以探究学习作为主要学习方式的教学活动。

从现在的大量网络教学实践来看,对网络教学的广义界定得到了多数教育教学工作者的普遍认同。

二、网络教学的基本特点

网络技术对教学的支撑作用主要表现在两个方面:首先,网络是一个跨越国界的、容量巨大的、实时动态的信息资源库。在这个信息高速公路上,人们获得了新的认知与学习方式的可能性,每个人都可以根据自己的兴趣和需要,随时随地从网络这个巨大的学习资源库中获取知识和信息。其次,网络不仅仅为学习者提供学习资源,更重要的是它可以作为学习者的认知工具和知识重构工具。网络技术在教学中具有适应性强、多向交流、个别化和方便学习记录等优良特性,使得网络教学具备了鲜明的特点。

(一)教学的便利性

教师和学生可以不受时空的限制,在任何时间、任何地点以必要的计算机和网络接入设备进行同步或异步的教与学活动。网络教学的便利性也决定了教学对象的规模化,有效地扩大了教育教学规模。

(二)学习的主动性

在网络教学中,学生可以依据自己的兴趣和实际需要选择课程,并依其自身的能力、时间、状态等实际情况来决定学习的方式和进度,不受固定的课程教学安排的限制,完全采取主动式的学习,给予学生更多的学习主动控制权。

(三)教学的交互性

与传统教学相比较,网络教学中的交互范围更大,可以跨越班级、学校、地区甚至国家,方便地实现了校际、国际交流。交互的方式众多,教师和学生可以借助多样化的网络交流工具进行实时和非实时的交互,如电子邮件、电子公告板(BBS)、网上聊天室(Chatroom)、网络论坛、网络寻呼机和网络视音频会议系统等。网络教学交互的主动性更强,网络上交互处于一种"群体"状态,而且是多向的多元互动,甚至是弹性的、有选择性的、具有相对隐蔽性的交流,进而较大地提高了学习的乐趣和主动性。

(四)教学的协作性

借助网络可以突破时空的局限,使分散在不同地区的学生能够便捷地交换学习资料,交流学习经验,针对共同感兴趣的学习主题进行研究讨论,或者在线合作完成实际的项目。

(五)教学的开放性

网络教学是开放的,它提供了一个非强迫的、无阶级性的教学环境,所有的参与者都可以同时扮演"教"与"学"的角色,打破了传统教学中师生的隶属关系,提供了平等的沟通交流机会,培养了学生的民主、平等观念。

三、我国网络教学的开展情况

随着我国中小学课程教材改革全面推行,教学手段的现代化成为当前实施素质教育、提高课堂效率的一个重要方面。网络教学给教师的教和学生的学都带来了新的变化,激发了学生的学习兴趣,加强学生对所学知识的理解和记忆,促进了学生高级认知能力的发展,探索和建构了新型教学模式,从而优化了教与学的过程,提高了教学质量。包括 Internet 在内的网络技术的持续发展令世人瞩目。自 20 世纪 90 年代起,Internet 已成为一个连接世界各大洲的信息通讯和知识存储系统,以 Internet 为代表的网络教学应用方兴未艾。

而在中国,作为四大互联网之一的中国教育和科研计算机网(CERNET),目前也已建成了包括一个国家网络中心,八个地区网络中心的全国主干网,同时结合高校的"211 工程"和中小学的"校校通"工程,各省的教育科研网也正加紧进行。绝大多数的高校均已加盟,中小学等各类学校入网建站也正在形成高潮。近年来我国的中小学也在不断地开展基于网络和计算机多媒体技术的教学改革试验,而且也取得了大量的成果。在中小学校运用多媒体计算机辅助教学,能针对学生注意力不能长时间集中的特点,从多种感官角度来进行学习上的刺激。而基于网络的教学则可以把学生的学习进程及时反馈给教师,教师可即时有针对性对某些学生进行辅导,这有利于实施个别化教学,培养学生独立思考、创造性思维的能力。

基于多媒体计算机的网络化教育是今后教育改革的一大趋势,随着实践的深入和认识的提高,网络教学将发挥无穷的魅力。

第三节　网络教学资源

一、网络教学资源的类型

网络教学资源是指能够应用于网络教学环境中的,并起到辅助教学、学习和科研活动的所有资源。常见的网络教学资源包括:网络课件、网络课程、网络教学资源库、专题学习网站、教育教学网站、微课、MOOC(大规模在线开放课程)等。

二、网络课件

课件是指对一个或几个知识点实施相对完整教学的辅助教学软件。根据运行的平台划分,课件可分为网络课件和单机版课件。网络课件,是指能够在网络环境下传输,利用标准网络浏览器运行的课件。有些容量较小的单机版课件也可以通过网络共享、下载和运行,所以,这些单机版课件有时也被泛称为网络课件。

网络课件在网络教学中的应用相当广泛,是一种重要的网络教学资源。网络课件的主要模块包括封面、目录、学习内容、学习评价、学习资源和学习帮助等部分,如图11-3所示,《语言学概论》就是一个典型的网络课件。

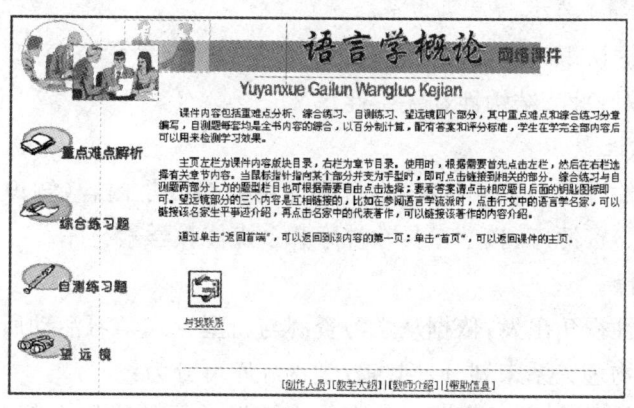

图11-3　《语言学概论》网络课程

网络课件的特点主要表现为以下几个方面：
(1) 容量较小，网络传输速度快，便于资源共享；
(2) 使用简单、方便，由于使用标准网络浏览器运行，所以客户端无需安装和维护；
(3) 教学内容信息量大，表现形式多媒体化；
(4) 实时交互性强，信息反馈快；
(5) 高度模块化，灵活性强；
(6) 教学功能较强，既可支持教又可支持学。

三、网络教学资源库

（一）基本概念

网络教学资源库是指由传播教学内容信息的基本单元（包括文本、图形、图像、音频、视频、动画等）和各类教学材料（包括网络课件、教学案例、试题试卷、网站地址、网络课程等）组成的，具有一定的组织结构和检索功能的网络数据库系统。

网络教学资源库一般由国家相关部门统一规划，专业生产厂商联合学校制作开发，并提供给学校，供其开展教学演示、课件制作、练习测试等教学活动使用。

（二）网络教学资源库的分类

我们依据认识教学资源概念的三类视角来厘定教学资源库分类的维度，他们分别是对象性、结构性和关系性。

1. 对象性

从对象性视角出发，网络教学资源库可分为教学内容（知识）资源库、教学策略（智慧）资源库、教学工具软件库和多媒体教学素材库。

2. 结构性

从结构性视角出发，依据从学习资源与新型方式学习活动所依托的站点之间的空间物理关系来划分，网络教学资源库可分为：

(1) 实库：具体学习资源单体存放在资源单元的物体内部。如图 11-4 所示。

(2) 虚库：资源单元存放的是具体学习资源的网络链接。如图 11-5

所示。

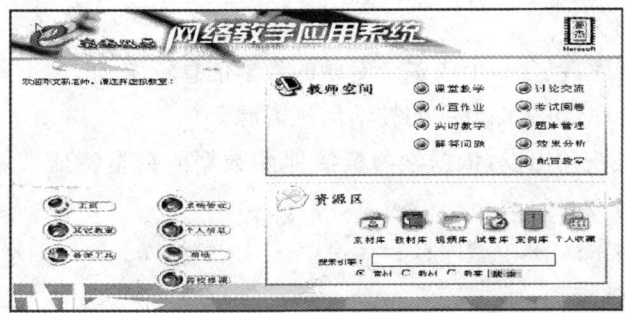

图 11-4 大型独立式专题型教学资源实库

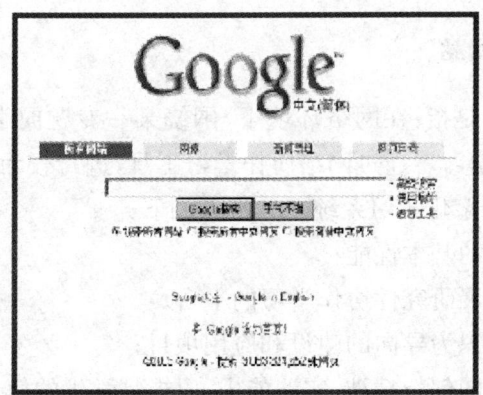

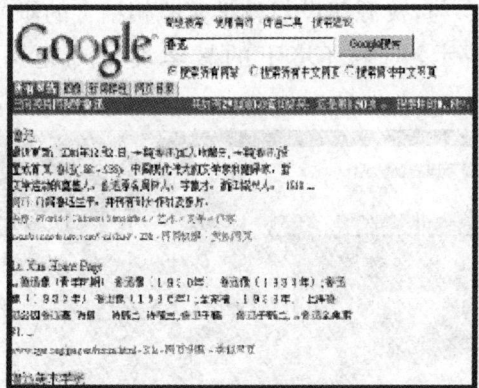

图 11-5 大型独立式综合型虚库 Google（www.google.com）

从结构性视角出发,依据学习资源所含信息的组织特点来划分,网络教学资源库可分为:

(1) 专题库:包含一个或多个专题的教学信息资源;

(2) 综合库:包含综合性的教学信息资源。

从结构性视角出发,依据学习资源原始数据的数量特征来划分,网络教学资源库可分为:

(1) 大型库;(2) 中型库;(3) 小型库;(4) 微型库。

3. 关系性

从关系性视角出发,网络教学资源库可分为嵌入式资源库和独立式资源库两大类。

四、专题学习网站

专题学习网站是指:在网络环境下,围绕某一专题向学习者提供大量的相关学习资源,让学习者通过网络协作学习工具,进行较为广泛深入的探究、发现学习活动的数字化学习系统。其特点如下:

(1) 具有网站的基本性能;

(2) 供学生开展研究性协作学习的平台;

(3) 以专题知识为导向的建设和应用项目;

(4) 培养学生的创新精神、实践能力,以提高学生的信息素养为目标;

(5) 师生广泛参与,资源建设与教学实验相结合的研究项目。

如图 11-6 所示,网络环境下的教学设计专题网站(http://www.idoline.com.cn)。

图 11-6 "网络环境的教学设计"专题学习网站

五、教育教学网站

教育教学网站的本质是以提供教育教学服务为主的网站,这是"教育教学网站"区别于"商业网站"、"政府网站"、"综合网站"、"娱乐网站"等其他类型网站的特征所在。"教育教学网站"的建设者可以是教育部门,也可以是师生个人、企业或其他机构。

"教育教学网站"所提供的教育服务包括:网上教学服务、教育信息资源服务、教育研究服务、教育管理服务、教育宣传与成果展示服务等。

教育教学网站的主要类型有:

1. 教育行政部门网站

这类网站主要介绍部门的结构和职能、提供与教育有关的政策法规和时事要闻等信息资源。其面向对象主要为广大教育工作者。典型的教育行政部门的网站,如中华人民教育部网站(Http://www.moe.gov.cn)。

2. 教育研究机构的网站

这类网站主要提供最新的教科研动态、专业讨论社区、教育教学资源。主要面向对象为教师、教学研究人员、教学管理人员。如:全国中小学计算机教育研究中心网站(Http://www.nrcce.com)。

3. 企、校合办或者企、校自办的网站

这类网站主要提供课堂教学同步辅导为主,主要面向学生、家长。如:北京101中学网校(Http://www.chinaedu.com)。

4. 社会机构自办的教育教学网站

这类网站主要提供专业化加工的主题知识资源,提供行业知识信息。主要面向各类学习者。如:中国科普网(Http://www.kepu.gov.cn)。

5. 学校,教师、学生以及其他个人自办的网站

这类网站主要提供教学研究经验、互动学习空间、提供某一特定事物的资源。主要面向学习者、教师、家长等。如:习客网(Http://www.seeker.net.cn)。

六、微课

微课是指以阐释某一知识点或技能为目标,以短小精悍的流媒体为表现形式,支持教与学活动的一种新型课程资源。有学者结合教学理念与方法来解释微课的概念,认为它是支持翻转学习、混合学习、移动学习、碎片化学习

等多种学习方式,以短小精悍的微型教学视频为主要载体,针对某个学科知识点或教学环节而精心设计开发的一种情景化、趣味性、可视化的数字化学习资源包。

根据微课的开发与表现形式,微课可分为三类:以录屏为主要方式制作的微课(如图11-7),即录屏式微课;以摄录编为主要方式制作的微课(如图11-8),即录像式微课;以动画(或 PPT)为主要制作方式的微课(如图11-9),即动画式微课。录屏式微课一般使用 Camtasia Studio 软件录制整个操作与讲解过程,画面以操作过程为主;录像式微课一般采用 DV、高清摄像机等拍摄讲解或操作过程,画面以人(讲课者)为主;动画式微课采用 PPT 视频保存、FLASH 动画或者 VRML 等展现教学过程,画面以学习内容为主。

图 11-7　录屏式微课

图 11-8　录像式微课

图 11-9 动画式微课

总之,不论何种形式的微课,都具有以下特点:

(1) 主题突出明确:微课是围绕某个具体的知识、技能点,或某个教学环节、教学主题,设计教学内容与开展教学活动,其目标较为单一,因而主题明确。

(2) 短小精悍:微课教学时间较短,时长一般为 5~10 分钟;微课占据存储空间小,学习者可使用手机、平板电脑等设备进行随时随地学习,实现移动学习、碎片化学习等;再者,微课将学习内容细化,知识点比较聚焦,有利于学习者深层次学习,因而谓之"精"。

(3) 资源情景化:它以教学视频片段为主线"统整"教学设计(包括教案或学案)、课堂教学时使用到的多媒体素材和课件、教师课后的教学反思、学生的反馈意见及学科专家的文字点评等相关教学资源,构成了一个主题鲜明、类型多样、结构紧凑的"主题单元资源包",营造了一个真实的"微教学资源环境"。

(4) 应用范围广:微课不仅可应用于学校内的正式学习,如支持翻转课堂、混合式学习等,也可用于校外的非正式学习,如支持移动学习、泛在学习、碎片化学习等。

七、MOOC(大规模在线开放课程)

MOOC 是 massive online open courses 的缩写,国内普遍译为大规模在线开放课程。它最早在 2008 年由加拿大学者 Dave Cormier 和 Bryan

Alexander 教授提出，认为 MOOC 是将社会化网络、某一领域的专家和网上可获取的资源整合起来，通过多种形式的社会媒体参与讨论、思考、分享资源，并在参与者交流过程中产生的课程。大规模和开放是其两个最主要的特征，大规模是指大量的学习者，或者大规模的课程活动范围；开放是指面向全球学习者免费，而且信息来源、评价过程、学习环境都是开放的。

国外的 MOOC 平台主要有两种形式：一种是由高等院校为中心创建的 MOOC 平台；另一种商业公司创建的并且学习者可以在平台上创建课程的慕课平台。由高校为中心创建的三个主流 MOOC 平台为 Coursera、Udacity 和 edX；由公司提供的平台主要是 Udemy。国内 MOOC 研究虽然起步较晚，但发展迅速。目前已有果壳网学院、Coursera 官方中文社区、清华学堂在线、优课联盟、豆瓣交流平台小组等。

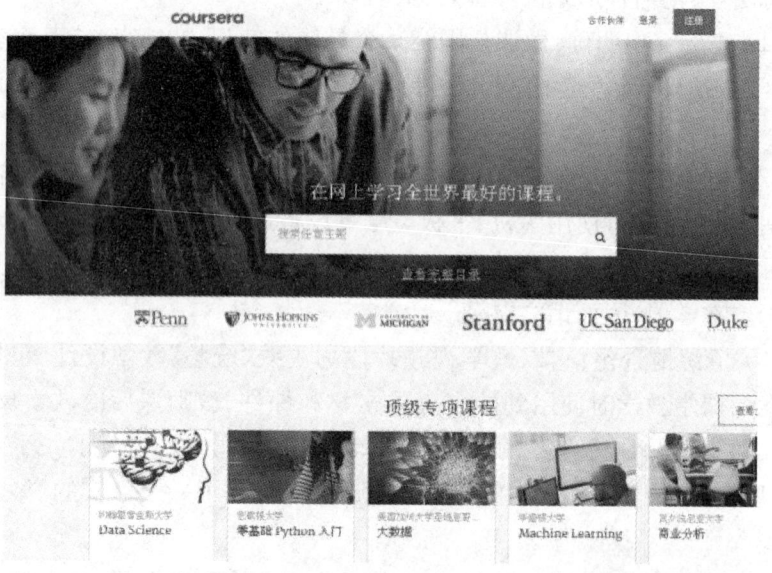

图 11-10　Coursera 平台界面

图 11-11　清华学堂在线界面

MOOC 既是一种教学资源,也是一种课程形式。从课程资源角度来看,MOOC 在应用过程中主要具有以下几个特点:

(1) 工具资源多元化:MOOC 课程整合多种社交网络工具和多种形式的数字化资源,形成多元化的学习工具和丰富的课程资源。

(2) 课程易于使用:突破传统课程时间、空间的限制,依托互联网世界各地的学习者在家即可学到国内外著名高校课程。

(3) 课程受众面广:突破传统课程人数限制,能够满足大规模课程学习者学习。

(4) 课程参与自主性:MOOC 课程具有较高的入学率,同时也具有较高的辍学率,这就需要学习者具有较强的自主学习能力才能按时完成课程学习内容。

第四节　网络教学环境

一、网络教学环境的含义

环境一词的通常含义是指"直接或间接影响个体形成和发展的全部外在因素"。教学环境是指影响教学活动的各种外部条件。在现代信息技术的支撑下,教学环境包含了以下两个方面的要素——信息化教学资源和教学信息递授系统。我们将网络技术支撑下的教学环境称之为网络教学环境。在网络教学中,要使学生达成高效率、高质量的学习,研究和创建各种良好的网络教学环境显得十分重要。

二、网络教学环境的分类

网络教学环境的分类存在许多不同的标准,依据这些标准可以分成不同的类型。美国的教育学者威尔生(G. H. Welson)依据教学发生的"地点"和"空间"以及为教学活动提供的各种支持活动,将教学环境分为三大类:基于 PC 的教学环境,基于教室的教学环境,基于网络的开放、虚拟化教学环境。这是目前比较有代表性的关于教学环境的分类理论。基于这样的分类理论,结合网络教学的实践,可以将网络教学环境分为三大类,包括基于教室网络的教学环境、基于校园网络的教学环境和基于 Internet 的教学环境。

三、基于教室网络的教学环境

目前,多媒体教室网络的教学应用在国内中小学校中得到迅速发展。多媒体教室网络功能强大,集普通的电脑室、语音室、视听室、报告厅等传统教学设备场所的功能于一身,对增强教学效果、提高学生兴趣有着重要作用。典型的基于教室网络的教学环境,如图 11-12 所示。基于教室网络的教学环境的主要教学功能包括以下几个方面。

1. 实时广播

实时广播包括屏幕广播、声音广播。实时广播是指教师可以将自己的屏幕、讲话的声音传给全部的学生、指定的学生或单个学生。

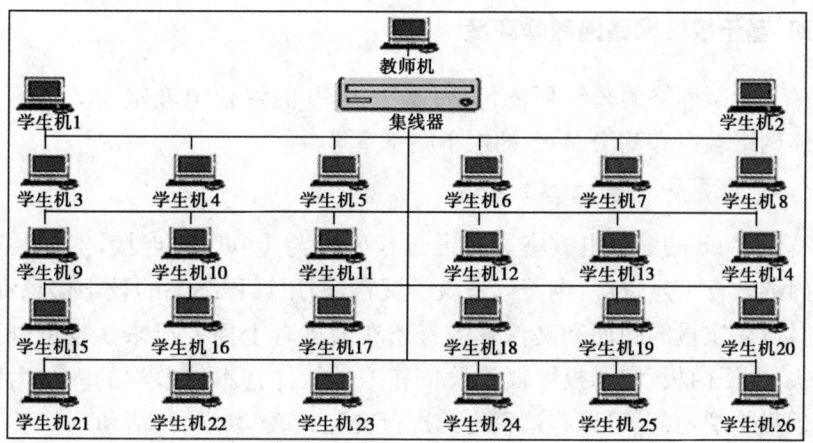

图 11-12　典型的基于教室网络的教学环境

2. 远程执行

远程控制是指教师根据教学活动实际的需要,可以要求学生机远程执行某种命令,达到相应的效果。

3. 学习监看

通过学习观察功能,教师可以在自己的屏幕观看和检查在网络上的全体同学、某个小组的学生或指定的个别学生的屏幕信息。

4. 实时分组

实时分组是指教师在教学过程中,可以对全班学生进行分组。

5. 在线交流

通过在线交谈功能,师生之间、学生之间可以相互交流信息。

6. 学生管理

学生可以按实际班级进行编排,学生的姓名、用户口令都可以设定;还可以调度多媒体网络教室的使用,做到多教师、多班级的同时上课,防止"串班"的现象。

7. 电子举手

在教学过程中,学生如果想提问,可以随时"举手",请求发言。

8. 远程遥控

远程遥控是指老师可以直接控制、操作任何一个学生的计算机。

四、基于校园网络的教学环境

基于校园网络的教学环境包括:基于 Web 的综合电教室、基于 Web 的多媒体网络教室和基于 Web 的电子阅览室等。

(一)基于 Web 的综合电教室

基于 Web 的综合电教室是指通过校园网与 Internet 连接,实现共享校园网内的教育信息资源,浏览远程教学资料,调用远程终端的教学信息资源,并同时以高质量的画面和高保真的音质在大屏幕上播发出来。也可以通过摄像头、电子白板、实物投影仪等设备和工具软件将本地教师的教学内容发送到远程终端,甚至可以与远程终端进行交互式教学(学习)活动。基于 Web 的综合电教室如图 11-13 所示。

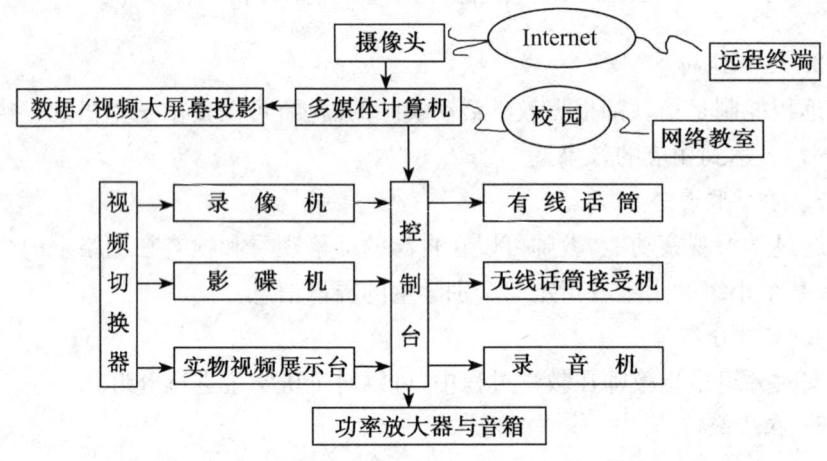

图 11-13 基于 Web 的综合电教室

(二)基于 Web 的多媒体网络教室

基于 Web 的多媒体网络教室是指安装在教室范围内的一种具有多媒体教学功能的局域网,并通过校园网络与 Internet 相连接。典型的基于 Web 的多媒体网络教室如图 11-14 所示。

基于 Web 的多媒体网络教室主要作用和功能包括:

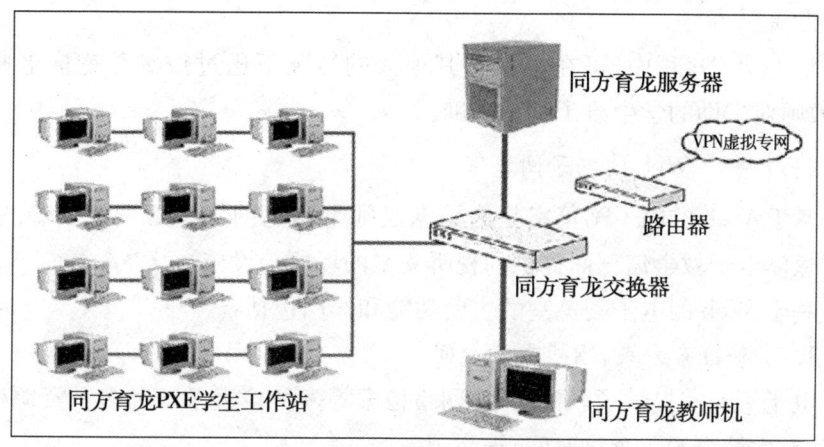

图 11-14　典型的基于 Web 的多媒体网络教室

1. 资源共享

学生可共享校园网络服务器上的教学资源,下载软件、浏览电子图书信息、点播视频信息等,进行个别化自主学习。

2. 文件传输

通过文件传输功能,使在网络上的用户可以向其他用户发送(或接收)文件和目录,即可以把文件或目录传送到远地用户的硬盘,或从一个远地用户的硬盘上读取文件和目录到本地硬盘上。

3. 广播功能

可将教师工作站的画面同步传输到每一个学生工作站屏幕上,从而使每个学生都可以看到教师的操作过程。

4. 监看功能

教师可以不离开自己的座位而从教师机上清楚地掌握系统运行状况,并及时显示实时工作状态。

5. 控制功能

控制功能使教师可以实现对学生机的控制,如锁定/解锁键盘、锁定/解锁鼠标等等。

6. 分组功能

教师在控制台上可以对学生进行编组,让各个小组成员进行在线讨论和合作。

7. 电子举手

学生学习过程中，可在不影响其他人的情况下通过按举手键向老师求助，教师对求助的学生给予逐一帮助。

（三）基于 Web 的电子阅览室

基于 Web 的电子阅览室是为了满足师生浏览网络学习资源、CD、VCD 等多媒体电子教学信息而提供的视听阅览的场所与设施。

基于 Web 的电子阅览室的主要功能和作用包括：

1. 多种检索方式，缩短查询时间

电子阅览室提供了联机检索、网络检索等多种检索系统和多种资源检索方式，有效地缩短了查询时间，提高了效率。

2. 多媒体素材浏览和下载

经过检索查询，教师和学生可以实时浏览所需的多媒体素材（包括：文本、图形图像、动画、音频和视频），也可以将其下载。

3. 多媒体课件的点播和实时的调用

无论课件还是光盘，还是可执行文件，浏览器都可方便地进行实时执行远程调用。

4. 实现视频点播（VOD）

由于在标准浏览器中植入 VOD 的内核，所以在任何一台联网的计算机上可以很方便地找到所需要的视频资源，并实现多点播放。

5. 电子图书阅览

通过将"中国期刊网"、"中国数字图书馆"等光盘数据库在校园网服务器上建立镜像等方法，检索查询各种学科专业数据库，并实现网上阅览或下载图书、期刊、论文等。

6. 网络课程浏览和远程站点联结

教师和学生可以通过资源库查询、浏览本地 Web 服务器上的各学科网络课程，也可以通过 Web 服务器浏览远端站点的教学资源。

7. 配合通讯交流软件

如 BBS、Chatroom 等，实现网上协商学习

8. 配合视频会议系统

支持远程教学。

五、基于 Internet 的网络教学环境

Internet 上丰富的信息是人们获取知识的重要来源。综观网络教学的支持、服务手段,大致有以下几种:

1. 电子公告板(BBS)

BBS 是 Internet 上较为普遍使用的交流手段,在众多的国内高校、ICP、ISP 的 BBS 中,都分有若干个主题,您可以将疑难问题带到相关讨论组中张贴,以求得教师或其他学生的指导。

2. 在线修课

这种方式最普遍,多数教育网站都有某些科目的全部教程,分章节、知识点或常见疑难问题列出可查询清单,供您逐条学习或重点补课。

3. 下载教学资源

有的教材或试题内容较多,在 WWW 中逐页浏览耗时过长,为节约时间和便于保存、反复阅读,有的网站将有关内容压缩成一些文件,您可下载后仔细研究。

4. 在线测试

在线测试是没有人监考的网上考场,就是由网站提供一套某一科目的试题,试题形式一般是选择题或填空题。在您答完全部试题并提交后,会由该网站的主机自动判分,并给出标准答案。

5. E-mail 答疑

对于网站未涉及到的学习内容或疑难问题,您可以发一封 E-mail 问询,有的网站聘请了经验丰富的教师或专家,他们会为您答疑解惑。

6. 同步教学

目前国内已有北京 101 中学等推出了名为"同步教学"的网络,这样的网络不仅在其校内运行,也对外开展服务。加入这类教学网,您就可以与这些知名重点学校的学生一样接受优秀教师的辅导,做他们的试卷并测试自己的成绩。

六、典型的网络教学系统

网络教学环境的建构和应用需要网络教学系统作为支撑平台,典型的网络教学系统有 WebCT、Blackboard 平台、得实平台、MOODLE 平台、清华教

育在线平台、4A 网络教学平台等。

（一）WebCT

WebCT 由加拿大 British Columbia 大学计算机科学系开发，它是一个基于服务器的应用程序，主要用于网络课程的开发与联机教学内容发布。目前在该校和其他学校已有大量的课程使用 WebCT 作为它们的教学支撑环境。WebCT 中支持管理员、设计师、评分员和学生等四类用户。WebCT 包括安全控制、教学管理、数据备份等多项功能，它运行 UNIX 系统之上。

WebCT 是一个方便创建基于 WEB 联机教育环境的集成工具，它可以用于开发联机的网络课程，也可以用于将现有的课程内容在网上发布。该系统使用浏览器作为课程开发环境的接口。另外，WebCT 还有一系列可以自动与课程内容紧密集成的学习工具，它们包括：视音频会议系统、在线聊天、学生学习过程跟踪、小组项目组织、学生自我评价、成绩管理与发布、访问控制、导航工具、定期测试、电子邮件、索引自动化生成和课程内容搜索等。

WebCT 的首页如图 11-15 所示。

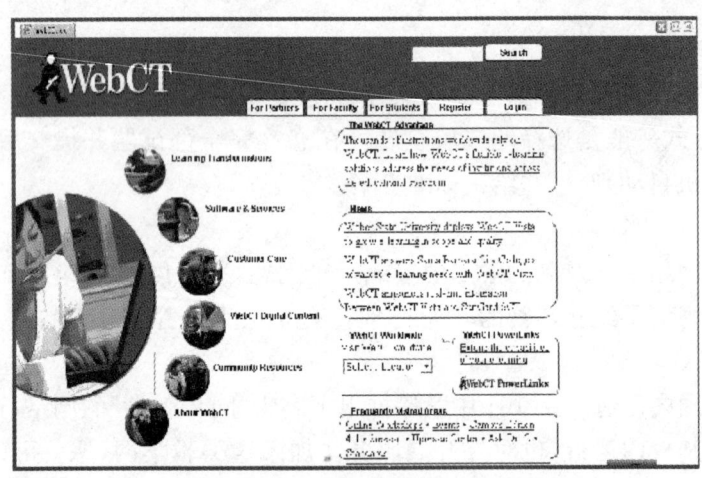

图 11-15　Web CT 网络教学系统(http://www.webct.com/)

（二）Blackboard 平台

Blackboard 网络教学平台，以课程为中心集成网络"教""学"的环境。教师可以在平台上开设网络课程，学习者可以在教师的引导下，自主选择要学习的课程内容。"Blackboard"为教师、学生提供了强大的施教和学习的网上虚拟环境,成为师生沟通的桥梁,不同学生之间,以及教师和学生之间可以根据"教与学"的需要进行讨论、交流。教师可以利用"Blackboard"和现有"课堂教学"进行有机的结合,开展基于网络的辅助教学活动,帮助教师解决目前面临的诸多困难,提高课堂教学效率,减少重复劳动,提高整体教学质量。图 11-16 是北京师范大学 Blackboard 平台界面。

图 11-16 北京师范大学 Blackboard 平台界面

平台以课程为核心,每一个课程都具备以下四个独立的功能模块:

(1) 内容资源管理:教师可以方便地发布、管理、组织教学内容,供学生们在任何时间、任何地点获取学习资料,如图 11-17 所示。

图 11-17 内容资源管理界面

（2）在线交流功能：异步和同步的交流协作工具，比如虚拟教室（同步）、讨论板支持文本、图片及文档的传送共享，方便学生以小组形式交流谈论。

（3）考核管理功能：自测、测验、考试、调查和记分册，支持试题库及试卷自动生成，可对学生作业、测验、考试等成绩进行计算统计，并提供信息反馈。

（4）系统管理功能：教务处老师的管理、统计功能，包括学生的学习、成长进度跟踪，课程访问统计、用户数量统计等。

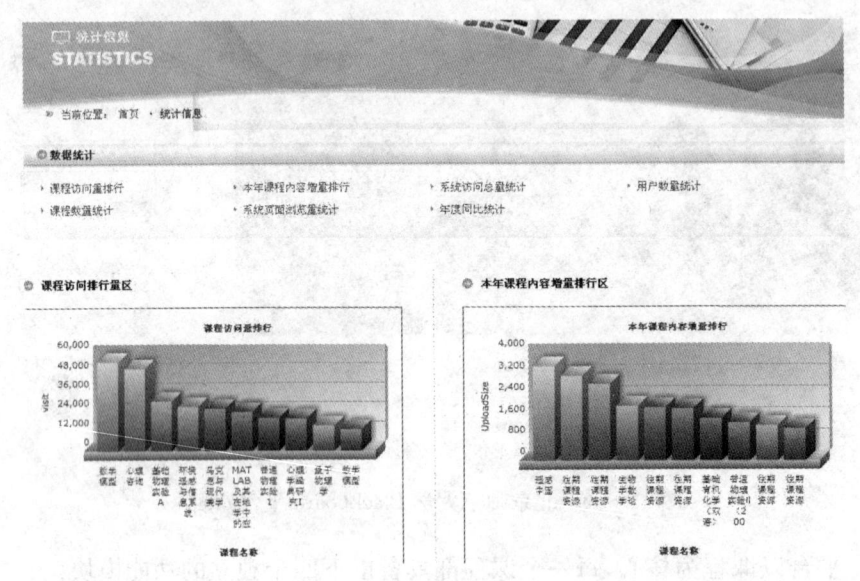

图 11-18　系统管理界面

（三）得实平台

得实网络教学平台（eZioskills 网络教学管理系统）是得实信息科技（深圳）有限公司开发的针对高职学校的网络教学平台，目前已在国内多所国家示范性高职院校、国家骨干高职院校、普通高职院校及高校中使用，如图11-19。

该平台是为大学生校园内部的网络辅助教学而开发的，是集网络课程制作、网路课程管理、师生互动和网络教学于一体的数字化学习平台。具体的教学功能主要体现为以下几方面：

（1）课程制作：教学人员在网上制作网络课程（包括资源共享课或者视频公开课等）。

（2）学生学习：浏览网络课程、下载电子讲义、其他资源、课后复习等。

图 11-19　得实网络教学与管理平台

（3）师生交流：提供师生实时或非实时的交流，比如通过信箱、课程论坛、聊天室等。

（4）作业管理：教师可以在线布置作业、批改作业，学生可以在线递交作业。

（5）考试管理：提供一些课程的在线测试和考试功能，以及考试分数管理等。提供资源，通过 FTP 资源库和网络导航库为学生提供大量的有用的学习资源。

（四）MOODLE 平台

MOODLE 是 Modular Object-Oriented Dynamic Learning Environment（面向对象的模块化动态学习环境），它是澳大利亚教师 Martin Dougiamas 基于建构主义教育理论而开发的课程管理系统，是一个免费的开放源代码、免费的应用软件，目前在世界各国已得到广泛的认可和应用。在 MOODLE 平台上，教师几乎不用掌握任何程序设计或者网页制作等专业知识，便能很快通过组织资源、安排学习活动来创建网络课程。

针对教与学活动，MOODLE 主要包括以下模块：

（1）课程管理：教师可以全面控制课程的所有设置，包括限制其他教师及学生的权限，设计课程活动配置——论坛、测验、资源、投票、问卷调查、作业、聊天、专题讨论等，全面记录用户日志及活动过程，自定义评分等级，备份打包功能等。

(2) 作业模块：设置作业提交日期、格式，查看作业提交记录（迟交、不交），显示作业反馈情况。

(3) 聊天模块：支持文本、图片、图标等信息的同步交互，记录聊天过程以便重复查看。

(4) 投票模块：允许师生为某件事表决，可设置投票权限，并显示投票结果。

(5) 论坛模块：有多种类型的论坛供选择，例如教师专用、课程新闻、全面开放和每用户一话题。论坛支持文字与图片显示，教师可设定回复权限，以及在论坛间移动话题。

(6) 测验模块：教师可以定义题库，在不同的测验里复用。题目可以分门别类地保存、自动评分、自定测验开放时间、设置题目顺序以及显示答案等。

(7) 资源模块：支持显示任何电子文档、Word、Powerpoint、Flash、视频和声音等，可以上传文件并在服务器进行管理，或者使用 web 表单动态建立（文本或 HTML），可以连接到 Web 上的外部资源，也可以无缝地将其包含到课程界面里，可以用链接将数据传递给外部的 web 应用等。

(8) 问卷调查模块：内置的问卷调查（COLLES、ATTLS）作为分析在线课程的工具已经被证明有效。随时可以查看在线问卷的报告，包括很多图形。数据可以 Excel 电子表格或 CSV 文本文件的格式下载。

(9) 互动评价（workshop）：学生可以对教师给定的范例作品文档进行公平的评价，教师对学生的评价进行管理并打分。支持各种可用的评分级别，有很多非常灵活的选项。

(五) 清华教育在线平台

"清华教育在线"（THEOL）平台是清华大学教育技术研究所开发的网络教学支持系统，目前已在国内 200 多所学校使用。该系统集教学、教学资源库管理、教学管理与评价于一体，可根据不同的教学模式、不同教育对象的特点，在各种不同的教学环节中为网络教育提供灵活的、可缩放的、适合于多种层面、多种对象及多种网络环境的交互式教学支撑环境。

THEOL 主要包括四个模块：网络教学支持模块、网络教学资源库管理模块、教学管理模块和系统管理模块。

(1) 网络教学支持模块：网络教学支持为学生和教师两种角色提供相应的网络教学环境实现课程学习和教学。它包括教师备课支持、辅导答疑支持、远程考试、试题生成、作业评阅、虚拟实验、个人资源、课程通知、课程介绍和教师介绍等。这些功能在平台承载的精品课程和项目教学起着明显作用。

(2) 网络教学资源库管理模块：网络教学资源库模块由公共资源数据库、个人资源库、资源库控制系统、资源查询系统、教师角色应用接口和学生角色应用接口六部分构成，其中除了公共资源数据库和个人资源库外，其余模块均提供资源库管理的功能。

(3) 教学管理模块：该模块主要包括课程管理、成绩与公共信息管理、用户管理三个部分。课程管理：负责制定培养计划、设置课程先导关系等；成绩与公共信息管理：负责管理学生成绩报表、成绩录入与修改等；用户管理：维护管理教师、学生、管理员的基本信息和财务信息等。

(4) 系统管理模块：系统管理主要包括用户管理和论坛管理。用户管理的主要功能包括用户权限管理、添加用户和统计用户信息的功能；论坛管理的主要功能包括消息管理，分类管理和为课程分配新的论坛。

随着在线教育理念的变革与教学资源形式的创新，THEOL 平台在国内众多院校中的应用呈现出新的变化，图 11-20 是国内广东某院校所使用的 THEOL 界面。

图 11-20　THEOL 平台界面

THEOL平台部分功能也出现新的整合，比如资源管理、系统管理与教学支持可共同集合到精品课程、教学资源中心模块。各种模块新的组合，拓宽THEOL的应用范围，可应用于专业建设、项目化教学、教学博客等新的教学形态中。

（六）4A网络教学平台

4A(Anyone in Anytime at Anywhere learn Anything)网络教学平台由教育部现代远程教学支撑平台研制项目小组设计、开发，如图11-21所示。

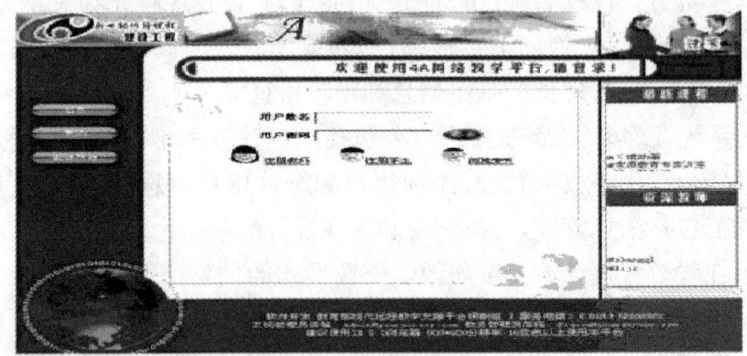

图11-21　4A网络教学平台(http://4a.hep.edu.cn/default.asp)

4A网络教学平台的主要模块

（1）用户注册。网络教学平台的用户包括教师和学生。只要注册"教师"或注册"学生"即可。注册后需要由系统管理员的认证和许可，方可以正式成为4A网络教学平台的用户。

（2）课程管理模块。教师使用注册的账号登录，教师进入本系统后，系统将列出所讲授的课程和教务公告信息。教师可以讲授的课程是由管理员在教务管理系统中设置的。教师用户可以管理自己所讲授的课程，包括教学资料上传，指定课程的内容简介、课程标准、教学安排、公告信息、任课教师介绍、教学内容设计等，还包括选择助教、课程基本信息维护等功能。

（3）答疑环境：提问和解答。

（4）答疑环境：问题检索。

（5）教学内容安排。

第五节　网络教学设计

网络教学设计的意义、特点、原则、基本内容和案例,见二维码。

网络教学设计

网络教学模式

第六节　网络教学模式

随着网络教学的不断深入发展,存在两个十分突出的问题。第一是构建一个网络教学的课程体系问题;第二是在网络教学资源的基础上建构起相对完善的网络教学模式的问题,即通常所说的网络教学模式,也就是解决"网上教什么以及网上如何教"的问题。其中,网络教学模式更关乎到网络教学的实施效果。网络教学模式主要有网络讲授教学模式、基于因特网的自主学习模式、基于因特网的协作学习模式、基于网络的远程教学模式、讨论学习模式、探究性学习模式等。具体内容见二维码。

反思与问题

1. 网络教学与传统教学。

自从网络教学诞生之日起,教育工作者们就在不断地从社会、经济、政治等各种角度去探讨网络教学的性质、作用、理论基础、基本原理和实施效果,并将之与业已存在的各种教学形式加以比较,试图对网络教学有更深入的认识。在实践中,网络教学方式与传统的课堂教学方式之间的比较似乎是人们所热衷的,也是不可回避的。那么,网络教学和传统课堂教学之间是怎样的一种关系呢? 网络教学将给传统的课堂教学带来的是什么呢?

信息技术和网络技术的发展,一方面给网络教学提供了强有力技术支持,另一方面必将引起教学领域的深刻变革。

首先，在教学观念上，传统的教学以教师为中心，以教材为中心，以课堂为中心，强调教师的"教"，而网络教学可以突破时空的限制，以学生自身的学习为主，以学生已有的知识经验为基础，以学生的活动为中心，强调学生的"学"。师生关系从以教师为中心的权威型转变为以学生为中心的师生民主型，教师在教学过程中的主要目的是培养学生掌握知识的能力，指导学生学习，帮助学生获取信息、选择信息、处理信息，解决学生学习过程中出现的知识性、技术性、伦理道德方面的问题，教师将需要更多地了解学生的身心发展特点，制定个性化的培养方案，促使学生能力和人格的健全发展。

其次，在教学模式上，网络技术的发展，为学生提供了丰富的学习资源，它打破了学生只能在教室听教师讲课的单一局面，学生可以在图书馆、网络教室、电子阅览室、宿舍甚至在网络覆盖的任何地方，都可以打开电脑进行学习。传统的教学模式是逻辑分析讲授过程，课堂的主要形式是教师的讲授和提问，网络教学能使教学过程由单纯教师的"教"转变成教与学双向互动的过程，教学模式也将以掌握知识为目的的"维持性学习"模式转变为以掌握获取知识的能力为目的的"创新性学习"模式。

第三，网络教学的实施也对教师提出了更高的要求。由于学生可以利用丰富的网上资源学习更多的知识，教师只知道书本上的知识是行不通的，教师应终身接受教育，要学会用系统科学的方法指导教学活动；教师还应当适应网络时代的要求，迅速转变观念，加强现代教育理论、学科专业知识和现代教育技术的学习与研究，具备网络基本知识和技能，提高网络教学资源设计、开发、利用和评价的能力。

虽然网络教学有许多优点为传统教学所不及，但它绝不是万能的，不可能完全替代传统教学。

第一，因为教学过程不仅是传授知识、发展能力的过程，还是师生情感交流和学生人格形成的过程。而网络教学则主要是人机交流，学生面对的是缺乏人类情感的电脑，教师的言传身教、人格力量被削弱了，在情感培养、人格的塑造方面，网络显然力所难及。

第二，网络教学使教学环境相对缩小，学生将由丰富多彩的社会生活和多样化的学习方式蜕变为单调的理性探求，紧张的信息加工将冲击沸腾的感性实践，虚拟的情境终究不能创造真实的感受，这将影响学生实践能力的培养。

第三，在网络教学中，任何数字运算皆可由电脑完成，学生的大部分表达已由键盘输入替代，这将降低学生的运算能力和语言表达能力，也不利于汉字的书写训练。

第四，网络教学要求学生必须具备一定的自学能力和自我控制能力，有使用计算机的条件和基本能力。

第五，网络教学资源还比较缺乏，适用于学科教学的更少，而学校自行开发又受到技术和经费的限制。

第六，网上教学目前还受到上网速度和上网费用的制约，要进一步推广网络教学，必须提高网络速度并降低上网费用。

以上种种因素，将决定网络教学并不能完全代替传统教学，它们将取长补短，长期共存。

2. 网络教学的未来发展趋势。

网络教学的未来发展趋势主要表现在智能化、虚拟化和全球化等方面。

首先，智能化是网络教学向深层次发展的客观要求。尽管网络教学迅速发展，大量多媒体课件和多样化的教学模式被开发、使用并取得较好成果，但人们在开发使用中发现，这些系统始终存在一些缺陷：学生的学习仍然是被动的，学生无法回答深层次的问题，回答有错时不能准确确定原因，学习指导的针对性不强等。早在20世纪70年代，国外就有人研究具有智能性的计算机辅助教学系统。90年代，有人提出了智能超媒体教学系统的设计、开发。所谓智能超媒体，就是将人工智能技术与超媒体的信息组织、管理方式结合在一起而形成的智能型信息处理技术。在智能超媒体教学系统中，ICAI模块可以利用超媒体提供的友好界面来激发学生的学习兴趣和学习动机，同时还可以利用超媒体向学生提供图文、声、像并茂的解释信息；而超媒体模块则可利用知识推理技术实现教学内容和教学策略的适应性控制，对学生进行有针对性的指导。基于网络的智能超媒体系统应以智能化技术为基础，有人已提出智能化校园、智能网络教室等新概念。当前，智能超媒体教学系统的研制和开发已成为多媒体网络教学应用领域中的一个重要的前沿课题。

其次，虚拟现实技术是多媒体向交互式发展的最高层次，是多媒体技术最高的发展趋势。虚拟现实，是一个高度交互的、以计算机为基础的多媒体环境，用户在使用的过程中完全沉浸在计算机所产生的虚拟世界中，计算机完全从他们的头脑中消失。虚拟现实有多媒体的许多特点，例如，高度集成了多种媒体,信息表征具有高度的交互性、多样性、灵活性,要求学习者的积极参与。虚拟现实技术不少用以模拟演练、实验,如进行技能训练的多媒体仿真软件,就利用了虚拟现实技术。学习者在学习时,就像在玩电脑游戏,充满了学习的乐趣,学习主动性增加。同时,在学习过程中,学习者被置于错综复杂的环境中,需灵活地进行决策、分析问题和处理问题,能力得到充分的锻炼和提高。学习者可以在无危险的虚拟时空环境中反复训练,而没有任何真正的风险,就像飞行员在飞行模拟器上进行飞行训练,无需害怕出现不可预测的紧急事故或因决策错误而造成的可怕后果。作为一种教学辅助工具,该软件能缩短教学时间,提高教学效率。

最后,全球化是网络教学发展的必然趋势。在互联网已连通世界各地、Internet 站点遍布全球的当今时代,无论是校园网、多媒体教室局域网,还是单台多媒体计算机,不与广域网连接、不利用 Internet 上无限丰富的信息资源,是不可思议的。基于 Internet 的新型教学,突破了局域网多媒体教学在资源、距离、规模上的限制,将多媒体网络教学推向全球,"开放大学"、"虚拟学校"、"全球教室"等一批新型的教学系统将得到迅速发展。(主要引自李海北《试论网络教学的特点与模式》和孙厚钊《多媒体网络教学浅析》)

3. 如何设计网络课程?
4. 如何设计专题学习网站和教师个人网页?
5. 如何进行网络教学设计?
6. 如何运用网络教学模式?
7. 如何运用微课和慕课等网络教学资源?

第十二章　潜在课程与教学环境

第一节　潜在课程概述

潜在课程与教学环境的探讨是当代课程与教学论研究的崭新问题,探讨潜在课程的特点、功能及其处理策略,优化教学环境,对于提高教学效率,更好地促进学生的全面发展具有重大意义。

一、潜在课程的概念

根据课程的隐显状态,我们可以把课程划分为潜在课程与显性课程。潜在课程也称为学校环境课程、隐蔽课程、隐性课程、无形课程等。关于潜在课程的研究萌芽,一般可以追溯至20世纪二三十年代杜威所提出的"同时学习"。他认为,学生的学习除了正式学习外,还有情意方面的"同时学习"。随后,克伯屈则提出了"伴随学习"(concomitant learning),即学生对态度、理想、情感和兴趣的习得。"同时学习"和"伴随学习"思想可以说已经涉足到潜在课程的问题。

1968年美国教育社会学家P.杰克逊在其《教室生活》(The life in the classroom)一书中首次提出潜在课程的概念,他认为:"学生在读、写、算或其他学术课程上的进步并未能完全说明学校教育的结果。除了这些以外,学生还从学校生活的经验中获得了态度、动机、价值和其他心理状态的成长。而且这些形式教育之非学术的结果比学校主要任务之教学更具有影响力。"[①]这些潜在课程因素形成了课程的基本结构,并对学生的社会化发生着不可避免的影响。杰克逊将此非正式的文化传递称为"潜在课程"。他认为,潜在课程包括学生班级群体中的规则、规定和常规;表扬和批评;权利等。[②]

美国堪萨斯州立大学教授范兰丝(E. Vallance)在为1991年出版的《国际课程百科全书》撰写的词条中说:"潜在课程是指那些在课程指导和课程政

---

①② 陈旭远:《试论潜在课程的概念和结构》,《教育理论与实践》1994年第1期。

策中并不明确的学校教育实践和结果. 即使如此,它仍然是学校经验中经常而有效的一部分。"① 范兰丝从过程和结果两个方面对潜在课程进行了界定.并且强调了潜在课程的潜隐性、经常性和有效性。

美国马萨诸塞州立大学的马丁(J. Martin)教授认为:"潜在课程是学校和学校以外的教育环境中,产生的某些结果和副产品,特别是那些学生已经学到,但未公开宣称有意产生的学习状态。"② 这种学习状态包括学习者的行为和处境,它的潜在方式包括自然和人为的两种形式,"潜在课程由某情景中有意或无意产生的学习状态所组成,这些状态并未被公开告诉学习者,他们也不知道。"③ 马丁教授指出了潜在课程空间的广延性、状态的潜隐性。

美国教育哲学家高尔顿(Gordon, D)从结果、环境和影响方式三个维度分析了潜在课程的概念,认为潜在课程是通过学校物质与社会环境无意传递给学生的非学术型学习结果。④

胡森(Husen)主编的《国际教育百科全书》中认为,潜在课程涉及到学校教育方面某些实践和后果,它是指那些在课程指导和学校政策方面不十分明确的部分,但又是学校教育中不可缺少而行之有效的组成部分。⑤ 包括师生关系、能力分组、课堂规则与程序、隐喻的教科书内容、学生性别差异及课堂奖励方式等。⑥

我国学者对潜在课程的概念也作出了不同的界定。刘佛年认为,潜在课程既非课内学科又非课外活动.而是第三类课程即校园文化建设。它是"通过整个学校的环境、氛围、学校的风气所施加给学生的影响. 起到教育作用的"。⑦ 他把潜在课程解释为校园文化建设,其内容涵盖了环境、气氛、学校风气等,具有一定的广泛性。吴也显认为潜在课程是"儿童青少年现实生活中的直接经验,是学生在学校、班级生活中时时、事事、处处都接触到的一种有

---

① E. Vallance. Hidden curriculum, A. In Lewy,(Ed), The International Encyclopedia of curriculum, Pergamon Press,1991, p.40.
②③ J. Martin, What should we do with a Hidden Curriculum when We find one? In H Giroux, D&·purple(ed.), op. cit,1983, p.124.
④ Gordon, D, The concept of the Hidden Curriculum, Journal of philosophy of Education,1982,16 (2), p187-198.
⑤ 陈旭远:《试论潜在课程的概念和结构》,《教育理论与实践》1994年第1期。
⑥ 何爱霞、李如密:《潜在课程理论研究述评》,《江西教育科研》1997年第5期。
⑦ 刘佛年:《关于当前教育改革中的几个问题》,《中学教育》1987年第3期。

形、无形的影响"。① 关注到潜在课程中经验的直接性以及影响的广泛性。唐晓杰认为潜在课程是"学校(含班级)社会关系结构以及学校正规课程有意或无意传递给学生的价值、态度、信仰等非学术性的学识"。② 这种观点认识到潜在课程内容来源的多样性,指出学校正规课程里也存在着潜在课程的内容。靳玉乐认为,潜在课程是"学校通过教育环境(包括物质的、文化的、社会关系结构的)有意或无意地传递给学生的非公开性教育经验(包括学术性的和非学术性的)"③,把潜在课程作为一种非公开性教育经验、存在和影响,具有时空上的广延性。中国台湾学者陈伯璋在《潜在课程的概念分析》一文中说道:"潜在课程是指学生在学习环境(包括物质、社会和文化体系)中,所学到的非预期或计划性的知识、价值观念、规范和态度。"④班华认为,潜在课程"是课内外间接的、内隐的,通过受教育者无意识、非特定心理反应发生作用的教育影响因素"。⑤

参考以上各种观点,我们理解潜在课程的基本含义是:其一,潜在课程可指学习与教育的任何情景,包括师生交互作用的情景、课堂教学氛围、校园文化环境、整个教育系统的组织形态。其二,潜在课程包含程度深浅不同的意图和潜在因素,是偶然的、无意的课程副产品。潜在课程具有整体性、非公开性、依附性、潜隐性、差异性、愉悦性和创生性等特点。⑥

潜在课程和显性课程既有一定的联系,又有很大的区别。它们之间的划分也是相对而言的,两者是"互相联系相互渗透并互相转化的。显性课程中潜含着隐性课程的成分,隐性课程强化(或弱化)显性课程所传递的经验。显性课程中包含的观念,如价值观、世界观、政治信念等,由于连续多年的传递过程,会转而消融成隐性课程;隐性课程的内容由于教师的精心设计与有关方面的重视,转而可以成为显性课程中的内容"。⑦ 潜在课程为显性课程提供直接经验或社会政治、价值体系的支柱等,在潜在课程营造的氛围中不断向学生传授形式化的知识体系,从而使其不断递增、更新和创造。今天的学校

---

① 吴也显:《潜在课程初探》,《教育研究》1987年第11期。
② 唐晓杰:《西方隐蔽课程研究的探析》,《华东师范大学学报》(教育科学版)1988年第2期。
③ 靳玉乐著:《潜在课程论》,南昌:江西教育出版社1996年版,第33页。
④ 陈伯璋:《潜在课程概念分析》,《课程研究与教育革新》1987年第96页。
⑤ 班华:《隐形课程与个性品德形成》,《教育研究》1989年第12期。
⑥ 李方主编:《课程与教学基本理论》,广州:广东高等教育出版社2002年版,第8、9页。
⑦ 季诚钧:《试论隐性德育课程》,《课程·教材·教法》1997年第2期。

教育已摆脱了课堂教学的局限,使学生从学校生活的氛围、人际关系以及各种文化活动中接受教育,以弥补显性课程的不足。显然,潜在课程具有特殊的功能,与显性课程是互补的关系,共同促进学生的个性发展。只有当潜在课程与显性课程的目标一致时,潜在课程对显性课程的教育才有着积极的补充和促进作用。①

二、潜在课程的功能

潜在课程作为一种独立的课程形态,有着与显性课程不同的价值和功能,这些功能是对显性课程作用的补充,两者协同作用,共同促进学生身心的健康、全面发展。

(一)激励功能

潜在课程内容丰富广博,能够满足学生不同层面的需求。名人雕像、字画,积极进取的校风,教师敬业爱生、同学刻苦勤奋的榜样作用等都可引导和激励学生乐于求知勤于学习。这种激励作用是潜在的、相对持久的。它通过潜移默化的影响触动学生心灵,使之从内心自然激发求知欲望,努力探索,不断进取。这种产生于学生心灵深处的激励作用具有相对持久性。

(二)情感愉悦功能

具有美感的校园物质环境对于学生来说有着很强的情感愉悦功能,绿草如织、鲜花锦簇、幽静的林荫小道等美丽的校园环境可以消减学生身心疲劳,给学生以良好的视觉美的享受;校园中的雕塑、造型、书画等艺术作品会使学生由形入境,由境悟神,进而动心移性,陶冶情操,在美的欣赏中获取情感的愉悦;服饰美也是校园中一道靓丽的风景线,教师大方得体的妆容,学生丰富多彩的服饰,既是一种外在的美丽,也反映出文化的深层意蕴美,这些都可以带给学生愉悦的情感体验。

如果说校园物质环境带给学生的情感愉悦较为短暂、肤浅,校园的文化环境则给学生带来较为持久深层的情感愉悦。它通过良好的精神氛围的创设,在潜移默化中感染人的情绪,陶冶人的情操,在达致情感愉悦的基础上亦塑造了学生的人格。学校自身厚重的文化积淀,刻苦、认真、求实的校风,师

---

① 王兆珍:《开发德育潜在课程:当今高校德育新的突破口》,《教育理论与实践》2005年第1期。

生之间平等和谐的人际关系,自由、开放、争鸣的学术氛围,这些良好的文化环境使学生如沐春风,身心舒畅,情感获得陶冶,精神得到升华。

(三)个体素质发展功能

环境能帮助生活在其中的个体形成自己的个性及多种素质。心理学实验证明,丰富的、适宜的环境刺激促进了动作的发展,而单调贫乏的环境刺激则使动作发展迟滞而无法形成良好的运动素质。[1] 其实,不仅良好运动素质的形成离不开适宜的环境,人的其他素质诸如身体、心理、政治、思想、道德、专业、审美、劳技等多种素质的形成也是在良好而丰富的环境刺激下形成和发展起来的。潜在课程内容丰富,既包括学术性的也包括非学术性的,在时空上具有广延性,无时不有、无处不在,这一特性使得学生在潜在课程中接触、体验、学习的态度情感等变得丰富多彩,这是正规的显在课程无法达到的。正规课程主要通过知识的教学促进学生身心的发展,而潜在课程是系统、全面地对环境的教育意义进行挖掘,其中的校园、社会的物质文化环境,尤其是人为的文化活动如校内外活动的组织、人际交往等都提供了丰富多样的刺激,促进了学生的心理发展。另外,潜在课程是通过环境的长久性熏陶来作用于学生的,其作用具有很好的强度和持久性。

(四)态度价值观的导向功能

美国教育社会学家阿普尔(M. Apple)从意识形态的再生产这一观点出发,把潜在课程的概念提高到一个宏观的层面来认识,他认为,潜在课程乃是学校在暗地里,而且又是非常高效率地灌输给学生的一种被正当化了的文化、价值和规范,是一种日常性意识体系。学校之所以能够不依赖强大的外在统治机器就能发挥社会控制的功能,能朝着既定的方向实现特定的意识形态的再生产,最根本的原因也就是学校生活和教育过程中存在着这种潜在课程。[2] 可以看出,潜在课程对学生的价值观念等具有一定导引作用。渗透在潜在课程之中的社会文化主要通过如下途径内化为学生的个体价值。第一、校园物质环境的教育。校园物质环境不仅是校园美的象征,同时还蕴含着丰富的教育内涵。例如,用中外著名科学家,思想家的肖像、格言装饰教室,用写有

---

[1] 朱智贤、林崇德等著:《发展心理学研究方法》,北京:北京师范大学出版社1991年版,第320~321页。
[2] 钱民辉:《论美国学校教育制度的实质》,《北京大学学报》(哲社版)2001年第2期。

校风校训的标语牌悬挂校门,用中学生守则、日常行为规范点缀墙壁等等,会使学生从踏入校门的那一刻起就知道学校倡导什么、追求什么。第二、学校中的日常行为规范。学校制定日常行为规范时已经无形中确立了对学生行为的褒贬标准,标准之中就渗透着社会的价值观念对学生的导引作用。第三、教师的教育理念。教师生活在一定的社会文化之中,在社会价值的熏陶之下所持有的教学观、学生观等教育理念在教学过程中潜移默化地影响着学生。

(五) 教育功能

潜在课程以潜在的形式协助和支持教育和教学的进行,它对学生的德育、智育、美育、体育等都有良好的促进作用。

1. 潜在课程的德育功能

潜在课程可以对受教育者施加思想、政治和道德的影响,提高其思想政治觉悟,养成高尚的道德品质和行为习惯。从理论上来说,德育过程是一个十分复杂的过程,一方面,学校通过正规课程对学生开展有目的的、有计划的、有组织的思想政治道德教育,养成学生高尚的道德情操和行为习惯。但是,如果仅仅依靠教师长篇累牍的道德说教,而缺少学生感兴趣的道德活动,那么德育就不会有达致学生内心的深刻效果。如果通过潜在课程,让学生在幽雅美观、整洁文明的校园里,通过积极向上的班风、校风,和谐友好的人际交往,各种有益的集体活动等,那么学生就可在环境的熏陶以及同伴之间的交往中,受到潜移默化的影响,从而陶冶情操,培养美的人格。

2. 潜在课程的智育功能

潜在课程有助于完善学生的知识结构,激发学生的学习动机和学习积极性,促进学生智力的发展。潜在课程作为学校教育中的隐形文化现象,有助于弥补正规的显性课程在传授知识方面的不足,完善学生的知识经验结构。例如,作为潜在课程主要内容之一的人际交往活动,可以让学生在这些社会交往中获得许多潜在的文化要素,如情感的表现方式、待人接物的方式等社交技能和生活经验,这就扩展了学生的见闻,完善了他们的知识结构。另外,潜在课程因为偏重于非学术性经验,对学生非智力因素的培养至关重要。如罗森塔尔实验证明,教师对学生的期望效应对其成绩有着很大影响,它可以激发学生的学习积极性。潜在课程还可以通过校园的物质环境、学生相互质疑问难的学习氛围、教师的认知风格和教学策略等影响学生的智力活动,发挥其智育效果。

3. 潜在课程的美育功能

潜在课程有利于激发学生的美感,进而培养学生正确的审美观和高尚的审美情趣,丰富他们的审美想象,提高他们感受美、鉴赏美和创造美的能力。首先,潜在课程有助于学生感受美和塑造美的人格。美的人格是内在美与外在美的和谐,是真善美的统一,其核心是精神美即心灵美。学生美好的心灵是在长期教育和优美校园文化熏陶而成的。美丽的校园环境、严谨求实的校风班风等都对学生产生美的熏陶,使其心灵、行为、仪表等变得更加美好,人格更加高尚美好。其次,潜在课程有助于学生欣赏美,提高其审美能力。潜在课程可以通过艺术化的教学美形成一种浓厚的美育气氛,学生沉浸其中,可以感受美、欣赏美,进而学到一定的审美价值标准,形成健康的审美趣味和审美理想,提高对美的鉴赏能力。再次,潜在课程有助于学生创造美并追求美的生活方式。学校美育的目的在于促使学生个性自由发展并富有创造精神。潜在课程中,学生可以在组织的一系列实践活动如植树、打扫卫生以及美术、学术、音乐等活动中发现美、欣赏美和创造美,从而追求健康向上的美的生活方式。

4. 潜在课程的体育功能

潜在课程有助于学生正常的生理发育,提高学生的身体素质和健康水平。良好的自然环境和社会心理环境作为重要的潜在课程要素,可以有效地提高学生健康水平,促进其正常的生理发育。良好和谐的人际关系也是保证学生身心健康的重要条件。

此外,潜在课程还有助于学生树立正确的劳动观念和习惯,有助于促进学生热爱劳动,尊重劳动成果。学校可以开展一系列课外活动,强化劳动教育效果。[1]

可见,潜在课程对于学生的德、智、体、美、劳各方面的发展都有促进作用,潜在课程的实施必将有利于学生素质的全面发展。

---

[1] 靳玉乐著:《潜在课程论》,南昌:江西教育出版社1996年版,第96～116页。

第二节 教学环境概述

潜在课程是学校通过物质或非物质的、校园内外的教学环境,有意或无意地传递给学生的非公开性的学术性和非学术性教育经验。因此,潜在课程的开发和实施很大程度上依赖于教学环境的建设。教学环境中的物质环境和社会心理环境都可对学生发挥无形的教育作用,对其身心的发展和成长起到积极或消极的影响,从而体现潜在课程的功能。

一、教学环境的概念

"教学环境"是一个广为使用但是歧义很大的概念。国内外学者关于教学环境的论述很多,部分引述如下:

著名的教学环境问题专家、澳大利亚学者巴里·J.弗雷泽(B. J. Fraser)认为,教学环境是由课堂空间、课堂人际关系、课堂生活质量和课堂社会气氛等因素构成的课堂生活情景。[1] 课堂因素是教学环境的重要组成部分,但是把教学环境直接等同于课堂因素的集合,则把教学环境的范围缩小化,实践中就会只重课堂环境的营造而忽视整个学校内外因素的改进,没有整体因素的支持,局部的改良往往无法取得预期效果。

以美国教育技术学家F. G.诺克(F. G. Knirk)为代表的学者们认为,教学环境主要指学校和家庭的各种物质因素构成的学习场所。诺克曾明确提出,教学环境是"学校建筑、课堂、图书馆、实验室、操场以及家庭中的学习区域所组成的学习场所"[2]。这种观点把教学环境仅仅视为物质因素的集合有失全面,忽视了心理环境的存在。

美国心理学专家霍利(Hawley)认为,教学环境"就是一种能够激发学生的创造性思维的温暖而安全的班级气氛"[3]。这种定义强调了教学环境中的心理因素,却走向了另外一个极端,忽视了物质因素。

---

[1] Barry J. Fraser, *Classroom Environment*, Croom Helm Ltd. 1986.
[2] Frederick G. Knirk, *Productive Learning Environment*, Educational Technology Publications, Inc. 1979.
[3] Sheralyn S. Goldbecker, *Values Teaching*, National Education Association of the United States, 1976.

我国著名学者顾明远教授在其主编的《教育大辞典》中主张教学环境是"影响教学活动的各种外部条件。包括有组织的、自发的两种。前者对教学具有直接、明显的作用;后者则产生自发的制约作用"①。该定义把教学环境界定为外部条件,似乎忽略了教学活动的内部因素。而且此定义有把教学活动与教学环境割裂之嫌。

我国著名学者李秉德教授主编的《教学论》将教学环境定义为"学校教学活动所必需的诸客观条件的综合"②。这种定义把教学活动和教学环境融合起来,但是把教学环境理解为"必需的",范围有些狭窄。与教学活动有关的因素或条件,都应该列为教学环境范畴。"必需"一词限定了条件的性质,使得教学环境概念内涵增加外延缩小。另外,教学环境之中对学生起积极作用和消极作用的因素并存,教学环境的建设和优化中一个重要任务就是对其消极因素进行控制。如强调教学环境是教学活动"必需"的条件,对其进行抑制或控制的任务就无从理解。

我国张楚廷教授认为"自然环境是由影响人的各自然因素组成的;社会环境是由影响人的社会因素组成的;教学环境是不是由影响人的教学因素组成的呢?应当是如此,所谓教学因素即那些与教学有关,影响教学并通过教学影响人的因素,教学环境当然就是指这些因素的总体"③。这种界定将影响教学活动的内外因素相结合,主客观条件相联系,较为全面。

以上观点对教学环境概念的理解各有不同,但是从不同侧面揭示了教学环境的内涵,对于我们正确理解教学环境的概念有一定的启发。

第一,教学环境与教学活动是内在统一的,与学生的学习处于同一体中。教学环境为教学活动提供条件,而教学活动又可进一步促进教学环境的优化。把教学环境和教学活动相割裂,就无法在理论和实践上真正把握教学环境的内涵所在。

第二,教学环境是诸因素的集合。教学环境不仅包括物质因素,也有非物质因素的参与,缺少了文化、心理等非物质因素,就会致使教学实践只重物质条件的美化和改进,教学环境的优化流于表层化。教学环境既包括学校内因素,也应该包括学校外的广泛因素,它是学校内外因素的结合,忽视任何一

---

① 顾明远主编:《教育大辞典》(增订合编本上)上海:上海教育出版社1998年版。
② 李秉德主编:《教学论》,北京:人民教育出版社1991年版,第270页。
③ 张楚廷:《论教学环境与课程》,《湖南师范大学社会科学学报》1999年第1期。

种因素都会导致教学环境概念的狭窄化。

因此,教学环境就是与教学活动统一,并且对学生学习产生影响作用的诸因素集合。它既包括校园内外的物质因素,也包括校园内外的非物质因素。

二、教学环境的结构

教学环境是一个复杂体系,它主要由以下因素组成:

(一)物质因素

学校物质因素是教学环境的重要组成部分,是学校教育、教学活动赖以进行的物质基础。根据这些因素的特点和功能,教学环境又可分为以下几种。

1. 自然环境

学校自然环境即学校所处的自然地理位置和气候条件,它们从总体上规定和限制了学校大的环境面貌和风格。校园依山傍水,校容校貌自然就有着一分明净秀丽。自然环境因素是构成学校物质环境很重要的方面,学生身心发展受到它们潜移默化的影响。尽管有些自然因素是我们人力无法改变的,但是我们可以充分利用,扬长避短,对之进行美化。

2. 设施环境

教学场所和教学用具等是教学环境中的设施因素。设施环境是学校物质环境最核心的组成部分,教学设施是否完善、良好,直接关系到物质环境建设的质量,关系到教学活动能否顺利进行。狭义的教学场所主要指教室,广义的则应当包括校园、教室、图书馆、运动场、礼堂、实验室以及各种绿化设施如草坪、花坛、水池等。随着教育的发展和学校课程门类的增加,教学场所的范围和种类不断扩展,其功能也在不断丰富和完善。良好的教学场所应该有着足够的空间,良好的通风、采光、照明条件,适当的温湿度和声音强度。这些因素对教师和学生的身心活动都有着直接影响,既可引起师生的不同生理感受,也会使之在心理上产生情绪,形成情感。教学用具主要指教学活动所必需的一些基本用具,如课桌椅、实验仪器、图书资料、体育器材和各种电化教学手段等。这些用具都是教学活动不可缺少的,它们对教学活动有重要的制约作用,随着教育技术的发展,大量新的教学手段不断涌入教室,教学用具也越来越现代化。

（二）社会心理环境

学校中的社会心理环境是由学校内外许多无形的社会、心理因素构成的一个复杂的环境系统，它与学校物质环境共同构成了学校教学环境的整体。社会心理环境作为一种无形环境，对于师生的心理活动和社会行为都有着不可忽视的巨大潜在影响力，在某种意义上其作用甚至还要高于物质环境。它主要是通过以下几个方面对师生产生影响。

1. 人际环境

它是由学校内部的各种人际关系构成的一种特殊社会环境。学校作为一个社会组织，其内部必然存在着在相互交往活动中形成的各种关系。一般来说，学校中的人际关系主要有以下几种：① 领导与教师之间的关系；② 教师与教师之间的关系；③ 教师与学生之间的关系；④ 学生与学生之间的关系。这几种关系从不同方面影响着学校成员的精神面貌和行为方式，进而影响到整个学校教学活动的进行。因此，对这几种人际关系的优化显得至关重要。

2. 组织环境

人们为了共同的目标和需要形成各种社会群体即组织，学校内外存在各种规模和形式的组织体系。不同的组织都有其共同的群体规范、价值理念以及群体心理气氛，进而构成学校的特有组织环境。其中，对学校教学工作影响最为明显、直接、具体的组织环境则是校风和班风。校风即一个学校的社会气氛和心理氛围，它是一种集体行为风尚。这种无形的环境因素，对于师生有着巨大的教育作用。积极的校风能使他们不断增强自觉性，努力工作，勤奋学习，促进教学工作取得良好成绩。相反，消极的校风则使整个学校工作涣散，秩序混乱，教学工作难以达到正确的教育目标。班风是所有的班级成员长期交往中形成的共同心理倾向，班风一经形成便具有很强的约束力，反过来塑造和影响班级成员的态度和价值，最终影响他们的学习活动和行为方式。班风、校风是以心理气氛的形式出现的，它是群体在共同的交往中逐渐形成的，因此，其形成和优化不能单纯依靠行政管理、规章制度、组织纪律等强制力量，更主要的是依赖群体规范、舆论、共识这些无形力量。

3. 舆论环境

它主要是由占主导地位的集体舆论和一些个别意见共同组成。一般认为,舆论是一种为大多数人所赞成的公众意见,它是一种巨大的精神力量。社会舆论一经形成,就对师生的言行产生评论、监督、鼓动和指导作用,从而形成调节学校内部社会生活环境的力量。一个好的舆论环境就是一种很强的社会心理动力,必然能够有效促进学校各方面的工作;反之,不良的舆论环境,则可能导致人心涣散,削弱团体凝聚力,给学校教学带来消极影响。因此,培养一个良好积极的学校舆论环境,具有重要的现实意义。

总之,教学环境是一个复杂系统,其构成因素错综复杂,物质因素和社会心理因素是其主要组成,除此之外还有一些因素如师生仪表、言谈举止、学校中的各种集会等。这些因素都从不同方面对师生的认识、情感和行为产生重大影响,从而潜移默化地影响到学校教学活动的顺利进行。

三、教学环境的功能

随着社会的发展,人类的生存环境日趋复杂,环境对人的影响也越来越大。教学环境作为一种特殊的社会环境,对于成长中的学生具有重大作用。我们认为良好的教学环境具有以下功能:

(一)健康功能

良好的教学环境对于师生的生理和心理健康状况具有很大影响。作为他们长期生活、学习、工作的场所,学校的教学环境的优劣与他们身心的健康发展息息相关。一个清洁卫生良好,没有空气、水源污染,远离城市噪音,一切教学设施完善充足的教学环境,将有利于保障师生的身心健康。特别是青少年学生,正处于身心发展的关键期,宽松和谐的学习气氛和良好互助的人际关系,对学生的心理发展有着特别重要影响,也会间接影响到生理的发育和成长。

(二)激励功能

良好的教学环境能够有效激励师生员工的工作积极性,不断提高学校教学工作质量。通过优化教学环境使学校中的各种环境因素都可以成为激励师生工作积极性的有利因素。整洁幽静、绿树成荫的校园,宽敞明亮、色彩柔和的教室,生动活泼、积极向上的课堂气氛以及严谨求实、团结奋进的班风、校风,都能给师生们心理上带来极大的满足感和愉悦感,其工作积极性自然被激发起来。

(三) 凝聚功能

教学环境可以通过自身特有的影响力,将来自不同地理区域、社会阶层、家庭背景的青少年聚合到一起,使他们对学校环境产生一种归宿感、认同感。学校是传道、授业、解惑的专门场所。校园内追求真理、探索知识的学习气氛,能够吸引并满足学生乐于求知、勤于探索的欲望;欢快的歌声、笑声、读书声能给学生带来学习、生活的欢乐,也使他们的才情禀赋、兴趣爱好、人际关系等得到最佳发展。学校的教学环境是师生共同营造的,他们的挚爱之情以及认同感、归宿感将在营造过程中自然而然得到激发。

(四) 陶冶功能

良好的教学环境可以陶冶学生的情操,净化他们的心灵,养成高尚的道德品质和行为习惯。个体的思想信念、道德情操和行为习惯总是在一定的环境中形成。学校是青少年长期生活的一个主要场所,其中,教学环境是他们道德情感和行为习惯形成的重要影响因素。实践证明,幽雅美观、整洁文明的校园,生机盎然、积极向上的学习氛围,和谐友好、互帮互助的人际关系,各种生动活泼的集体活动等,都可以成为陶冶学生情感,培养其良好品格的有利环境条件。教学环境的这种作用并非强行灌输性的,而是通过各种生动形象的和幽雅美好的教育教学情景,依赖有形或无形的、物质的或精神的多种因素的综合作用,潜移默化地影响学生,在"随风潜入夜,润物细无声"的教育效应中使情感受到陶冶,高尚情操、优良品德得以形成。

综上所述,我们可以看到,教学环境对教师和学生的影响是巨大的,它可以从不同的方面影响和制约师生内在的心理活动和外显的行为表现。现代的学校教育就应有效利用教学环境的影响作用,提高教学质量,促进学生的健康发展。同时,师生作为教学环境的主体,反过来又能通过运用自己的智慧和辛苦劳作,在接受环境影响的同时,主动地调节、控制、改造和建设适宜自己发展的教学环境。

第三节 潜在课程的设计与教学环境的优化

潜在课程的设计体现在自然和人两方面,我们可以根据一定的原则,在自然条件的基础上充分发挥人的主观能动性,对潜在课程进行设计。教学环境是潜在课程的重要组成部分,对其进行优化是潜在课程设计所追求。教学环境的优化是指充分利用本地区、本学校的环境资源和条件,从不同方面进行建设,使教学环境的育人功能得到最大限度的发挥。

一、潜在课程的设计

(一) 一体化

潜在课程的设计应考虑到学校、家庭、社会三方面力量的协调统一。偏重某一方面而忽视其他方面必然削弱其整体合力。家庭是青少年成长的第一场所,家庭成员的人际关系、经济水平、文化氛围等对学生有着先入为主的影响,潜在课程在学校的设计和实施中必须充分考虑到学生家庭的背景状况,在此基础上因人制宜。社会是青少年成长的广阔天地,社会领域里各种现象的影响渗入到学校和家庭之中,对学生产生积极或消极的影响。学校在设计潜在课程时如能有效利用其积极影响,把不良影响转化为良好的教育因素,就能发挥"三位一体"的整体效用。总之,学校、家庭、社会是学生不同的成长空间,潜在课程的设计和实施必须坚持整体化原则,充分调动家长、社会机关等多种力量,以形成潜在课程教育的巨大合力,促进潜在课程整体效果的提高。例如,我们开办家庭学校,定期指导家长;颁布教育法规,明确社会导向;研究学校、家庭、社会有机联系的各种形式。这样,形成潜在课程开发和发展的网络体系,真正发挥学校、家庭、社会"三位一体"的整体效用。

(二) 协调优化

潜在课程是一个具有综合效应的有机整体,它是按照一定的规则,由内部的诸多要素进行组织形成的一个系统。学校作为一个教学整体,其内部的多种因素互为独立又彼此关联,只有共同协调配合才能保证其真正效用。因此,潜在课程的设计和实施,要求统筹安排、优化设计。

(三) 因地制宜

各个地方的学校要从自身实际出发,在利用和挖掘特色资源的基础上进行潜在课程的特色设计。这样既可增强潜在课程的可操作性,适应学生知识、态度、情感等方面的特点,又可促使潜在课程形态多样化、丰富化。实际上,任何一个地方的学校都可以利用当地的气候、植被等特色资源设计潜在课程。南方气候湿润多雨,就可在校园中广植花草树木,绿化校园环境,用自然美感染熏陶学生;历史悠久,文化积淀较为厚重的地区,学校可利用历史遗迹等资源对学生进行教育,以丰富其文化底蕴,促进良好校风的形成。

(四)控制转化

潜在课程内容丰富多样,时空上具有广延性,这些特性使得潜在课程的设计面临众多复杂因素。其中有积极因素和消极因素。因此,潜在课程的设计就要对所面临的复杂因素进行控制和转化。如,社会上流行的不良风气,如不加以控制就会对学生产生消极影响,危害学生的健康成长;随着网络技术的发展,学生所接触的信息纷繁庞杂,如何去除其弊,发挥信息的积极影响,这些都是潜在课程设计中需要考虑的重要问题。

(五)年龄适应

学生所处年龄不同,其认识水平、思维特点、兴趣所在等均有不同。潜在课程的设计应考虑学生的年龄特点,具体可体现在以下方面:

(1)在潜在课程的开发过程中,要充分考虑目标的层次差异,既不可盲目拔高,也不任意降低。潜在课程的目标设置应考虑不同年龄段的接受水平、喜好和生理及心理发展的特点。只有这样,课程目标的设定才能更具合理性,体现目标的形式和内容也更有针对性。[①]

(2)育人环境需要区分层次,不可整齐划一。育人环境各因素所展示的内容要考虑不同年龄段的兴趣爱好,选取不同年龄段易于接受的形式,使之与内容有机结合,形成育人环境的多层次。让不同年龄段的学童均有自己感兴趣的形式和最关心的内容,都能在育人环境中吸收到适合自我提高的养料,循序渐进,不断发展。[②]

(3)潜在课程要完美发挥其功能,需要合理恰当的引导。由于不同年龄阶段的诸多差异,教师在引导学生充分利用潜在课程来提高自身素质的方式上,也应有意识地形成阶段性差异。面对不同年龄阶段的学生,我们的语言、行为、穿戴、组织活动的方式以及物质载体的利用等都应有所不同。[③]

(六)多样化

潜在课程的特征之一就是重视形式多样化,获得经验轻松化。潜在课程

[①②] 张伟:《试论素质教育中潜在课程的开发》,《四川师范大学学报》(社会科学版)1999年第3期。
[③] 张伟:《试论素质教育中潜在课程的开发》,《四川师范大学学报》(社会科学版)1999年第3期。

强调使学生在不知不觉中获得经验来提高自身素质,这就要求潜在课程只有以不同的形式呈现不同的要求,组成丰富多彩、生动活泼、引人入胜的育人环境才能更好地发挥其功能。①

二、教学环境优化

(一)校园物质环境的优化可以从以下几个方面进行:

1. 校园的自然环境建设

校园的自然环境建设包括校园的空间布局,各种教学与非教学的建筑、设施的造型、色调以及校园各种绿化、美化、净化环境等。整洁、优美、高雅、规范的校园自然环境能陶冶学生的思想情操,激发他们积极向上的精神,培养良好的品德,这是个不争的事实。例如,校园环境的绿化方面。挺拔苍翠的松柏、亭亭玉立的杨柳、别致的花坛、碧绿的草坪、洁净的通道,布局合理、多而不杂,井然有序,都会给师生带来精神的愉悦、美的享受,进而在心灵中产生正向的教育效应。

2. 校园的设施环境建设

设施环境包括教学场所和教学用具。室内教学场所的优化可以从采光照明、空气、温度、噪音等方面进行。

首先,教室里的光线适当与否,不仅影响学生的学习效率,还直接影响着学生的视力。教室采光一般要求光线能使各课桌面和黑板面得到足够的照度,光线分布均匀,避免直射光和强烈的眩光照射。

其次,教室的空气状况能直接影响学生的学习和健康。因此,为保障学生的学习和健康,教室内必须有一定的通风换气设施,以便使教室经常流动新鲜空气,保持良好的空气状况。通风设施主要有两种,自然通风和人工通风。自然通风是最普通、最常见的一个方式,它主要是通过建筑物外壁的气孔、门窗和特设的通风孔及通风管道进行的。我国目前大多数学校主要使用这种通风方式。人工通风方式又有多种具体形式,简单的是在每间教室中安排气扇,复杂方式则在密封式的整座建筑中安装中央通风设备。无论采用何种方式都应保障室内空气的清新和畅通。

再次,室内温度是构成学生学习环境的一个重要因素,它在无形之中从

---

① 陈红军等:《潜在课程对学生素质教育的影响及设计》,《辽宁教育研究》2003年第6期。

多方面影响到学生的学习效率和健康。如温度过高,人容易出现注意力不集中、倦怠、大脑反应迟钝等现象。温度过低则使人动作不灵活,身体产生不适。因此,要保证教室的温度适宜学生所需,根据季节变换以及学生的年龄等特点调节室内温度。室内温度控制的方法主要有空调控制、自然控制和人工控制。空调控制即在室内安装空调以调节室内温度;自然控制即指在没有空调的情况下利用自然物质来调控温度,如可以在教室前种植树木等,遮蔽阳光来达到降温的目的。设计教学建筑时如果在四壁及屋顶中填充一定的隔热材料,并将楼顶涂成反光较强的白色就可以减少热传递,对室内温度进行调节。人工控制主要是指在冬季我国北方地区气候比较寒冷,气温较低,为保证教学活动的顺利进行,中小学应该采取人工供暖措施。如在锅炉中燃烧燃料,将水加温成热水或蒸汽,经管道和散热片将热能分配到各教室中去。

最后,教室周围的声音如超过一定的分贝就会成为噪音,影响到教学活动的正常进行。研究表明,过度的噪音不仅可以引起学生不良的生理反应,如心脏功能紊乱、恶心、疲劳、烦躁、失眠以及触觉功能减退等症状,还会影响到学生的阅读理解和对学习材料的保持、回忆能力,甚至还会造成学生暂时性或永久性耳聋。因此要合理控制室内外的声音强度,以确保师生的健康以及教学活动的正常、顺利进行。一般说来,要保证教师讲课或师生间的言语交流不受干扰,师生发出的信号的声音水平与教室的背景噪音水平至少应相差 10 分贝,即教师或学生讲话的声音至少比背景声高出 10 分贝。

(二)校园心理环境的优化

校园心理环境可以从人际关系、校风班风、舆论环境等方面进行优化。

1. 人际关系的优化

马克思说:"人是最名副其实的社会性动物,不仅是一种合群的动物,而且是只有在社会中才能独立的动物。"① 在社会学中人际关系是指人们在生产或生活中的一种社会关系。在心理学中人际关系为人与人交往中直接建立的心理关系。它是人在社会中,个体均具有独特的思想、个性、态度以及一定的价值观。

人际关系的和谐与否将会对学生心理、性格的发展产生重要作用。在学校中主要是师生关系和生生关系。"学高为师,身正为范",教师对学生的关

---

① 《马克思恩格斯选集》北京,人民出版社,1972 年第 2 卷,第 87 页。

怀、期待、爱心很容易感染学生,引起他们情感上的共鸣,使他们在产生积极体验的同时各方面获得较好的发展。良好的师生关系要求师生之间平等、合作,教师对学生不能实行专制管理,以教师权威隔离与学生的交流。

另外,校园中师生服饰也是交际的一种重要载体,教师应根据具体场合选择不同风格的服饰,比如师生在课堂上,穿着整齐,表示对对方的尊重,形成一种严肃认真的气氛,但是在师生一起进行课外活动时,教师大可不必穿得衣冠楚楚,因为这容易使学生产生距离感,不利于师生的交往。

同学间的友谊、帮助也可以使学生直观地感受到生活中的真、善、美,可以领悟到人与人之间真诚、友爱和理解的可贵。还有,良好的学校环境不仅能使学生产生清新舒适之感,而且会使学生产生对集体,对学校的归属感、认同感,从而激发热爱生命、热爱生活之情。学校中的集体生活、集体活动也是陶冶学生情感、培养学生情操的重要途径,有利于他们在积极向上的集体生活中激发出健康的情绪体验。① 学生之间要彼此友善、尊重、信任、协作,以形成团结友善的班级和良好的学校人际关系网络。

这样,良好的人际关系使学生在学校自由、舒畅,乐于求知。例如,我们可以变换教室内部课桌椅的摆放状态:秧田型、分组型和马蹄组合型等。分组型是一种合作型,它暗示学生"多加强沟通,做个有效的参与者",或者"我们应该群策群力,把这项工作做好"。分组型有助于学生形成合作的观念以及进取的精神。马蹄组合型是分组型的一种变式,基本上是一种民主集中型,它潜在的意思是:"我们先研讨一下这事儿怎么办,再听听老师的意见。"马蹄组合型从空间的构成上看,它把教师置于一种居高临下的位置,教师的权威性得到加强,但是学生之间沟通的格局并未被破坏。在这样的教室分布形态下,学生们既有发挥主动性的空间,又能防止无序状态的发生。② 总之,学校和教师要以多种途径对学校中的人际关系进行优化,以促进学生的全面发展。

2. 校风班风建设

积极进取的校风班风可以激励学生奋发向上;懒散无纪、攀比吃喝的不良校风会使学生消磨斗志,将他们引入歧途。因此,校风的建设对学生的成

---

① 季诚钧:《试论隐性德育课程》,《课程·教材·教法》1997年第2期。
② 李大纲:《重视潜在课程在小学品德教育中的作用》,《小学德育》2000年第17期。

长和发展至关重要。例如,曾在南菁中学学习过的著名教育家顾明远说:"南菁中学有着艰苦朴素、刻苦学习、团结友爱、生动活泼的校风。这个校风在新中国成立以后有了正确的政治方向,就有了灵魂,它就变得更加具有教育力量。"有些外国友好人士来校参观,看到学生穿着朴素整洁,校园优美幽静、秩序井然,都高兴地说:"这个学校真可爱!"许多兄弟学校领导和老师参观南菁中学时,看到学校学生"早晨书声琅琅、上课聚精会神、自修寂静无声、活动生龙活虎"的生动形象,也称赞说:"这里真是读书的好地方。"[①]教育行政人员要努力创设各种条件和氛围,利用学校的文化积淀,调动各方力量以促使良好校风的形成和发展。

良好的班风一旦形成,会产生出一种强大的向心力和凝聚力,班级目标也会成为集体中大多数人的自我要求。例如,拔河比赛可以培养顽强拼搏的班风;歌咏比赛可以培养活泼开朗、充满朝气的班风;学科竞赛可以培养刻苦学习、奋发向上的班风;科技竞赛、小发明创造可以培养追求科学、勇于创新的班风。[②] 又如,在学校的醒目位置悬挂"微笑是最美的语言"、"文明语言"的提示标志,让学生明白语言是人与人之间交流的工具,是人内心灵魂的衣裳,语言美是心灵美的流露,是道德高尚的表现。诸如此类,这些话对学生有一种警醒作用,对于整个校风的形成具有潜移默化的功用。

3. 舆论环境营造

由于社会群体的多样性和复杂性,校园内部的舆论环境也呈现出极其复杂的状况,除了占据主导地位的集体舆论之外,还有一些与集体舆论不一致的其他意见甚至流言存在,这些因素共同构成了校内的舆论环境,对师生的工作和学习都有着很大影响。马卡连柯认为:儿童集体里的舆论力量完全是一种物质、实际可以感触到的教育因素。[③] 因此,校园舆论环境的营造就需对集体舆论进行积极引导,使之朝向促使学校教学活动顺利进行的方向健康发展。健康的集体舆论对每个成员都有熏陶、感染和约束作用,对集体是一种"凝聚剂"。同时,还应该对其他意见甚至流言进行有效调控,确保整个学校舆论环境的优良、健康。

---

① 王伟主编:《校园文化建设指南》海口,海南出版社,1999年,第1697~1698页。
② 周鸿辉、马甫主编:《中小学班级管理策略集萃》,杭州:浙江教育出版社2005年版,第120页。
③ 黄希庭总主编、肖明华主编:《校风班风与人格教育》,2001年10月,70页。

反思与问题

1. 教学环境是具有文化特性的一种存在。

当代文化哲学认为,人与文化是相统一和整合的。"如果有什么关于人的本性或'本质'的定义的话,那么这种定义只能被理解为功能性的定义,而不是一种实体性的定义","人实质上就是符号的动物"。① 这里的符号也就是人类在发展历程中相对于动物界而言的一种特殊创造,是人类依赖于特殊抽象思维能力创造出来的一种文化的存在。实际上,教学环境是一种人化了的自然,实质上也是一种文化的存在。学校的教学环境是国家、社区和学校文化在学校环境里融合并对学校客观环境有所影响而形成的产物。我们知道,任何一代人只有在汲取原有文化精华的基础上才能有所成长和发展。教学环境具有的文化本性,使得教学环境之中的文化意蕴成为滋养学生成长的肥沃土壤。同样,从教学环境的优化上,我们要重视其文化特性的丰富和发展,创造出有利于学生成长的,可以和学生身心融为一体的文化底蕴。

2. 潜在课程就在我们身边

教师日常的言行处事、一举一动都对学生有着潜移默化的影响,这种影响其实就是一种"潜在课程"。

潜在课程的"潜在性"和"普遍性"要求教师们首先要有潜在课程的意识,认识到潜在课程对学生成长的重要价值和意义,时刻注重潜在课程的课程建设和优化。其次,教师要从日常生活做起,自觉约束自己,处处为人师表,在立身处事上成为学生学习的楷模,为学生的成长和发展创造出良好的榜样形象。

我国著名教育家张伯苓,1919 年之后相继创办南开大学、南开女中、南开小学。他十分注意对学生进行文明礼貌教育,并且身体力行,为人师表。

一次,他发现有个学生手指被烟熏黄了,便严肃地劝告那个学生:"烟对身体有害,要戒掉它。"没想到那个学生有点不服气,俏皮地说:"那您吸烟就对身体没有害处吗?"张伯苓对于学生的责难,歉意地笑了笑,立即唤工友将自己所有的吕宋烟全部取来,当众销毁,还折断了自己用了多年的心爱的烟袋杆,诚恳地说:"从此以后,我与诸同学共同戒烟。"张伯苓说到做到,打那以后,他果真再也不吸烟了。

---

① [德]卡西尔著,甘阳译:《人论》,上海:上海译文出版社 1985 年版。

在日常教学和生活中，一些师长在生活细节上的随意，丧失的是在孩子面前的尊严。有的人说粗话不忌儿童，打牌赌博不避小孩，夫妻吵架罔顾孩子，有教师上课接听手机无视等待上课的学生，有教师在学生面前坐姿不端、语言不雅、抠脚板挖鼻孔等，不经意中糟蹋了师长的风范，导致日后对孩子的教育变得苍白无力，甚至被孩子倒戈一击，自己的不检点成了孩子哂笑的材料。张伯苓戒烟以身教替代言传，并以实际行动率先垂范，说到做到，展现了教师的人格魅力，这种魅力对学生的影响是任何语言无法比拟的。

3. 在网络时代如何设计良好的教学环境？

与传统教学环境相比，网络时代教学改变了依靠"一本教材、一块黑板、一支粉笔、一张嘴巴"的传统教学模式。①

多媒体计算机将逼真的视像和音响效果与巨大的信息存储量和快速处理能力相结合，为教育提供了新的技术手段，使学生有身临其境的感觉，图、文、声同时刺激大脑神经，使学习效果更好、更快、更扎实。

网络的图文并茂、声形映辉使得教育更充实和更具有吸引力，网络最主要的特点是资源共享，网络辅助教学延伸了课程的教学内容，可以很方便地为课程引入大量相关的资源，这些资源可以来自教师、学生以及与网络相联系的整个外部世界。

在网络时代下教学交互方面，网络教育精品课程的交往形式多样，极大地增加了教学交互的灵活性。如采用电子邮件、QQ 群、微信、微博、在线答疑、BBS、电话辅导等，使得师生交互活跃、反馈及时，弥补由于时空分离而导致的信息不流通等问题。

总言之，网络时代下，教学环境显得更自然和亲近，即改善了人机关系，对教师和学生有更大的吸引力。

---

① 张娟妙主编：《教师如何做好多媒体教学》，长春：吉林大学出版社 2008 年版，第 11 页。

第十三章　课程与教学评价

第一节　课程与教学评价概述

"评价"一词早在我国的北宋时期就已出现,《宋史·戚同文传》中就有"市物不评价,时人知而不欺"的记载。那时的"评价"是讨价还价,评论货物价格的意思①。现今"评价"一词的含义已演变为根据一定的价值观或标准对事物作出价值判断。

课程评价指的是根据一定的标准,对学校开设的课程作出价值判断的过程。课程评价包括课程需要、课程设计、教学过程、教材、学生通过课程学习取得的进步、课程政策等内容②。课程评价为课程开发、课程改革提供有效的信息。

教学评价是根据一定的标准,对教学活动或其结果作出价值判断的过程。教学评价一般包括教学过程中教师、学生、教学内容、教学方法手段、教学环境、教学管理诸因素的全面的评价,但主要是学生学习效果的评价和教师教学工作过程的评价。教学评价为研究教学问题、总结教学经验,开展教学改革提供反馈信息。

一、课程与教学评价的历史发展

古代的课程与教学评价是与教育测量混合在一起的,它随着学校教育的发展而逐步改进。据有关文献记载,我国在西周时期已建立了考核学生成绩的制度③。《礼记·学记》记载:"比年入学,中年考校。一年视离经辨志;三年视敬业乐群;五年视博习亲师;七年视论学取友;谓之小成。九年知类通达,

---

① 转引自胡中锋、李方编著:《教育测量与评价》,广州:广东高等教育出版社1999年版,第9页。
② 江山野主持编译:《简明国际教育百科全书》(课程),北京:教育科学出版社1997年版,第168页。
③ 参见杨宽:《我国古代大学的特点与起源》,载瞿葆奎主编《教育学文集·教育与教育学》,北京:人民教育出版社1993年版,第275~284页。

强立而不返,谓之大成。"这表明《学记》既规定了1～9年的课程内容和教学程序,也提出了在不同的教学阶段中,对教学效果进行评价的内容和标准。

汉代以后推行不同的选士制度,教学评价反映在人才选拔的评价上。汉代的察举制度,是由地方政府的长官在他们各自管辖的地区内进行考察评论,选拔人才,再经过考试,就可以任官。考试的方法主要是试用,在试用时进行评价,表现好的就可以做官,不好的就放回乡里。有时也采用文字考试的方法。察举制注意考察和评价实际才能和实际表现,但评价的方法基本上是凭主观判断。

魏晋、南北朝时期的"九品中正"制是一种不需要考试的主观评定制度。评价和选拔人才由地方上的"中正"官进行。评价的等级分九品,上品可任大官,下品只能任小官,评定品级的标准是门第的高低和官阶的大小。这是一种完全定性式的评价制度,不但具有相当严重的主观因素,而且评价的标准非常不合理,不科学。

隋唐至清末的科举制度为我国教育评价积累了丰富的经验。隋炀帝时,开设进士科,用考试的方法来选取进士,考试成为评价人才的唯一手段。到了唐朝,考试的科目就有秀才、明经、进士、明法、明字、明算等科,最常用的是明经、进士两科。唐朝以后,进士科也一直是最有代表性的。科举制的特点是通过逐级考试的办法来挑选人才。考试的内容和方法有帖经、墨义、时务策、诗赋杂文等等。宋朝为了防止考官认出考卷上的姓名,还创造了考试密封姓名的办法;为了防止考官认出考生的笔迹,还实行专派人员逐卷抄写,然后送考官看卷的办法。明、清朝以八股取士,那时对八股文也有一套评价的标准。在内容上要循规蹈矩,以孔子的思想观点为准绳。解释经义时,要以朱熹的《集注》为准则,五经要以宋元人的注疏为标准。在格式上,在一篇文章里,要遵循"八股"要求,字数不能少于300字或多于700字。这一套评价标准,客观上成了当时读书人思维的桎梏。科举制比之汉代的察举制及魏晋南北朝的"九品中正"制,它对人才的测评较为严格和客观。它经历了1 300多年历史,虽然也出现很多弊端,但积累下来的经验是丰富的,是教育评价的一份珍贵遗产。

诚然,课程与教学评价的产生是多源头的,除了我国较早地出现教育评价外,在世界上其他一些国家也先后出现了教育评价。由于外国的教育评价不如中国古代教育评价影响大,故不详述。

古代课程与教学评价的方法主要是通过口试、笔试或观察来判定教学效果，一般采用主观判断和文字记分，缺乏信度和效度。

现代课程与教学的评价是在改造古代教育评价的基础上，通过运用教育学、心理学、教育统计学、教育技术学等学科的原理和方法逐步形成和发展的。

现代课程与教学评价发展的第一个阶段是1864～1933年左右。

现代课程与教学评价萌芽于19世纪末20世纪初的教育测量。1864年，英国的菲雪尔（George Fisheer）编成世界上第一个成绩量表。尔后，美国的赖斯（Rice）积极提倡教育测量，并于1895年至1905年间编制了算术、拼字、语言等测验。赖斯的研究被认为是第一个正式的教育评价。受赖斯的影响，20世纪初课程与教学的评价飞跃发展。与此同时，各种客观标准化教育测量纷纷出现，著名的有，法国比纳（A. Binet）、西蒙（T. Simon）的智力测量（1905）。1909年，被称为教育测量鼻祖的美国教育心理学家桑代克编成《书法量表》、《拼字量表》、《作文量表》、《图画量表》等标准测量工具，使教育测量走上科学化的道路。从此以后，各种学业成绩测验迅速兴起[①]。1911～1912年，纽约市曾对3万名儿童进行了多种学科的成绩测验。在我国，俞子夷1918年编制的《毛笔书法测验》，开我国编制课程与教学测量量表的先河。20年代，教育测验和心理测验（尤其是智力测验）量表编制和试验工作在我国取得了较大进展[②]。

教育测量的发展是现代教育评价产生和发展的基础。在测量运动中，受桑代克的"凡物之存在必有其数量"，以及麦柯尔的"凡有数量的东西都可测量"的思想影响，人们比较重视用定量的方法和现代科学手段去评价教学效果。这是教育评价史上的重大转折点，是教育评价由不够标准化、科学化，向标准化、科学化迈进的重要一步，也是现代教育评价区别于古代教育评价的本质特征，它标志着现代教育评价的萌芽。所以，我们将1864～1933年左右看作是现代课程与教学评价的第一个发展阶段。

现代课程与教学评价发展的第二个阶段是1933～1950年前后。

一般认为，1933年至1940年美国进步主义教育联盟（Progressive

[①] 李方：《现代教育科学研究方法》，广州：广东高等教育出版社1989年出版，第4页。
[②] 参见黄甫全、王本陆主编：《现代教学论学程》，北京：教育科学出版社1998年版，第276页。

Educational Association)组织的"八年研究"标志着现代课程与教学评价的产生。美国进步主义教育联盟是由美国进步主义教育家组成的。1933年至1940年,在会长艾钦(W. M. Aikin)的领导下,以泰勒教授为主,在7所大学和30所中学开展教育实验,主要探讨进步主义教育与传统教育的成效问题。有学者认为,这一时期的特征是对测验结果作描述,评价的目标不再是学生本身,而是什么样的学习目标模式对学生学习最有效。例如,泰勒他们编制了许多测验去测量学生是否掌握了教师要求他们学习的那些东西,据此辨别、区分有效的目标模式。我们认为,"八年研究"之所以成为现代课程与教学评价产生的标志,是因为:第一,它首次将教育评价运用于课程改革之中,把评价作为课程改革的一个有机组成部分,并详细地阐述了评价的原则,根据评价原则论述了试验的结果,指出评价对于实验的成功起了积极的作用。在此以前,评价主要用于判断学生个人的特征。无疑,把评价运用于课程改革,对于传统的教育评价来说,在实践上是一个新的突破。第二,它首次明确地将教育测量和教育评价作了严格的区分,指出教育测量只是教育评价的一个工具,教育测量是被用来为最终的教育效果的评价提供量的依据。这样,就使原先与教育测量混杂在一起的教育评价,第一次分离出来,逐步成为一门独立的学科。课程与教学评价是教育评价的主体,教育评价的独立,意味着课程与教学评价的产生。第三,"八年研究"提出了全新的教育评价概念,提出了系统的、完整的教育评价的理论和方法,是现代课程与教学评价理论和方法研究的开端。例如,在理论上,泰勒提出注意课程与教学效果价值观,首次分析课程与教学要达到的目标,然后用这个目标评价课程与教学效果。从目标的确立到评价结果,不是直线的单向过程,而是周期性的循环过程。他认为,评价的依据和中心是目标,而评价的结果又不断地修正、改进着目标。通过评价,就能促进教学措施向理想的目标逼近。在方法上,他们通过"情景实验"考查学生的创造思维,以及分析问题和解决问题的能力。他们的研究,既有定量的统计,又有定性的分析。课程与教学评价开始重视定量研究与定性研究相结合的方法。

现代课程与教学评价发展的第三个阶段是20世纪50年代至70年代。50年代以后,教育评价理论迅速发展。1967年美国的斯克里分(M. Scriven)在他的《教育评价的面貌》(*The countenance of educational evaluation*)一书中首先提出"课程评价"一词,课程与教学的评价受到世界上许多国家的普遍重视,这一时期注重了真正的价值判断问题。凡是新课程的推广和旧课程的改革发展,都受课程评价的控制,由于课程评价的价值判断,使许多课程计划和实施方案得以进一步完善。在教学评价上,目标参照测验在这一阶段发展起来。目标参照测验以教学目标为评价标准,对教学达到教学目标程度进行判断。关心教学目标的实现,注重以教学目标为参照系进行价值评判。

现代课程与教学评价发展的第四阶段是20世纪80年代至今。

80年代以来,项目反应理论把课程与教学的评价引到计算机化和因人施测的方向。模糊评价法发展了课程与教学评价的数据处理技术。枯巴(Guba)等人提出的"第四代教育评价",突出了课程与教学评价中的人文主义精神,强调评价者和评价对象之间的不断交互作用、共同建构、全面参与。阿莫纳什维利在总结六七十年代实验的基础上,提出了实质性评价理论。实质性评价是贯串于教学过程始终的特殊活动,包括教师的评价、在集体的学习—认识活动中的评价、在学生个别独立的学习—认识活动中的评价三种形式,特别重视学生自我评价能力的形成以及教学评价的良好心理氛围的设计,强调课程与教学的评价中的定性描述[①]。总之,20世纪80年代以来的课程与教学评价,比较关注课程与教学评价的人文精神和教育作用。

二、课程与教学评价功能

课程与教学评价功能可以从不同角度去考察,主要有以下几个方面:

(一)检查

课程与教学评价是检查课程实施和教学工作的重要手段。学校要贯彻教育方针,进行课程与教学的改革,以提高教学质量,然而,工作做得如何,效果如何,达到目标的程度如何?没有评价,就无法回答这些问题。课程与教学评价从全面贯彻教育方针,培养德智体全面发展的人才出发,根据课程标准,对课程教学过程和效果作出科学的判断,可以衡量出教学工作的水平状态和达到目标的程度,检查出差距。再者,课程教学过程是否遵循教学规律,贯彻教学原则?通过课程与教学的评价,也可以进行有效的检查,从而发现

[①] 黄甫全、王本陆主编:《现代教学论学程》,北京:教育科学出版社1998年版,第276、277页。

问题,总结经验和教训。

（二）反馈

课程与教学评价可以给教师和学生提供科学的反馈信息,有利于教与学的改进。例如,课程教学过程是一个信息传递和反馈的过程,课程与教学的评价是课程教学过程信息反馈的重要环节。通过课程与教学的评价,建立起课程教学过程的反馈通路,使课程教学过程实现自我调节和良性循环,不断提高课程教学质量。

（三）激励

课程与教学评价有利于激发和强化教师和学生的动力。有的评价,是对教师和学生的品德、业绩、态度和素质的肯定的一种强化方式。教师和学生通过评价工作而获得的反馈信息,及时了解工作和学习效果,看到成绩,激励工作和学习的积极性。

（四）研究

课程与教学评价具有教育研究上的价值。评价活动是一种严肃的科学的探索活动。评价的结果是一种研究成果。它应用科学的手段去收集评价资料,并且对所收集的资料进行系统的分析、评判。它对于探讨与解决教育上的种种问题,起着极大的启发作用。因此,课程与教学评价也可以看作一种科学的教育研究方法。

（五）定向

课程与教学评价的指标对教育教学工作具有指挥定向作用。教育教学工作的路向和侧重点常与评价标准的指向和侧重点相关,师生围绕着课程与教学评价指标而开展教与学活动,这是常见的现象。实践证明,适时的、客观的评价可以使师生明确努力的方向。

（六）管理

课程与教学评价中对教师的"教"给予鉴定或评分,使管理部门更好地了解教师的工作情况和教学质量,可作为教师晋升、评优及使用的重要依据,防止出现教师做好做差一个样的不合理现象。建立和健全评价制度,是加强教师队伍管理科学化的重要举措。通过课程与教学评价,评定学生的"学",有利于教学管理上的奖励、表扬、批评和指导,有利于确定学生的升级、编班、分组,还有利于选拔人才和就业指导。由于课程与教学评价具有检查、反馈、研究等功能,可促进课程与教学管理水平不断提高。

第二节　课程与教学评价对象

课程与教学评价的对象涉及的实体包括:学生、教师、教育行政人员、课程标准、教材、课程与教学方案、教学过程及有关机构。评价对象至少有五个方面:① 课程设计与教学设计;② 课程实施的教学活动;③ 学生的学业成绩及其自身发展;④ 课程与教学的系统;⑤ 课程与教学的评价。

一、课程设计与教学设计

把课程设计与教学设计作为评价的对象,是要考察课程与教学的目标、指导思想和实施路向等问题。

对课程设计的评价,主要是对课程要素的评价。课程的具体要素包括课程标准、教材、教学安排、课程实施和课程成果总结等。对课程标准评价的侧重点是是否符合国家教育方针和素质教育的要求;对教材评价的侧重点是内容的正确性、可理解性和可教学性;对教学安排评价的侧重点是安排的合理性、内容体系的科学性;对课程实施评价的侧重点是教学效果与效益;对课程成果总结评价的侧重点是成果与问题。其中,对课程标准的评价,包括普遍的目标和具体的行为目标的评价;对为达到这些目标所选的文化内容之间关系的评价;以及学习者对课程心理适应性的评价等。

对教学设计的评价主要包括教学目标、教学内容、教学策略、教学媒体、教学环节的评价。评价是教学设计的有机组成部分,它使教学设计更趋有效。由于教学设计的成果较多地体现在课堂教学方案和媒体教学材料之中,所以教学设计评价的指标主要是课堂教学的评价指标和教学材料的评价指标两大类。课堂教学的评价指标又包含与目标因素有关的指标,与学生因素有关的指标,与教师因素有关的指标,与教材因素有关的指标,与教学方法和管理有关的指标等。而教学材料的评价指标,则强调教育性、科学性、技术性、艺术性和经济性等五条基本标准[①]。

---

① 乌美娜主编:《教学设计》,北京:高等教育出版社1997年版,第227~233页。

二、课程实施的教学活动

课程实施的教学活动包括教师实施课程的教学活动和学生学习课程的活动。教师实施课程的教学活动包括备课、上课、课外辅导、作业评改指导和考查考试等环节。主要是教师钻研和使用课程标准的活动和教师与此相关联的教学方法、手段的运用。教师实施课程的教学活动的评价是看教师是否以课程标准作为他们教学策略的出发点,教师是否以课程教材作为教学活动的基本依据。同时,也考察课程教材对教师实现课程标准的适应性、可行性和有效性。此外,还考察为适应学生不同的需要,对课程所作的补充、删节,以及对教学环节、方法、策略、媒体的调节和运用上。

教师是课程与教学的最重要参与者,他们具体地参与了课程与教学的实施,非常熟悉课程与教学的情况,了解课程实施和教学活动的各个环节与细节问题,并直接看到课程与教学的结果。因此,他们是课程与教学的评价进行调查和收集数据信息的主要对象[1]。

评价学生学习课程的活动主要评价其学习过程的主动性、积极性以及学习方法的有效性。

三、学生的学业成绩及其自身发展

学生的学业及其自身发展是课程与教学评价主要对象之一。学生学习活动的结果反映在学业成绩及其自身发展上。课程设计和教学活动的目标和效果是通过学生的学业成绩及其自身发展直接反映出来的。学生学业成绩及其自身发展的评价是课程与教学的评价中最核心、最基本的活动。评价的领域包括认知领域、态度领域和动作技能领域,常以认知领域为主。我国推行素质教育,十分重视对学生整体素质的全面评价,其中又以创造能力和实际工作能力为核心。

为了全面而准确地评价学生的学业成绩及其自身发展,必须正确地确立学生评价的标准和评定的方式。评价标准的确定,要贯彻有利于素质教育,减轻学生负担的指导思想,要依据课程与教学的目标,从学生的实际情况出

---

[1] [美]乔治·A.比彻姆著,黄明皖译:《课程理论》,北京:人民教育出版社1989年版,第160、161页。钟启泉主编:《课程设计基础》,济南:山东教育出版社1998年版,第437~438页。

发,注意做到社会标准与科学标准相结合,效能标准与状态标准相结合。评定的方式主要是通过作业、考评和个人成长记录。作业包括书面作业和操作(活动)作业是学生平时成绩的重要组成部分。对作业的评价,要注意观察、分析和判断学生是否善于独立思考,独立完成作业,以及作业的创新性;评分、评语,要准确中肯,恰如其分。考评包括纸笔考试和实施(操作)考评,方式方法多种多样。衡量考评质量的基本指标有:信度、效度、难度、区分度、标准差等。应做到公平合理。此外,还要查阅学生个人成长记录袋。应要求学生对学习质量进行自我评价。

四、课程与教学的系统

把课程与教学的系统作为评价对象,主要是考察系统中各有机组成部分的整体效应,以及环境的作用。课程系统与教学系统是学校教育中比较重要的两个系统。课程系统是课程决策和课程实施的系统,它有三个基本组成部分:① 编订课程规划;② 课程实施;③ 课程评价。课程系统的主要部分是编订课程规划,它包含课程决策,要使它通过教学系统得到实施,并使它根据评价的反馈信息来加以修改。课程实施包含课程领导、课程改革、课程教学等行动,以及影响课程实施因素的研究。课程评价包括评价学校、校长和教师的课程领导力、评价学校的课程体系和课程设计、评价学生的课程成绩等。"课程系统的每个方面都必须置于评价的显微镜下观察,否则这个系统就会由于缺乏生气而退化。从评价这个系统得到的反馈,一定可用来使系统的各个部分恢复活力"①。

对教学系统的评价,应考察系统的各部分及其整体流程。教学系统由教师、学生、教学内容(控制信息)、反馈信息组成。评价教学系统的运作是否优化,需涉及教学时间、教学量、负担、成本、成绩等变量,要实现教学系统的最优化,必须对与教学成就有关的各种变量实行最优化控制,以获取最优的教学效果。

五、课程与教学评价的评价

课程与教学评价本身也是评价的对象。判断课程与教学评价的价值与

---

① [美]乔治·A.比彻姆著,黄明皖译:《课程理论》,北京:人民教育出版社1989年版,第163、165、166页。

效果,这就是课程与教学评价的评价,是为元评价(meta-evaluation)。具体而言,元评价是在课程与教学的评价工作完成之后,为了检讨评价方案的实施过程与结果,借以总结评价工作的成功经验和纠正评价工作之不足,而对已完成的评价工作进行价值判断。即对已完成的评价工作进行再评价。元评价的关键是如何确定元评价的标准,即用什么样的标准来评价一项评价活动(或工作)。

第三节 课程与教学评价方法

一、课程与教学的一般评价方法

(一) 以标准为依据的评价方法

1. 绝对评价法

绝对评价是在评价对象的集合之外确定一个客观标准,评价时把评价对象与客观标准进行比较。例如,以新的课程标准作为课程教学的评价标准。

绝对评价法的优点是:其标准比较客观,如果评价是准确的,那么评价之后,每个被评价者都可以明确自己与客观标准的差距,有利于发扬优点,克服缺点。同时,可直接鉴别各项目标完成情况,明确今后工作的重点。缺点是:其客观标准很难做到客观,在理解和掌握评价标准时,容易受到评价者的教育价值取向和经验的影响。

2. 相对评价法

相对评价是在评价对象的集合中选取一个或若干个基准,然后把各个评价对象与基准进行比较。例如,对某一课程统考成绩的评价,通常是以该校所在市(县)统考的平均水平作为评价的基准,以该校成绩在一个市(县)中所处的地位来判断。

这种评价的优点是:不受集体整体水平的限制,就是说,在同一个集体中,无论集体的整体水平如何,都可比较个体之间的优与劣、先进与落后。其缺点是:判据会随集体的不同而发生变化,因而不同集体中的个体就难以比较。

3. 个体内差异评价法

它是把被评价者的过去和现在比较,或将评价对象的不同方面进行比较。例如,把某学生的学业成绩的过去和现在进行纵向比较评价,从而评价该生学习成绩的进步情况,或者把该学生所修的各门课程的成绩进行横向比较,从而找出该生学习各门课程之差异。

这种评价的优点是:有利于自我发现差距。但由于被评价者不与他人相比较,这就难以找出自己在群体中的真正差距。

4. 档案袋评价法

这种方法是通过建立学生学业档案和查阅比较学生个人发展的档案,从而评价个体内差异和比较个体与他人之间的差异的一种评价方法,它着重评价学生过去的发展历程和以后的发展基础。这是目前很流行的一种评价方法。运用这种方法要注意做好学生个人成长记录,收集学生有代表性的作品、成果等工作。

(二) 以作用为依据的评价方法

1. 诊断性评价法

这种评价一般是在某项课程教学活动开始之前所进行的预测性、测定性的评价。其目的是为了了解和掌握评价对象的基础和现状,为制定教学措施做准备,为因材施教提供依据。

"诊断"具有较广的含义,既包括辨别不足或问题及其原因所在,也包括识别各种优点和特殊才能禀赋。例如,教师对学生进行诊断性评价,目的是为了对差生设计一种补救性的教学方法,排除学习的困难,同时对较好的学生,根据他们的优点设计一些教学方式,促进其学习。诊断性评价不仅重视诊断"症状",而且重视"治疗",即指导。

2. 形成性评价法

形成性评价是一种过程评价。是在课程实施和教学过程中使用的评价。可在某项课程教学的实施过程中的各阶段进行。目的是及时了解某项活动过程的效果,主要是学生掌握知识与形成技能的情况,并及时反馈信息,以便及时修正、及时调节、及时强化。这种评价的结果,主要用于改进工作,不注重评出等级。

"形成性评价"的概念,源于斯克里分 1967 年发表的论文。他首先用于开发课程的评价,他认为,形成性评价涉及在编制和试验一门新课程的期间,收集适当的证据,以便今后该课程的修改建立在这个证据基础上进行①。其后,布卢姆认为形成性评价对促进学生学习也有用。在掌握学习教学过程中常用形成性评价。

3. 发展性评价法

发展性评价也是一种过程评价。它贯穿于某项课程教学的活动过程的始终。目的是从发展的角度去判断课程实施状况和教学的效果,主要是了解学生素质的全面发展情况并用发展的眼光去分析问题、作出判断。发展性评价是形成性评价的延续和发展。我国推行素质教育,倡导"阳光"评价,十分重视发展性评价方法。

4. 终结性评价法

终结性评价是结果评价。终结性评价的含义与泰勒的目标达到模式基本相似。终结性评价是在某项课程教学活动告一段落时,为了解其成果而进行的评价。它的主要目的是评定成绩,作出结论,或者评定措施的有效性,总结经验和问题。它的一个重要功能是确认达到目标的程度。终结性评价一般在课程教学活动结束之后进行。

二、课程与教学评价信息采集方法

(一)观察

观察法是根据评价指标的要求,在自然状态下,通过参观去获取评价信息的一种方法。具体做法如下。

(1)现场考察。如亲自到现场巡视学生活动场地、教学设备及其他教学条件、校内外环境、教学管理、课外活动等。

(2)听课。听课的目的是收集课堂教学的资料,了解上课的活动情况。通过听课,也可以在一定程度上了解到学生对课程的适应情况,以及教师的备课情况。

(3)参与有关教学实践活动。如参观学生的实习作业活动,"身临其境",考察师生在活动中的表现,了解课程的适用性以及学生运用知识等情况。

观察的辅助工具有记录装置和记录表格。记录装置有画面记录(如拍片

---

① 戴忠恒著:《教育统计、测量与评价》,北京:中国科技出版社1990年版,第302页。

或录像)和音响记录(如,录音)。记录表格根据观察的目的来设计,以简明实用为宜。在记录表格上做记录,一般有是非、等级、次数和文字等四种形式。

（二）听汇报

听汇报的目的是通过听取被评者的工作汇报和情况反映来收集评价信息。这种方法简便易行,可以在较短的时间内获得较多的信息。运用这种方法收集信息要注意如下几个问题。

（1）在听汇报前,应将听汇报的目的、内容和要求通知汇报者,并要求充分准备好汇报内容,以免汇报时想到什么就说什么。

（2）汇报时,要营造融洽的谈话气氛,令汇报者畅所欲言,言无不尽。

（3）善于引导。有的人,喜欢报喜不报忧,并在报喜材料中浮夸,若发现这种情况,要及时加以引导,令其客观地汇报情况。

（4）做好记录。尽可能将汇报的主要内容记录下来,能运用录音和录像设备配合更好。

（三）访问

访问是指以调查的方式去访问有关人员或找有关人员谈话,了解情况,从而收集评价信息。访问包括校内调查访问和校外调查访问两类型。访问能了解到真实情况,获得较深入和具体的资料。运用这种方法的要求如下。

（1）制定好访问计划和提纲,并按计划和提纲去开展调查访问工作。

（2）选择好访谈的对象、场所和时间。访谈对象应是与调查内容有关并熟悉情况的人；访谈的场所应安静舒适,不受周围环境的干扰和影响；访谈的时间要适当,应在访问者精神状态最好的时间内访问,并且时间安排要足够。

（3）围绕着调查提纲去问话。所有话题均与调查目的有关。

（4）注意访谈态度。要亲切、自然、冷静、耐心地倾听,令被访者消除顾虑,不会产生不安的感觉。

（5）做好记录工作。

（四）座谈会

座谈会是约请少数人员聚集在一起交谈,从而获取评价的信息。这种方法可以集思广益,获得较全面的评价信息。

座谈会的种类有:普通学生座谈会；学生干部座谈会；教师座谈会；班主任座谈会；领导和管理人员座谈会；师生座谈会；领导、管理人员和教师座谈会;社区有关人员座谈会;学生家长座谈会等。召开座谈会有如下基本要求。

(1) 根据评价内容的要求和实际情况去选择座谈会的种类。一次评价活动,座谈会可选用几种,每种座谈会也不限于只召开一次。应注意座谈会人员的代表性。

(2) 做好准备工作。包括事先准备好会议的调查提纲、议程;安排好开会的时间、地点;确定参加会议人员并将座谈会的内容、时间、地点、参加者、会议要求等事项通知他们。

(3) 座谈会上,以自由发言的形式为宜,但主持人要善于围绕评价内容引导讨论。

(4) 指定专人做记录工作。

(五) 收集文字资料

文字材料包括两部分:一部分是由被评价者提供的评价材料;另一部分是由有关方面提供的与被评者有关的评价材料。大体可分为如下七类。

(1) 计划类资料。如课程规划、教学工作计划、各种学习和进修计划等。

(2) 制度类资料。如各种规章制度、教学规范文件、各种奖惩条例、各种会议记录等。

(3) 业务工作类资料。如工作日记、大事记、听课记录、教案、课程教学进度表、学生成绩登记表、业务档案、教师工作手册、学生的作业和试卷等。

(4) 奖惩类资料。如师生的各种奖状、奖旗、纪念物、各级获奖证书,惩治记录等。

(5) 总结类资料。如关于课程与教学的工作总结、专题总结、自评报告、自查报告、书面汇报、经验交流材料等。

(6) 外来资料。如家长来信,外单位对被评者的评价意见以及其他方面提供的关于被评者的评价材料。

(7) 基本情况的统计报表。如,课程教学工作统计表,成绩、成果及获奖统计表,教学设备场地达标统计表等。

查阅和收集文字材料要尽量齐全,并注意去伪存真;还要针对评价指标进行分类整理,令各类材料与相应的评价指标对口。

(六) 发问卷

问卷设计时,一般应先确定要调查的评价指标,然后,将每一项指标改写成问卷题目(一项指标可设计一个问卷题目,也可以设计出几个问卷题目),这样才能提高问卷的效度。在撰写问卷题目时,要注意行文技巧;发放问卷时,要选择适当的时间、地点、情景和发放方式,这样才能确保问卷题目收集到的资料是真实可靠的,提高问卷的信度;还要注意样本的代表性。

(七)测试

测试是通过书面测验和考核、实践操作、口头询问、活动考验等形式去收集评价信息的方法,它包括各种各样的测验和考试。测试的原理和方法详见有关书籍[①]。

总观上述七个评价信息的收集方法,大体上可归为两大类:一是调查法,包括观察、听汇报、访问、座谈会、收集文字资料、发问卷等六个方法。运用调查法,可取得大量的文字描述性资料,获得直接的认知,因而更有利于定性分析。二是测量法,即测试法。测量是评价的基础,通过测量,为评价提供大量信息,主要提供数据资料,因而更有利于定量分析。当然,这两类方法均可获得文字资料和数据材料。在收集课程与教学的评价信息时,应将上述七个方法结合起来运用。

三、课程与教学评价信息的分析和处理方法

当采集到评价信息后,接着便是对信息的定质和定量的分析评价。主要方法有:内容分析评价法、思维判断评价法、分析描述评价法、普通数据统计描述法、模糊综合评判法、评价指标体系数据的合成方法和 SPSS 软件的使用。其中,前三种方法为定质分析评价法,后四种方法为定量分析和数据处理的方法。

(一)内容分析评价法

内容分析评价法是指对明显的课程与教学的评价内容作定质的分析评价的一种方法。如,对某课程标准和课程教材的内容分析评价,对课堂教学活动的内容分析评价等。它包括意义分析评价法和分析综合评价法。

1. 意义分析评价法

意义分析评价是以内容的特征及其变化来评价内容所具有的意义,然后

---

① 详见李方著:《教育管理技术基础》,广州:广东高等教育出版社 1999 年版,第 9 章。

根据内容所包含的意义作出价值判断。意义分析虽然也做粗简的数量分析，但通常侧重于性质方面的分析，是针对较重要的课程与教学内容所作的分析。它既注重于内容本身的分析，即分析内容本身潜在的意义与价值，又注重评价者对内容的意义生成。

意义分析评价法可分析某一个优秀教师的经验特点，分析不同类型的学生的潜在动机、兴趣、态度和价值观念等；还可以对不同地区、学校、团体、个人的教学思想或教学效果进行分析比较。如，比较不同课程与教学的流派在教学观点上的异同；比较两种新课程教材的差别，比较两所学校的学生的学习成绩的差别等。这种评价法容易受评价者的价值取向的影响。

2. 分析综合评价法

分析综合评价法是分析评价法和综合评价法的交互运用。分析评价法是预先根据评价的观点，把评价内容分解为几个项目，分别进行评价。例如，评价教师一堂课，可分别评价教学目的、教学内容、教学方法、教学组织、教态和教学语言、教学手段等几个项目，评价时，可按照这些项目的具体要求，进行具体的分析评判。分析评价重视分析各部分之间的关联性。综合评价法是对评价对象的整体进行综合性的评价。要求评价者要有丰富的经验。如，评价学生的一篇文章，评价一门课程，评价一堂课，评价者总是有一个总体印象的，根据总体印象，可作出总体的评价。综合评价法十分关注情境和总体的背景。

(二) 思维判断评价法[①]

思维判断评价法以逻辑方法论和系统科学方法论为前提。逻辑方法包括因果分析法，归纳法和演绎法，类比推理法等。系统科学分析法主要是运用系统论、信息论和控制论的方法，也可包括复杂性科学方法，它主要分析系统的结构与功能，以及复杂性系统。在课程与教学的评价中，主要是分析与评价课程教学活动的结构与功能及其复杂性。复杂性分析包括"涌现性"、"混沌现象"、"自组织性"、"整体性"、"全息现象"、"生成性"、"不确定性"等。系统科学的产生，拓展了人类的思维，是认识发展的新飞跃。

---

① 详见李方著：《现代教育研究方法》（第六版），广州：广东高等教育出版社 2016 年版，第二章和附录一。

(三) 分析描述评价法

分析描述评价法有评等法、评语法和写实法三种。

1. 评等法

评等法主要有以下几种形式：① 五等级法：优秀、良好、中等、及格、不及格；② 四等级法：高级、一级、二级、三级；③ 三等级法：上、中、下；④ 二等级法：合格、不合格。评等法常用于课程评价和教学质量的评价。实施过程是：① 确定评分等级及其评定标准；② 根据评定标准进行自我评估，自报等级，然后民主评议；③ 进行他评价。参考自评结果，最后评定等级。这种方法简便易行，但不够精确。同一等级者很多，他们之间的差距仍很大，但无法加以区别。

2. 评语法

就是用简明的评语来表述评价结果的方法。对一所学校教学水平的评定，对课程建设水平的评价，常以评语作鉴定。有专家组评语法（即由专家组成一个小组进行评价），有社会各方面评语法（即由教育系统以外的人员进行评价），还有领导小组评语法（即由专门负责评价工作的领导小组进行评价）。

这种方法的优点是：简便易行，结论使人一目了然，而且能对课程与教学的许多模糊现象进行描述和鉴定，解决了一些定量评价所不能解决的问题。缺点是：由于这种方法只注意定性描述而不重视定量分析，因而不够精确，对评价对象不能逐一排出优劣次序，有时也难以作具体的比较分析。写评语时，容易掺杂个人偏见等主观因素，难以做到客观、准确。信度和效度较低。

3. 写实法

写实法是根据一定的评价目标和要求，对评价对象的情况进行较为详细的描述，并在此基础上作出恰当的评价[①]。

(四) 普通数据统计描述法

普通数据是指在评价活动中收集到的精确的原始数据，它包括连续数据（如学生分数）和间断数据（如次数）两种。它相对于模糊数据而言。普通数据统计描述法有五种：① 平均数和加权平均数的统计描述法；② 方差和标准差的统计描述法；③ 标准分数统计描述法；④ 正态分布统计描述法；⑤ 相关

---

① 详见李方：《德育研究法概观》，《教育研究》1990年第6期。

关系统计描述法。(以上五种统计描述法详见《教育统计学》有关章节。)⑥ S-P表描述分析法①。

S-P表是1969年日本藤田广一等人提出的一种分析课堂应答信息的方法。这种方法使我们可以根据课堂上一组学生对于一组问题的回答来判断学生对于知识的掌握程度、问题编排的质量等等。它的特点是能够动态地描述学生与问题群体的集团倾向性,而且可以以一种直观的方式通过计算机屏幕表达出来,可以及时进行判断。目前这种方法已不限于课堂教学信息的分析评价,还可以用于文字或视听教材的评价。S-P表是在学生回答问题得分形成矩阵以后,然后将其重新排列而形成的,将原始得分矩阵作重新排列的方法是:① 按照学生正确回答问题的数量把学生从上到下降序排列。② 按照被学生正确回答的数量把问题从左到右降序排列。然后沿着各个学生回答问题的数目画线,称为学生得分分布曲线,也称为 S 线;而沿着各个问题被学生正确回答的数目画线,称为问题正答分布曲线,也称为 P 线。这样组成的图称为 S-P 表,根据 S-P 表的特点,可以进行学生群体与个体情况的分析评价。

(五)模糊综合评判法②

模糊综合评判是将模糊数学应用于课程与教学的评价,以解决在多因素前提下对模糊数据进行的综合的问题。模糊综合评判法的基本步骤是:① 确定评判的因素集;② 确定因素权数;③ 确定评价等级;④ 建立因素集的模糊矩阵;⑤ 选择评判模型;⑥ 计算综合评判值。

(六)评价指标体系数据的合成方法③

课程与教学评价指标体系的合成方法可分三种情况:

1. 单纯普通数据的合成方法

这里说的"普通数据"多属"硬指标"。如,某项指标得 7 分,另一项指标得 3 分。这些就被称为普通数据。普通数据是课程与教学的评价指标体系普遍存在的一种数据。对于这类数据的合成,方法是:用"加权平均法",从右

---

① 资料来源:钟启泉主编《课程设计基础》,济南:山东教育出版社 1998 年版,第 551～553 页。李克东编著《教育传播科学研究方法》,北京:高等教育出版社 1990 年版,第 226～238 页。

②③ 资料来源:王汉澜主编《教育评价学》,开封:河南大学出版社 1995 年版,第 118～125 页。

到左逐级施行同一算法，直到所有的普通数据在一级指标上归并为一个合成的分值为止。

2. 单纯模糊数据的合成方法

模糊数据多属"软指标"。末级软指标常用模糊评判，从而得出模糊数据。模糊数据的合成问题可用多级模糊综合评判法去解决。其合成路向是运用"模糊综合评判法"，从右向左，逐级合成，最后归并为一个合成分值为止。现以两级评价指标体系模糊数据的合成为例加以说明，步骤是：

(1) 对末级（即第二级）指标进行第一次综合评判，即，将对末级指标评判所形成的模糊矩阵与末级指标自身权重向量合成，获得二级指标对一级指标形成的第一次综合评判结果；

(2) 将二级指标对一级指标所形成的若干综合评判结果（即第一次综合评判结果）组成一个新的模糊矩阵；

(3) 将新组成的模糊矩阵与一级指标自身权重向量合成，形成第二次模糊综合评判，并计算综合评判结果（这是第二次综合评判结果）；

(4) 将等级赋值与第二次综合评判结果合成为一个分值。

如果评价指标体系的指标有三级以上，可用此方法逐级合成，由末级指标开始，直到合成为一个分值为止。

3. 混合数据的合成方法

混合数据是指一个指标按逻辑隶属关系分解出若干个下一级指标，在这些下一级指标中既有模糊数据，也有普通数据，这两种不同质的数据混合在一起。

这种混合数据，若按逻辑隶属关系向上一级指标汇总时，必须进行同质化处理。同质化处理可用转换的方法。较常用的方法是将模糊数据转换成普通数据，然后用"加权平均法"从右向左逐级合成。将模糊数据转换成普通数据的方法，是把模糊隶属度转化为分值。

单纯模糊数据的评价指标体系的合成也可以运用第三种方法。

(七) SPSS 软件的使用

计算机软件的开发应用，令教育评价人员今天无需掌握复杂的计算机语言和计算机程序设计方法，而只需要掌握一些简单的操作方法就能使用一些现成的统计软件来完成课程与教学的评价的统计工作。社会科学统计软件 SPSS 就是国内外社会科学研究最常用的统计软件,由美国斯坦福大学于1966年研制并于1971年正式投放市场。它是一个大型数据统计分析的软件系统,包括常用的统计模型和算法,操作简便、使用灵活①。

第四节　课程与教学评价实施

课程与教学评价的实施,一般分四个基本步骤。

具体内容见二维码。

评价实施步骤

反思与问题

1. 课程与教学评价的关键工作是评价指标体系的构建。评价指标具有指挥导向作用,其建构需依据课程与教学的有关理论和政策法规,从实际出发。构建的基本方法是"逐级分解",即将较抽象的指标逐级(步)分解成较具体的指标。分解时,为了提高指标的结构效度,一方面要查阅有关文献,另一方面要深入了解实际情况,两者结合才能分解出恰当的具体指标。(请参阅李方:《论教育评价指标体系的构建》,《教育研究》1996年第9期。)

2. 以往人们对教学评价研究较多,而对课程评价则重视不够,我国基础教育实施新课程,强调改革评价的方式方法,新课程评价引起人们高度重视。如何评价新课程是一个十分复杂的课题。

3. 档案袋评方法是国内外比较流行的一种评价方法。但就我国而言,如何确保档案袋材料的效度和信度,似乎未见研究。

4. 如何科学评价新课程的适用性及其教学效果?

5. 如何科学评定学生的综合素养,以便为高校录取提供依据?

6. 如何调控评价过程中被评者的心理偏差?

7. 如何规范地开展课程与教学评估工作?

8. 如何评价学生发展核心素养的课程设计和教学方法?

---

① 施铁如编著:《学校教育科学研究》,广州:广东高等教育出版社1998年版,第224~227页。

第十四章　课程与教学研究

第一节　校本教研活动

教师既是课程与教学的实施者,也是课程与教学的研究者。任何一名教师都必须在教学过程中不断研究和解决面临的问题,探索教学规律,才能不断提高教学质量。教师的教研活动主要是课程与教学研究的行为。

校本教研活动包括个人教研活动形式和集体教研活动形式两种。具体内容见二维码。

校本教研活动形式

第二节　课题研究活动

课题研究活动包括选题、设计方法、收集资料、整理与分析资料、撰写研究论文等基本环节。是一种有目的、有计划、有步骤的系统性的课程与教学的研究活动,它比日常的教研活动难度要大,因此,要求掌握各种研究方法。详细内容参见李方:《现代教育研究方法》(第六版),广州,广东高等教育出版社 2016 年版。

课题研究的过程和方法,具体内容见二维码。

课题研究活动

反思与问题

1. 课程与教学研究方法和一般教育研究方法没有本质上的区别。在研究对象上,前者着重于课程与教学问题,后者涉及教育领域的方方面面,其中也包括课程与教学论。因此,课程与教学研究方法和一般教育研究方法运用的基本原理是相同的。诚然,就目前情况而言,一般教育研究方法主要运用于课题研究,而课程与教学研究方法则兼顾学科课程教学工作研究和教研课题研究。

2. 课程教学工作研究与课程教学科学研究是有区别的。科学研究在研究过程上更加强调系统性、程序性、严谨性,在结果上注重数量性、客观性、实证性和可重复性。

3. 目前课程教学研究法的新取向：① 更加注重教学实验的规范化和科学水平；② 重视行动研究法；③ 重视定性研究方法；④ 重视网络文献法；⑤ 运用档案袋研究法；⑥ 运用叙事研究法；⑦ 重视典型个案研究法；⑧ 运用教育现象学研究法；⑨ 心理学实证研究法；⑩ 重视经验总结研究法①。

4. 我国基础教育全面实验新课程，对于新课程教学实验的效果，我们如何做到科学地有效地测评研究，并作出令人信服的解释，这是课程与教学研究的一个难题。

5. 如何撰写教育论文是广大教师感到头痛的一个问题。由于懂得了教育论文的评价标准，也就掌握了写教育论文的基本要求，因此，读者可参阅李方：《论教育论文的评价标准》一文。(《教育理论与实践》2004 年第 1 期)。

6. 就探索性实验而言，实验结果证明实验假设不成立，能否说实验失败？为什么？如果是验证性实验呢？

7. 简述教育现象学研究法和教育叙事研究法的应用价值及基本操作方法和程序。

---

① 李方：《现代教育研究方法》(第六版)，广州，广东高等教育出版社，2016 年版，第一章教育研究方法的历史和发展，附录二、附录四和附录六。

第十五章 新课程实施与教学革新

第一节 国际课程与教学改革的新进展[①]

课程与教学改革始终与人类各个时代社会生产力和科学技术的发展以及各国的不同文化价值观密切联系。20世纪80年代中期以来,随着人类社会的进步、生产力和科学技术的突飞猛进,各国为了进一步加强本国的综合实力,迎接21世纪的社会发展需要和激烈的国际竞争,都不约而同地从提高国民教育素质入手,开始了史无前例的新的大规模教育改革。在这场跨世纪的教育改革浪潮中,各国都把课程与教学改革作为整个基础教育改革的重点,改革的最新进展体现在如下几个方面。

一、教学价值的新观念

新的教学价值观以人的生命发展为依归,基本理念主要表现为以下四点:

第一,尊重人生的独特性。每个人的生命都有自己不同的"样子",每个儿童的生命都与成人不同,他们不是父辈的复制与延伸,他们有自己独立的人格和精神世界;他们的生活阶段并非仅仅是成人期的一种预备,他们有着与成人相异的价值观念和行为方式。体现在教学上,老师应该为学生设身处地地着想,不强行用自己的思想代替学生的思想,用自己行为代替学生的行为。因此,重视生命独特性的老师应尊重每一个学生的独特性,懂得每个人都是独特的自我,不会用同一的标准衡量所有的学生,并了解每个学生的长处和不足,知道每个学生学习方式的不同,善待生命处于弱势的学生,让每个学生都能在教学中获得成功的机会,体验到生命成长的快乐。

第二,理解生命的生成性。人是未完成的存在,也是非特定化的存在,人

[①] 资料来源:常斌、李兵:《21世纪国际课程与教学发展趋势初探》,《教育与职业》2005年第19期;牛道生:《简析21世纪初国际课程与教学改革新动向》,《教育理论与实践》2003年第4期;周仕德:《21世纪初期国际课程研究的主题及其启示》,《现代教育管理》2013年第9期。

与动物在生命意义上的本质不同首先是人的未完成性和非特定化,"人的非特定化是一种不完善,可以说,自然把尚未完成的人放在世界之中,它没有对人作最后的限定,在一定程度上给他留下了未确定性"。人总自在未完成之中,人的生命处于不停息的变化之中。因此,人生命的未完成性、未确定性标志了生命的生成性。对于老师而言,就需要理解这种生成性,不能用预告设定的目标僵硬地干预学生、限定学生,不能把外在于学生生命成长的目标强加给学生,而只注重遥远的未来的结果,忽视学生在当下学习生活中的生命状态。

第三,善待生命的自主性。人的生命的成长离不开外界环境与条件,然而生命本身具有自主性,外界因素可以影响它,但无法取代它,如果取代它,生命本身就失去了意义。如果教学埋没人的自我认识的本性,不去发展学生自我认识的本性,那么教学是缺乏活力的。注重生命发展的教学,就是要让学生在学习中主动地探索外部世界,自觉地认识自我、追寻自我、提升自我,它所追求的不只是学生通过自主而非被动地学习,更好地获得知识和能力,也就是说重视学生的自主性并不只是把自主性作为达到教学目的的手段,自主性本身就是教育的目的,就是要让学生在探索世界、探索自我的过程中增强自主性,在自我不断超越的过程中体验到生命的力量与意义。

第四,关照生命的整体性。人是地球上最复杂、最奥妙的生命体,人的生命具有最丰富的内涵。人不仅有认知,人还有情感、态度和信念,如果只把人看作是一个认识体,那就简化了对人的认识;如果教学只注重培养认知能力,那就弱化了教学的意义。注重生命发展的教学是让学生的认知、情感、意志、态度等都参与到学习中来,使学生在认识知识的同时感受和理解知识的内在意义,获得精神的丰富和完整生命的成长。

二、教学内容的新取向

新世纪初期,各国在编制学校新教材时,呈现出以下新的取向:

第一,教学内容要与当代科学精神在认识论上寻求一致。即要使教学内容跟随时代发展的步伐,优先考虑怎样把信息技术融合于整个课程领域。这并不意味着要根据关于科学最新成就的推论来设计课程,或让学校用精疲力竭的追踪方式来构思课程;而是应该在学校课程中安排一些基本概念,让学校根据这些概念来组织教学内容,同时要对各门新学科及其对社会经济的发展和社会精神生活诸影响保持敏感性。

第二，教学内容要与各国的文化、艺术、伦理道德等在价值观教育上寻求一致，课程需要关注人民的民主权利和公正。这要求在教学计划和教材的制定以及教学过程中与各国的文化、艺术、伦理道德等价值观教育上寻求一致，老师的文化素质和他们对各种价值观念的态度对取得这种一致性也是至关重要的。

第三，教学内容要与学习者知识和身体的需要及能力寻求一致，要有利于提高所有学生的学业成绩。即教学内容要适合儿童或学生的年龄特点、身体状况和对不同知识的需求；在课程设计上，突出知识结构的中心地位，强调课程内容的学术性、抽象性、理论性；重视高级专门人才的早期培养等。

第四，各学科的教学内容在知识结构相互衔接方面和程度上要协调一致，谋求必修课和选修科目的均衡与协调。即在编写各学科新教材时要保持哲学指导思想的一致性，不同年级课程内容在结构上的一致性，不同学科的纵向和横向有机结合上的一致性，课程教学最终目标、一般目标和应用目标相互结合方面的一致性，学校必修课程和校外补充辅导自学课程在互补关系上的一致性。第五，教学内容要在知识性和趣味性，以及学术性和应用性方面寻求一致。应使课程内容的结构具有灵活性，使学生容易掌握；要在课程的种类和供学生选择的学科内容上具有多样性，以满足不同学生的学习兴趣和学习能力要求。

三、课程与教学目标的新变化

课程与教学目标出现的新的变化，主要表现在以下四点：

第一，重视学生人格的培养。目前，世界各国的中小学都不同程度地存在着道德教育问题。人们也普遍认为，学生遵守社会生活规则和一般准则上的道德行为有所下降，培养学生养成良好的道德情操是一个重要的教育问题。人们越来越具有这样的共识：智育不合格者是次品，体育不合格者是残品，而德育不合格者是危险品。特别在未来社会全球化、网络化迅速发展的情况下，道德的重要性日益突出。改革道德教育内容和方法不仅要重视正式课程的作用，也要重视隐性课程的潜移默化的作用。要提高学生的道德情操，培养学生的高尚人格。

第二，重视学生基础的培养。中小学生的基础不仅指基础知识、基础技能,而且还包括基础能力和基本态度。在有限的学制和课时里,抓住了基础就抓住了核心、抓住了关键。当然,"基础"不是一成不变的,但基础具有相对的稳定性、时效性和广泛的迁移性。

第三,注重学生潜力、思维能力和创新精神的培养。国内外学者关于脑科学的最新研究目前所取得的较为一致的看法是,我们只用了脑的五分之一,国外有的学者甚至认为,未曾利用的大脑潜力高达90%。知识爆炸使得学生只能掌握有限的知识,面对潮水般涌来的新成就和实践中的新问题,只能转向开发学生潜能、启迪思维,培养创新精神,培养分析实际问题和解决实际问题的能力。

第四,重视学生终身学习能力的培养。国际21世纪教育委员会1996年向联合国教科文组织提交的一份报告指出,面对未来社会的发展,教育必须围绕学生的四种基本终身学习能力重新设计、重新组织,即学会求知的能力、学会做事的能力、学会共处的能力、学会发展的能力。这四种基本能力是学生终身学习能力培养的四大支柱。学生是学习的主人,道德是学习需要、学习情感的主人,然后才是掌握知识的主人。学生没有产生"想学""愿学"的心理,老师的教学就不能"入耳入心"。因此,课程与教学改革必须注意丰富学生内心的情感世界,重视发展学生的情商,使学生在轻松愉快中得到身心发展。

四、课程结构趋于协调

未来课程的结构将趋于协调。但各个国家由于自己的情况不同,在调整课程结构时,其力度就不可能同一,仍然会存在差异。

第一,提高人文教育的比例。20世纪出现了自然科学的比重偏重,轻视人文教育的现象。这样不利于社会发展,不利于学生健康人格形成。对人文教育的呼唤成为时代的强音,在新世纪里,各国教育将陆续提高人文教育的比例,使自然科学教育与人文教育的比例趋向协调。

第二,普通教育基础课程与劳动技术课程兼顾。科学技术的发展对劳动者的要求越来越高,那种在中学就将学生发展定向的做法已经不能适合时代发展的需要。职业中学毕业的学生,由于缺乏基础文化科学知识,职业定向狭窄而不能很快就业,普通中学学生由于缺乏职业技术的训练,而不能很快趋向生活,趋向各行各业。因此,课程改革应该在保证普通教育为主的原则下，增开一些劳动训练和传授职业技术、知识技能的职业技术教育性质的课程，这已经成为普通中学未来课程发展的一个方向。

第三，设立结构合理的必修课和选修课。必修课和选修课的比例一直是衡量课程结构的一个重要指标。从世界各国的情况来看，各国的状况相差甚大，但从总体上表现为必修课与选修课合理结合。20世纪，我国多数地方的学校课程只重视必修课，这不能适应社会经济和科学技术对多种人才的需要，也不能满足具有不同能力、基础条件有较大差异、兴趣爱好各不相同的学生的需要，所以到了21世纪，学校选修课的比例已有提高的趋势。另一方面选修课形式趋于多样化，还会出现一些微型课程。总之，在未来的课程结构中选修课会保持在25%～30%左右。

第四，学科课程和活动课程趋于统一。从世界范围来看，一些国家以学科课程为主，而另一些国家则以活动课为主。学科课程主张以某种学科或某类知识作为课程组织的基础，它强调掌握学科知识而不重视学生的心理因素及学生个人的需要、兴趣和个性发展；活动课程有利于教育与社会生活的密切联系，有利于培养学生的动手操作能力，但却忽视系统知识的学习。

五、课程与教学评价的新趋向

课程和教学评价长期以来是一种目标取向的评价，这种评价追求评价的"客观性"和"准确性"，强调"量的研究"，但其最大的缺陷在于忽略了人的行为的主体性、创造性和不可预测性，把人客体化了、简单化了，即把方方面面都考虑周全了，唯独忽略了人本身。而主体性的评价则强调人本身的主体性，主张质的评价，认为课程评价是主体对自己行为的"把柄意识和能力"，是评价者和被评价者、老师和学生共同建构意义的过程。评价者与被评价者、老师和学生在评价过程中是一种"交互主体"的关系，评价过程是一种民主参与、协商和交往的过程，所以价值多元、尊重差异就成为主体取向评价的基本性格。

第二节 我国课程与教学改革的新进展

我国课程与教学改革经历了以下几个不断变化的阶段：

第一，"教育革命"下的课程与教学改革。这一阶段大致是新中国成立初期至 1976 年。我国的教学理论和实践全盘否定英美模式，倒向了前苏联的模式，凯洛夫倡导的课的结构成为班级教学的典范形式，确立班级教学的独尊地位。在 1958 年到 1965 年期间，我国开始了"教育革命"，试图摆脱当时苏联教育的模式，走出自己的教育改革之路，引发了学制改革的试验，创造适合于经济落后、人口分散地区的复式教学，坚持和加强"双基"目标——基础知识和基本技能，以启发式教学的思想改造教学方法，创造出走出课堂，进入现实情境的现场教学。1966 年开始全国性的"文化大革命"，以书本学习为主的课堂教学被彻底否定，实践性的教学成为主流，在全国范围内掀起一场轰轰烈烈的教学革命，传统的课堂教学被彻底颠覆。

第二，"课程重建"下的课程与教学改革。这一阶段大致是在 20 世纪 80~90 年代。教育的拨乱反正之后，重新确立了以课堂教学为中心，第一课堂与第二课堂并重的教育格局。1985 年中共中央关于教育体制改革的决定以及 1986 开始实施的九年制义务教育，义务教育课程的体系和管理有了变化，拉开了教学改革的大幕。这一时期最大的变化是，美国、苏联、德国的课程与教学理论开始受到重视，西方国家大量研究成果被介绍进中国来，也出现我国自己的一批研究成果。90 年代，教学计划、教学大纲被课程标准取代，课程观得到了确立，由课程到教学的改革思路基本形成，1999 年颁布的"中共中央国务院关于深化教育改革全面推进素质教育的决定"明确宣布未来课程和教学的改革方向。

第三，"新课改"下的课程与教学改革。这一阶段是在 21 世纪以后的十几年。2001 年教育部颁布了《基础教育课程改革纲要》，标志着我国开始新一轮以课程改革为核心的基础教育变革。在以往教学改革的基础上，这一轮的教学改革的标志就是转变教学方式。扭转过去偏向"教"的格局，力求多层次、全方位地体现教与学两个方面。

目前，我国课程与教学改革的新进展表现在如下几方面。

一、课程与教学目标的新转换

课程与教学目标的早期改革是针对"文革"对教育工作的破坏而进行的"修复式变革"，改革的核心追求是基础与质量，在课程与教学目标上强调掌握基础知识和基本技能。后来增加了培养能力、发展智力的要求。课程结构打破了必修课程一统天下的局面，在高二、高三年级首开选修课，分为"单课性的选修"和"分科性的选修"。前者是对某些课程的选修,后者是在文科和理科方面有所侧重的选修。此举也是在"更好地打好基础"的名义下进行的。

1986年颁布《中华人民共和国义务教育法》,义务教育的施行成为课程与教学改革新的推动力,再加上20世纪90年代以来实施素质教育的要求,课程与教学的大众化、民主化,成为时代发展赋予课程与教学改革的新使命。"追求卓越、面向大众"成为这一阶段课程与教学改革的核心追求。这个阶段的改革在目标上延续了以往对"双基"能力培养的要求,纳入个性发展、科学态度与方法等内容。近十多年进行新的课程改革,既吸收了以往历次课程与教学改革中的经验加以深化,又充分借鉴国际课程改革发展的经验,提出了新的课程标准,探索了"知识与技能、过程与方法、情感态度与价值观"的三维目标,并对我国广大教师开展普遍的新的课程标准的培训,充分展示了从"基础与质量"到"大众与卓越"的目标的转换。

课程与教学目标的改革之路,为我们搭建起了符合21世纪我国社会发展和教育发展需要的课程与教学的方向性架构。改革开放三十年来,世界发展、我国社会及教育自身发展呈现出日益鲜明的特点,表现为三个转变:工业社会向知识社会的转变、计划经济向市场经济的转变以及精英教育向大众教育的转变。这些转变极大地改变了我们对人才培养目标的看法。知识社会所要求的不再是掌握大量已有知识的人,而是能够应用知识、创新知识的人。社会的飞速变化使得没有人能够成为手中握有解决所有情况所有问题的确定方案的人,只有在试图解决新情况新问题的过程中创造新的解决方案的人。这样的人除了要掌握扎实的基础知识、基本技能之外,还要熟悉解决问题、创造知识的过程与方法。而计划经济向市场经济的转变呼唤具有自主型人格而非依赖型人格的人。在计划经济条件下,每个人都是统一计划中的一颗螺丝钉,他的任务就是依循计划的运转而运动,不能也不允许越雷池一步;而在市场经济条件下,来自统一计划的规约极大地削弱了,但也赋予了每个人在纷繁的环境中自我选择、自我规划乃至自我负责的义务。有能力承担这一义务成为市场经济条件下生存发展的必要条件。而要想完成这一任务,情感、态度方面的素养举足轻重。在工业社会向知识社会、计划经济向市场经济的转型中,迫切要求建立人才培养的"新基础观"。换言之,我们基础教育的"基础"将不再仅仅由基础知识基本技能构成,而是由基础知识与基本技能、过程与方法以及情感、态度、价值观共同构成。如果说上述转变带来的是课程与教学培养目标的质的变化,那么,精英教育向大众教育的转变为课程与教学培养目标带来的则是量的变化——指向"培养数以亿计的高素质劳动者、数以千万计的专门人才和一大批拔尖创新人才",要求"面向全体学生","为了每一个学生的发展"。而每一个学生的发展都是在"新基础"上的发展,从而达到质与量的统一。课程与教学目标从面向精英教育到面向大众教育、从面向少数学生到面向全体学生,从强调双基到发展智力与能力,再到个性健康发展和三维目标的建立,可以说,这是我国 21 世纪课程与教学目标的新转换。

二、课程改革校本化

校本课程是学校为全面提高学生素养,发展学生的兴趣、特长,拓宽学生的知识面,培养学生的合作精神、创新精神和实践能力,发展学生对自然和社会的责任感,根据现有的条件和资源、学生状况以及学生、学校、未来发展的要求所开发的各种课程。《基础教育课程改革纲要(试行)明确规定》:"改变课程管理过于集中的状况,实行国家、地方、学校三级课程管理,增强课程对地方、学校及学生的适应性。"从而使得校本课程成为这次课程改革的一个新课题和一大亮点。校本课程的开发在内容上主要有两方面:一是对国家课程补充相应的课程资源;二是学校需要对新课程中规定的由学校负责的课程领域进行相应课程资源的开发。校本课程有助于根据学校的实际合理地安排课程,发挥学校课程体系的整体功能是学生创新发展的出发点和归宿点。校本课程的实施不仅能有效拓宽课堂学习的范围,还可以锻炼、培养学生的品质能力。同时校本课程也是提升学校办学水平的重要渠道,它对教师的教学和管理工作提出了新的要求。尽管我们的课程改革取得了巨大成就,却绝不意味着课程改革已可"告一段落",事实上,在与中小学开展合作研究的过程中,我们深感"如何将理想的课程方案与学校的具体情况结合起来,把握总体方向的同时进行特色化的实施",还是改革路上需要不断予以解决的问题。一方面,课程改革不进入到学校层面就不具有实质性的意义;另一方面,每一所学校的环境条件又如此千差万别,并不存在包打天下的有效变革模式,也就不存在一劳永逸的解决之道。因此,推进课程改革的"校本化"实施是课程改革的新课题。

三、新的课程与教学观

进入21世纪以来,基础教育新课程改革就特别强调,课程既要实现儿童的"认知"与"情意"的整合,还要实现儿童的认知发展和情意发展与文化发展的整合,基础教育新课程改革必须超越现行的"学科"课程典范,实现课程典范的重构。传统教育中,课程知识多是文本的,这种文本的课程知识主要有这样几个特点:组织上的线性和顺序性;单向性,课程知识早已安排好,教师只是按部就班地按照统一进程进行讲授;课程知识是围绕一个主题或侧面来进行论述和描写的。而新的课程观则强调课程知识要尽量体现超文本的特点。课程不只是"文本课程"更是"体验课程"。课程的内容和意义在本质上并不是对所有人都相同,在特定的教育情境中,每一个教师、学生在对课程文本的理解和解释中,总要融入个人独特的生活经验,形成不同的意义生长域,从而对课程做出某些生产性或创造性的改变。课程成为一种动态的、生成的"生态系统"。在这一过程中,学生、教师、课程之间是互动的、交流对话的,他们通过反思人类的生存状态、个体生活方式来理解课程、创造课程。传统的教学观把教学视为是知识传递的过程,教学被窄化为知识积累和技能训练。新的教学规则认为课堂教学不只是课程传递和执行的过程,而更是课程创生与开发的过程,是教师与学生交往、互动的过程。在这个过程中,师生双方相互交流,在对话中不断建构知识。同时,学生也不仅仅是知识的接受者,他们必须具备批判意识,敢于直面现实生活中的问题,并设法加以解决,形成一种发现问题、分析问题、解决问题的能力。总之,教学不再重教知识,而是关注学生的生命体验,它是师生富有个性化的生命活动。

四、课程与教学评价的新取向

在课程管理方面,需要继续研究课程体制的统一性、灵活性以及有效性等问题,科学地落实国家、地方、学校三级管理模式,以有效提高课程为当地社会经济发展服务的适应性。在课程开发方面,新课程改革明确了课程开发的三个层次:国家、地方和学校。国家总体规划基础教育课程,制订国家课程标准,为教科书的"一纲多本"建立前所未有的课程开发平台,让教科书走向市场,鼓励社会各界学有专长的人士参加到教科书建设中来。地方则依据国家课程政策和本地实际情况,规划地方课程。此外,在学校课程的开发中,学校要根据自身办学特点和资源条件,调动校长、教师、学生、家长、课程专家和社区人员共同参与课程计划的制定、实施和评价工作。在教材发展机制方面,新课程教材改革,必须坚持实行"一纲多本",坚持中小学教材多样化,必须以国家统一的基本要求为前提。实行国家统一的基本要求指导下的教材多样化政策,是教科书的"一纲多本"的制度保障。然而,教材的多样化绝不是排斥由国家规划、国家组织力量编写的示范教材。需要强调的是,多样化并不等于地方化。提倡多样化,不应导致以省编教材来取代部编教材和其他省编教材,排斥部编教材、示范性教材、省外优秀教材进入本地市场;不应导致本地教材独占一方的局面。在评价制度方面,新课程改革在素质教育思想的指导下,配合课程范式的转变,在课程评价观念上发生了很多根本性的变化。评价功能从过分注重甄别、选拔转向激励、反馈与调整;评价内容从过分注重学业成绩转向注重多方面发展的潜力;评价主体从单一转向多元;评价角度从终结性转向过程性、发展性,关注学生的个别差异;评价方式更多地采取诸如观察、面谈、调查、作品展示、项目活动报告等开放的、多样化的方式等。这些充分体现了以人为本,尊重人的主体性和能动性的人文精神。

第三节 微课程、云课程、慕课、翻转课堂教学

一、微课程概念与特点[①]

(一)微课程概念

微课程最早是在美国出现的,其一般认为指把人们在实践活动中觉察的表象、收集的数据、观察的结果、获得的经验、体验的情感、学会的操作技能、掌握的解决问题方法,以及根据个体经验重组而形成的理念、概念、规则和方案等,以符合人的个性心理特征和认知规律的形式,编排成满足人的日常生活和生产活动中需要的内容,用现代多媒体技术手段呈现出来的知识、技能和情感。这个解释包括四个方面的含义:一是微课程的知识、技能、情感等一定来自于生活生产实践;二是微课程一定要按照人的认知特点和认知规律来

---

① 阮彩霞、王川:《微课程的概念、特点和理论基础》,《课程·教材·教法》2014年第11期。

编排;三是微课程必须通过现代多媒体技术手段呈现出来;四是微课程可以突破时间空间的限制而方便学习。

(二)微课程的特点

第一,碎片化的学习内容。微课程的"微"首先体现在教学内容上,是将理论性强的、逻辑严谨的、知识系统化的教学内容解构为一个一个特定微主题的学习碎片。微课程的授课内容要主题突出,目标明确,不可过于繁复。一般来说,教师要抓住课程中的某个知识点(重点、难点、疑点),辅以多媒体技术和生动活泼的教学手段,调动学生参与教与学活动的积极性,在轻松愉快的氛围中完成教学任务。但必须注意的是,不能因为教学内容的简短与精粹就删掉一些必要的教学步骤。即使是很简单、很容易的学习主题,也要遵循教学规律和教学原则,因材施教。

第二,零散化的学习时间。微课程的教学时间大概为传统教学时间的一半,甚至三分之一左右,授课时间通常都很短,持续时间5~15分钟都可。教学视频是微课程的核心内容与载体,视频和辅助配套资源总容量不需要很大,播放长度控制在3~5分钟,视频格式一般为支持网络在线播放的流媒体格式。根据学习者的认知特点和学习规律,大多数人注意力集中的有效时间大约为10分钟,因此中小学一定要根据学生年龄特点和生理特征,将微课程的时长掌握在8~15分钟。"边际效应递减"理论也说明,一堂课的时间越长、内容越多(哪怕是非常有趣的内容),学生的注意就越容易下降。当然,不同年龄的学生有一定的差别。学习者的时间和方法相对灵活自由。

第三,开放性的学习空间。微课程在现阶段的学校教育实践中主要以简短的音视频为形式呈现,容量大小适合上传并发布至相应的学习平台,这样可以方便地供师生在线观看、下载、保存,实现移动学习,是远程学习中最受欢迎的形式。目前各大公共门户网站争相开设世界著名大学的免费公开课就是证明。由于微课程的内容与当今最新教育技术手段紧密结合、融为一体了,而教学信息资源库的存储容量几乎是无限的,所以学习空间已不仅仅局限在教室里、课堂上了,教师和学生都可以在不同的学习情境中灵活运用微课程;学习形态可以是正式学习,也可以是非正式学习。这种突破时空局限性的在线学习将成为未来教育的趋势。

第四,情境化的学习资源。微课程的出现最初是以教育信息技术为教学内容的载体,通过技术手段的突破进而带动教学内容的改革。实施微课程要求教学内容相对完整,主题鲜明指向明确,扩展资源丰富,而且具备课堂视频记录和教学实录及时反馈功能;还可以作为辅助教学手段和拓展资料库,供学生课后根据自己的学习能力、学习兴趣和时间来自主安排进一步的学程。微课程的教学视频资料作为主要的教学内容载体和手段,统领了一系列与教学相关的教学资源,一切教学资源都以音视频的内容展开。这些资源包括教学设计、多媒体素材和课件,以及学生的反馈和学科专家的点评等。它们与教学音视频一起构成了一个结构紧凑的情境化的"主体单元资源包",在互联网的网络平台上,构建出了一个"微教学资源环境",呈现出教学内容与教育技术手段融为一体的状态。

二、云课程概念与特点[①]

(一)云课程概念

何谓云课程?云课程就是建立在云技术(云计算)、智能移动等新技术基础上的新课程形态。具体说来,它以云平台为课程载体,以育人目标、学科知识、相关课程资源及预期教学活动方式有机协调、统整起来的资源为课程内容,以正式学习与非正式学习、集中学习与个性化学习相结合为课程实施主要方式的一种新的课程形态。

(二)云课程的特点

作为一种新的课程形态,云课程的基本规定性也具体体现在它的各种特征之中,因而,对云课程基本特征的分析,将从不同侧面丰富我们对云课程的整体认识。

第一,课程资源的聚合性。云课程打破了传统课程难以及时更新、资源少且分散无序等弊端。它通过建立一个统一、灵活、开放的平台,把互联网上分散的课程资源,如学科课程知识、课程资源库、素材库、案例库等聚合到一起,并在分析、整理、归类基础上,可为学校提供优质、丰富、高效的课程资源。云课程本身集课程内容呈现、课程管理、课程资源共建与分享、课程交流与互动、课程评价于一体,并融入了教学、管理、学习、交流等各类应用工具。教育

[①] 潘新民:《"云课程":特征、意义与问题》,《课程·教材·教法》2013年第12期;赵婧:《"云课程"解析:背景、理念与趋势》,《课程.教材.教法》2013年第12期。

管理部门、学校、教师、学生，甚至家长，都能进入该平台，扮演不同的角色。"云课程"在课程设计、实施与评价方面真正实现了信息化。基于聚合性的云课程建设，对分散网络课程资源进行的合理化配置，既可以解决教育质量提升对优质、丰富、高效的课程资源持续增长的需求与目前教学资源质差、短缺、低效所形成的矛盾，又可以提高优质课程资源的利用率。可以预见，云课程将会改变我们传统课程资源观，它作为一种课程资源的聚合手段，由此发展出的新教育模式和商业模式，在教育市场上将会拥有巨大潜力。

第二，课程构建的共享性。云课程真正意义上突破了时空限制，面向任何学习者，能够随时随地提供所需任何内容，共享课程资源。云课程庞大的课程资源，并非存储在学习者个人终端上，而是运行在互联网上的大规模"云端"（教育服务器集群）中。聚合在云端的课程资源，借助云平台主要以课程门类方式具体展现出来。这样，无论是谁，无论学习者在哪里，只要有需要，不论你所需要的课程资源在哪一朵"云"上（构建在哪一服务器内），只需要借助简单互联网终端设备，如 PC、Ipad 上的虚拟云平台上的课程界面，通过简单操作，就可以随时获取自己需要的任何课程资源。如，在美国北卡罗来纳州，西蒙公司在格雷汉姆小学首先开展云计算项目的尝试，该项目为西蒙教育春雷项目。为了满足师生日益增长的数字化学习的需求，西蒙公司为学校600名师生带来虚拟电脑桌面，终端通过链接"通用云计算服务"来获取虚拟电脑桌面，同时为学生提供丰富的课程材料。学生不管是在教室、图书馆还是在家都可以访问。

第三，课程实施的创新性。云课程为学校课程实施拓展出了一个崭新的空间，也为教师和学生在获取知识、分享资源和相互沟通中创造了一个全新的课程实施环境。云时代，课程实施将会发生颠覆性变革。云课程的集中共享、群体协作等思想，突出了云课程实施主要以学习者为中心的特点。以学习者为中心的云课程实施的创新性主要体现在两个方面：一是有效帮助学习者构建个人学习环境。云课程平台为学习者提供了多角度、多层次和多形式的课程资源、学习辅助、多种学习工具和学习测评，不同的学习者可以选择不同的学习内容和工具来创建其个人学习环境。在教师指导帮助下，每一个学习者都可以根据自己的学习需求，在修完教育管理部门核定的基础课程或核心课程基础之上，可以在云课程平台上选择自己感兴趣的学习内容来进行个性化学习。二是基于云技术的云课程实施也为构建协作互助环境提供了平台支持。学习者可以依托课程平台形成学习小组,基于共同任务,开展协作学习,形成对问题一致性或更高阶层的理解,使学习活动更加丰富,提升学习效率与兴趣,更好地达到学习目标。同时,对于存留的疑难问题,也可以随时借助平台反馈到云课程系统中,系统将按照课程类别和问题类型转发给相应负责的教师,解决完后系统再将问题解答情况反馈给提问者,进而加强师生学习互动,及时解决学习者遇到的问题。

第四,课程开发的动态性。云课程开发呈现课程基本内容的同时也建立了能及时更新的有效机制。一方面,云课程开发过程中考虑了符合规律性和目的性的章节安排设计与变化,构建起学科基本知识结构,确保课程内容的基础性、整体性和结构性;另一方面,借助云技术构建的云课程,完全可以基于社会需要、学科发展及学生需要,及时更新知识内容,适度调整知识结构,并持续提供相应视频、文本、图片、案例集等课程资源。此外,云课程开发还可以积极调动师生参与课程资源的动态开发工作。在云课程体系内对于素材资源、案例库等方面内容,可以放开一定权限,在既定规则下允许教育者和学习者进行修改和补充,促使"云课程"不断发展完善。这样云课程开发由原来难以及时更新的课程开发状态,变成了一个庞大的动态的课程资源生态系统,而这个系统始终处于开发、应用、协作和改进的状态之中。

"云课程"以课程为核心,充分利用云技术,整合已有资源并聚拢新资源,实现了课程资源向数字化转变,并由单一载体向多媒体产品和多样化课程资源服务方式转变。在内容上"云课程"不仅包括知识原理和方法,还包括教学指导、案例素材、学术动态等课程资源;在结构表现形式上,"云课程"不仅包括课程资源系统,还包括课程传播管道系统(互联网系统)和课程使用终端系统三部分。云课程的内容和结构特征,丰富了课程开发的内涵。同时,课程开发的动态性,也让课程开发真正成为持续不断的过程。"云课程"教学更多的是基于一个虚拟的空间,它的方便、快捷、灵活等多种优点,大大拓展了学生的知识面,给予了学生充分遨游课程知识的空间。然而,对于学生而言,学校不仅是一个知识学习的地方,还是个人接受社会化教育的重要场所。学生在学校中不仅习得知识,更应习得如何与人交往。"云课程"教学增强了学生与网络的互动,与虚拟人的互动,但长期习惯或依赖于基于网络的学习互动,有可能削弱学生在学校场景里的真实互动,容易造成现实中学生之间的冷漠与隔阂。在真实互动交往中,学生间通过情感、认识、行为等方面全面接触,会得到各种不同的感觉和领悟,学生心理健康水平和学生社会化水平能够在互动中得以提升,而此目标又是单纯"云课程"教学所难以达到的。

三、慕课概念与特点[①]

(一)慕课概念

慕课(MOOCs),是"Massive Open Online Courses"的英文首字母缩写的中文音译。学术界对"慕课"没有明确定义。慕课最初的提出者是加拿大教授 StephenDownes 和 GeorgeSimens。他们主张建立一种利用社会性交互工具平台,在线呈现教学资源、教学过程和学习讨论,以联通主义学习理论为基础,强调生成性学习课程。联通主义认为,知识存在于连接中,是一种通化性的软知识,即变化较快的知识,亦是一种网络现象。而学习即为连接的建立和网络的形成。因此,联通主义所倡导的课程——慕课,是以开放的教育资源为学习交互的起点,学习者自主参与,通过不同的社会网络或技术网络,发布自己的观点或分享更多相关的学习资源,从而扩展和增强知识探索,最终实现学习者通过交互的方式建立知识网络的互动过程。它的基本形式为同伴学习。2011 年,以行为主义学习理论为基础的 x MOOC 诞生,而之前的慕课形式则被称为 c MOOC。x MOOC 是一种由第三方组织,以教授主义、传播式教学为教学法,侧重知识的传播与复制,强调视频、作业和测试等学习方式的课程,是传统学习方式的网络版本。

(二)慕课的特点

第一,办学高校和运营者合作发展。无论是 Coursera、ed X,还是 Future Learn,都是由独立的公司进行慕课平台的建设和运营,而办学高校则负责课程的设计、开发和实施。这也预示着教育会越来越多地以多方合作的方式来开展。专业化和专门化的平台运营,让高校能够集中精力发挥自己的内容和教学优势。

第二,注重对课程整体的教学设计。与以往的开放教育资源明显不同的

[①] 李亚平、席晓圆:《近年来慕课发展述评》,《上海教育科研》2015 年第 11 期;蔡宝来、张诗雅、杨伊:《慕课与翻转课堂:概念、基本特征及设计策略》,《教育研究》2015 年第 11 期;丁伟:《教学改革动态初探——以微课、慕课、翻转课堂为中心》,《开封教育学院学报》2016 年第 2 期。

是,慕课课程是有全面的课程要素,是有相对严格的课程生命周期的。几乎所有的慕课课程都会有预定的开课时间和结课时间,每个课程在开课前的一个月就会上线,允许学员们注册。在特定的时间上课,经4周到12周的时间后完成课程。学习者如果在正式开课的时间段内注册学习,则有机会获得课程颁发的结业证书。如果错过了开课的时间,仍然可以学习网站上留下的全部课程内容,但学习进度就得全靠自己掌握,并且也没有获得证书的机会。课程中学习活动的整体设计很好,讲解、练习、反馈等环节结合紧密。目前慕课的学习理论基础基本上以行为主义为主,模仿传统课堂的教学制度,即注册—选课—自主听课学习—随堂测验—作业—讨论交流—结业考试—证书。Coursera每个课程都有清晰明确的学习目标和丰富新颖的课程内容。一般都会在开课前在课程信息栏里首先说明这门课的学习目标、学习方式及学习内容,而且会把这门课的课程大纲也提前放到网上。

第三,优质的教育资源和丰富的媒体表现形式。慕课课程吸引学习者的重要因素就是名师名校,课程内容精且优,媒体表现形式也多样化。Coursera平台上的课程资源主要有四种呈现形式,即视频、PDF、SRT(字幕)和TEXT(记事本),每种形式的课程内容能满足不同学习者的学习习惯和学习目标。

第四,视频的呈现更加符合学习者的需求。视频内容可以重复观看,这是面授课堂教学所做不到的。慕课课程中对视频内容的呈现和设计更加符合学习者的学习特点。视频通常会切分成很多15分钟左右的微视频,比长时间的大头像视频更容易获取学习者的注意力。视频长度的缩短也方便学习者利用碎片时间进行高效学习。视频拍摄场景比较随意舒适,授课风格更加风趣幽默,形象具体生动,风格独特。此外,学习视频以近镜头或特写镜头为主,这在心理上会给学生一种更加亲近的感觉。播放视频的过程中教学设计者还会添加一些小测试,这些小测试的目的是确认学生们正在学习视频,并帮助学习者及时回顾学习的重点,加强对学习的掌握。

第五,多元的学习评价方式和机制。Coursera课程的学习评价主要是自我评价和他人评价、过程评价和结果评价。自我评价和过程评价主要表现为:每周测验、互评作业测验、论坛讨论交流以及期末测试。其中,每周测试作业有三次测试机会,分数取三次中的最高分值。互评作业至少互评5份,互评越多这部分分数相对越高,所以鼓励多评,学生在互评的过程中能够充分反思自我，进而达到自我评价的目的。论坛讨论交流包括课程内容讨论、作业问题讨论以及具有社交性质的交流讨论，通过论坛学生也可以反思自己知识理解的程度和问题。在 Coursera 中期末测试一般都会设有自我评分的一个环节，即完成考题—互评他人考题—自我考题评分；他人评估结果性评价主要是互评环节和论坛交流讨论中的他人评论、回帖环节以及期末测试等。在互评作业环节中，每个学习者要对其他5个人的作业进行互评，通过互评可以看到不同背景、不同学历、不同思维和不同视角的人对同一个问题的思考和观点，能开拓学习者的思路与视野，而且还可以促进自我反思和总结学习的能力。但是，在互评方面还需要进一步进行功能设置的细化，确立统一的标准和强化软件的精确管理功能。

四、翻转课堂概念与特点[①]

（一）翻转课堂概念

所谓翻转课堂，就是教师创建视频，学生通过登录互联网在线观看网络视频中教师的讲解，完成任务清单中学习任务，课堂上师生面对面交流、答疑和完成作业的一种教学模式。翻转课堂不是传统意义上的课堂，而是对传统课堂教学的翻转，实质上是适应移动互联网条件学习方式转型的一种新型教学模式，是将网络视频课程学习和传统课堂答疑指导两者有机统合的一种教学模式。翻转课堂作为一种教学的理论构想最早可以追溯至哈佛大学教授埃里克·马祖尔有关计算机辅助教学的设想，而其作为一种具有可操作性模式的提出，则与迈阿密大学的三位教师在"经济学导论"课程中采用将传统教学中学生课上学习内容与学生课下完成内容进行颠倒相关。现在一般认为，翻转课堂的兴起，与萨尔曼·可汗拓展了线下学习资源、突破翻转课堂的发展瓶颈有着直接的联系。在我国，翻转课堂更多地被作为一种教学模式加以理解的。

（二）翻转课堂的特点

教学的根本任务在于实现学生的发展，学生的发展依赖学生在教学活动

[①] 卜彩丽、孔素真：《现状与反思：国内翻转课堂研究评述》，《中国远程教育》2016 年第 2 期；何克抗：《从"翻转课堂"的本质，看"翻转课堂"在我国的未来发展》，《电化教育研究》2014 年第 7 期；叶波：《翻转课堂颠覆了什么》，《课程.教材.教法》2014 年第 10 期。

中主体地位的彰显。翻转课堂的教学模式强调"先学后教,以学定教"的教学理念,重视学生作为独立个体在教学活动中自主性的发挥,突出了学生在学习活动中的独立性、参与性与差异性,从而对学生发展具有积极的促进价值。

第一,翻转课堂让学生独立学习在前,让学生自行解决现有发展水平中面临的问题,从而使得课堂教学能够真正指向学生在走向"可能发展水平"时所面临的障碍,做到"好钢用在刀刃上",使教学促进学生发展真正得以实现。就学生发展而言,维果茨基的"最近发展区"理论形象地阐释了学生发展的实质。学生能否从"现有发展水平"走向"可能发展水平",是其是否获得发展的重要标志。传统的课堂教学将大量的时间用于对教材解读和知识讲授,而将问题探索等活动安排在教学之余,这意味着课堂教学的主要时间用在了应对学生"现有发展水平"的活动之中,而真正能够促进学生发展,使学生达到"最近发展区"的探索性活动却在课堂教学中缺乏必要关注。正因如此,"少慢差费"成为课堂教学低效的主要表现。与之不同,翻转课堂把学生基于"现有发展水平"能够解决的问题置于课前,通过信息技术的手段予以实现,而将课堂教学看作是促进学生由"现有发展水平"跃向"可能发展水平"的主阵地,真正实现课堂教学对学生发展的促进作用,这显然是对传统课堂教学模式的一大突破。

第二,翻转课堂借助于信息技术和活动学习的双重杠杆,使课堂教学成为围绕一定问题情境展开的探索性活动,凸显了学生对于学习过程的参与性。现代认知理论已经充分表明,知识不是外在于主体的自足的、孤立的东西,只有通过主体的参与、实验和创造,才能真正获得知识。如果学生在认知过程中仅仅以一个旁观者而非参与者的身份介入,那么所得到的知识将只是"裹着知识外衣的意见或毫无效果的材料堆砌"。翻转课堂一方面借助于信息技术的手段,将教师的讲解以视频方式上传至学习平台,供学生自主学习,从而使学生能够真正以学习主体的身份展开学习,并自主地确立学习的目标、内容、策略等,这显然有助于学生的"有意义学习";另一方面,将课堂转变为师生共同进行问题探究的场所,通过学生的自我探究、师生间的多重对话,使学生真正地参与到学习中。一项针对翻转课堂的调查表明,学生普遍认为针对性强(30.5%)、有创造性(30.5%)、自由发挥较强(29.3%)的探究型任务会激起其学习的兴趣。这也反映了将课堂教学过程转变为基于问题的探究性活动,对学生主动积极地参与学习过程,促进知识内化所具有的积极意义。

第三，翻转课堂作为一种强调群体教学与个别教学相结合的教学模式，它充分承认个体在发展速度上的差异性，注重教学的异步性。必须承认，不同的学生具有不同的潜能，也具有不同的智力发展倾向。在相同的条件下，有的学生能够较快、较好地完成既定的学习内容，而有的学生则可能需要花费更多的时间和精力才能够实现教学的预期目标。传统的课堂教学一般都强调"齐步走"，要求所有的学生能够在相同的条件下，以相同的速度掌握相同的内容，以达到一个共同的标准和要求，这显然不符合教学的实际，也无法满足不同学生对于教学的要求，没有体现教学对于学情的关注。在翻转课堂的教学模式中，一方面，学生可以在课前自主地控制学习的进度和频次，可以根据自己对教学内容的掌握情况对学习过程进行调适，体现了异步的特点；另一方面，在课堂教学过程中，学生围绕具体的问题情境展开探究性活动，教师可以针对不同的学生展开具有针对性的指导，这从根本上也符合异步教学所强调的"教学内容问题化、学生学习个体化、教师指导异步化和教学活动过程化"的基本特点。在这一意义上来看"翻转课堂"，因其对教学异步性的强调，对于促进学生自主学习，提升教学效率显然具有显著的价值。

第四，凸显课堂、角色和学习三者翻转。翻转课堂是把课堂还给了学生，学生可以自由决定学习的内容与学习的方式。它既不是加入了视频资源的传统课堂也不是完完全全的在线教学，它颠倒了课堂秩序的同时也颠覆了教学形式。在给学生"放权"的过程中会遇到很多实际的问题：放权过少会使得教学重教轻学，不利于学生主体性的发挥；而放权过大，把学生完全置于网络环境中，又容易造成其过分自由，迷失自我，最终偏离教学目标。在"翻转课堂式教学模式"下，学生在课堂外完成知识的学习，而课堂变成教师与学生之间和学生与学生之间互动的场所，包括答疑解惑、知识和技能的运用等，为自主和高效学习创造条件。如此，课堂的翻转成为一种理性而适度的翻转，是在保留传统教学优势的条件下的一种科学、合理的翻转。

教师课堂角色发生了翻转。教师更多的责任是帮助学生解决学习存在的问题和引导学生去运用知识。教师不再是讲台上的"圣人"也不再是知识的代言人，更不是绝对的权威，只是存在于学生身边的指导者。翻转课堂同时也翻转了传统的师生关系，教师的地位和作用有了显著的变化，他们在肯定学生获取知识渠道多样化的基础上帮助学生整合资源，有针对性地为学生解答困惑,面对有争议的问题时与学生民主平等地探讨。翻转课堂充分肯定了教师在教学中的引领地位,肯定了"网络不能替代人"这一基本的观点。在实际教学中教师不是袖手旁观而是对每一个学习者进行实时监控,确保每个人都没有在自主选择中偏离目标,确保在对每一个基本知识点自主学习后达到了要求的程度,最终保证教学的高效性。

翻转课堂的第一个阶段是以获得资源为目的继承性的学习,课前教师会进行学案设计。"导学案"即教学任务清单,主要内容包括学习重点、难点以及学习策略指导。每节课都会有一个导学案,其中会对应5～10个视频,每一个视频指向一个知识点或能力点的解决。导学案可以保证学生有目的地观看教学视频,使自主学习的过程准确地指向预先设定的目标。自学结束后,导学案可以为学生了解学习结果提供一个相对权威的参照,这样,在进入课堂讨论答疑阶段前通过视频习得一些基本的知识,达到要求的水平。上课时间是用来提问和讨论的,教师根据学生提出的问题给予有针对性的解决和回答,充分肯定学生学习能力的差异,依据每个人的实际程度进行个性化的指导。在此过程中,教师通过真实的交流灵活掌握教学步调,故群体教学结合个别教学,更多的课堂时间留给师生互动和生生互动,在交往中学习和提高。

反思与问题

1. 就使用范围讲,微课程正在向教育的各阶段和学科扩展。其短小精悍,以知识点为单位,将传统教学中的"课时"进一步分解。教学单位的缩小使教学目标更为明确,学习者能根据自己的情况选择学习时间、学习内容,提高学习自主性。微课程短小的特点为其出现在移动设备终端提供了可能性,是随时随地学习的有效途径。同时,短小又是其一大缺点。一般来说,以知识点呈现的微课程极为分散,缺乏系统性。只有经过整理,形成集合,阐述系统的知识,微课程才能独立成为一门课程的教学形式。

微课程的诞生满足了学习者在学习进程上的个性化需求。但是,其内容的个性化需求一直没有得到解决。同一内容学习者的认知水平有很大差异,忽略这种差异进行教学显然不妥当。因此,同一知识点对不同认知水平的学习者要采用不同的呈现方式。也就是说,教育资源库是微课独立运行的前提。在这个资源库中,微课间不仅要有知识与知识的联结,为学习者提供完整的结构框架，还要有对同一知识不同水平的纵向深化，以满足不同认知水平学习者的学习需求。

2. "云课程"作为技术与课程开发深度整合的结果，及时反映了信息化时代背景下课程发展变革的内在要求。如何在提升基于"云课程"教学有效性的同时，又能兼顾学生在真实场景的有效互动，不断提升学生社会化水平，消除学生间的隔阂，是教育工作者在开展"云课程"教学中可能要面对的一个问题。

3. 慕课起源于高等教育，主要的利弊探讨集中在高等教育阶段，并未涉及基础教育。虽有向职业教育领域发展的趋势，但仅限于初步探索。xMOOC商业化运营是各大慕课平台发展的主要趋势。慕课的学习者能否获得学分、能否得到学历认证是慕课未来发展的激烈争议之一。这是新型教学模式所引起的教学评价方式的改变，也是慕课对高等教育现存商业模式的挑战，其成败关乎高等教育未来的发展。目前，勋章、课程结业证书以及第三方认可的学分是慕课已经出现的收入来源，如何在未来有效地认证、评价学习效果并使其利益化，是慕课平台亟待解决的商业问题。同时，与慕课平台合作的大学虽提供教学资源，支持慕课的发展，却不承认通过慕课获得的学分。高校将学历认证的权力牢牢抓在手中，给慕课教育认证带来了巨大阻力，而有效解决这种情况还需要双方的长期协调。强调生成性学习的cMOOC理论上没有问题，但在实际操作中，交互不具有可操作性。而翻转课堂通过课堂解决了这个问题，实现了交互生成学习，成为cMOOC的进一步发展。

4. 翻转课堂实施的第一步是获得优质微课，而微课是以知识点为单位呈现。这对知识体系明了的学科来讲容易操作，但对知识体系模糊的学科将难以实施。所以，诸如语文、英语、历史等学科教学的探索，成为翻转课堂目前发展的主要趋势之一。当然，对不同性质的学科要选择不同的教学模式。翻转课堂并非万能，传统教学在某些学科依然有其存在价值，不可完全舍弃。翻转课堂的核心在于课堂的交流讨论，其前提是学生已经对与之相关的微课进行了学习理解，那么如何激发学生学习动机，保证在课堂开始之前做好准备，是翻转课堂的又一大难题。这方面的探索既包括对优质微课的开发，从课堂质量上提高学生学习主动性；又包括教学管理改革，从教学管理上保证学生的学习时间。

5. 如何认识慕课、云课程、微课和翻转课堂之间的内在联系和差异？你觉得这些会对我们的课程与教学产生什么重要影响？